Microsoft® Office
FRONTPAGE 2003

FrontPage 2003

ISBN : 2-7460-2523-X
Imprimé en France

Editions ENI

BP 32125
44021 NANTES Cedex 1

Tél : 02.51.80.15.15
Fax : 02.51.80.15.16

e-mail : editions@ediENI.com
http://www.editions-eni.com

La collection **Référence Bureautique** est dirigée par Corinne HERVO

Avant-propos

Cet ouvrage est destiné à tout utilisateur de Microsoft Office FrontPage 2003. Il a été conçu pour vous permettre de retrouver rapidement les options à activer et les manipulations à effectuer pour réaliser telle ou telle opération. Les dessins d'écrans proposés tout au long de ces pages permettent d'expliciter la manoeuvre en cours en affichant la boîte de dialogue correspondant à la commande ou en proposant un exemple précis.

Cet ouvrage est composé de onze parties :

Présentation de FrontPage 2003 .... pages 11 à 34

Cette première partie vous présente l'environnement de travail de FrontPage 2003 et les principales options de configuration.

Site Web .... pages 35 à 62

Vous commencerez, bien sûr, par créer un site Web, définir sa structure et l'ensemble des fichiers et dossiers qui le composent.

La conception des pages HTML .... pages 63 à 82

Un site Web est composé de nombreuses pages HTML que vous apprendrez à créer (avec ou sans modèle), à enregistrer... Vous découvrirez aussi les notions de base sur le code HTML.

Le texte .... pages 83 à 118

Les pages sont constituées de divers éléments dont, bien sûr, du texte ; il est donc nécessaire de savoir le saisir, le modifier, mettre en valeur les caractères, les paragraphes en appliquant des attributs ou en utilisant les feuilles de style CSS.

Les liens .... pages 119 à 140

Les différentes pages du site sont reliées entre elles par l'intermédiaire de liens hypertexte associés à des textes, des boutons ou des images.

Les tableaux .... pages 141 à 172

FrontPage vous permet d'insérer des tableaux pour soigner la disposition des éléments dans la page ; les tableaux de disposition vous faciliteront la mise en page des différents éléments.

Images, son et vidéo .... pages 173 à 198

Une page Web contient aussi très souvent divers éléments multimédias tels que des images, des dessins, des vidéos ou des sons.

Gestion des pages .... pages 199 à 222

Il est temps d'améliorer la présentation de vos pages par l'application de thème, de transition, de bordure partagée... Vous verrez aussi dans cette partie comment créer des pages de cadres et imprimer les pages du site.

Formulaires, composants, couches et comportements.......... pages 223 à 268

Cette partie concerne l'insertion d'éléments plus techniques qui vous permettront de créer un site professionnel : formulaire, compteur d'accès, page incluse, bannière de page, texte défilant, objets Office, couches et comportements.

Publication .... pages 269 à 282

Une fois votre site terminé, il vous faudra le mettre en ligne soit sur un serveur local, soit sur le serveur distant afin que tous les internautes puissent le consulter.

Extensions du serveur et site Web d'équipe .... pages 283 à 303

Cette dernière partie explique comment installer les extensions du serveur FrontPage et présente les fonctionnalités offertes par Windows SharePoint Services qui vous permettront d'utiliser et de gérer un site Web d'équipe.

Vous trouverez en **Annexe**, la description des barres d'outils, la liste des raccourcis-clavier et les adresses de quelques sites Web utiles. De plus, les dernières pages de cet ouvrage présentent un **index thématique** qui sera fort utile pour retrouver rapidement les manipulations correspondant à tel ou tel thème.

Conventions typographiques

Pour que l'utilisateur puisse plus facilement retrouver et interpréter les informations qui l'intéressent, nous avons adopté les conventions typographiques suivantes.

Ces styles de caractères sont utilisés pour :

gras indiquer une option du menu ou d'une boîte de dialogue à activer.

italique un commentaire introduisant la manipulation ou explicitant les modifications visibles sur votre écran.

[Ctrl] symboliser les touches du clavier sur lesquelles vous devez appuyer ; lorsque deux touches sont placées l'une à côté de l'autre, vous devez appuyer simultanément sur les deux touches.

Avant-propos

Les symboles suivants introduisent :

- la manipulation à exécuter (activer une option, cliquer avec la souris...).
- une remarque d'ordre général sur la commande en cours.
- une astuce à connaître et à retenir !
- des manipulations à effectuer exclusivement avec la souris.
- des manipulations à effectuer exclusivement au clavier.
- des manipulations à effectuer exclusivement avec le menu.

Avant-propos

Présentation de FrontPage 2003

Généralités

Affichage

Configuration

Site Web

Gestion des sites Web

Table des matières

Mise en forme des paragraphes

Feuille de style

Les liens

Création de liens

Gestion des liens

Les tableaux

Gestion des tableaux

Présentation des tableaux

Tableaux de disposition

Images, son et vidéo

Insertion d'images, vidéo, son

Modification des images

Gestion des pages

Présentation des pages

Cadres

Formulaires, composants, couches et comportements

Couches

Comportements

Publication

Publication

Extensions du serveur et site Web d'équipe

Installation des extensions serveur

Windows SharePoint Services

Annexes

Présentation de FrontPage 2003

première partie

Qu'est-ce que FrontPage ?

Microsoft FrontPage 2003 est un outil de création et de gestion de sites Web sur Internet ou sur un intranet. La différence entre un site Internet et un site intranet repose uniquement sur la diffusion du site (diffusion publique ou diffusion restreinte). De plus, FrontPage 2003 associé avec les extensions SharePoint permet la création d'un site dynamique et interactif (forum, événements, documents partagés, contacts, listes de diffusion, favoris...). Réservé auparavant aux spécialistes, la création de site intranet ou Internet devient désormais très simple.

Cette application ne nécessite pas de connaissance en langage de programmation (HTML, DHTML, XML...). Les seules connaissances techniques nécessaires concernent l'installation falcutative d'un serveur sur votre ordinateur. Ce serveur vous permettra de simuler certains services des extensions FrontPage.

Le logiciel Microsoft FrontPage intègre un éditeur (pour rédiger les pages Web) et un explorateur (pour gérer l'ensemble des fichiers du site Web), ce qui permet de créer et de gérer des sites Web à partir d'une seule et même application.

Lancer FrontPage 2003

- Cliquez sur le bouton **démarrer** de la barre des tâches de Windows.
- Faites glisser la souris sur l'option **Tous les programmes**.
- Pointez l'option **Microsoft Office**, puis cliquez sur l'option **Microsoft Office FrontPage 2003**.

Il est possible qu'une boîte de dialogue vous informe que FrontPage n'est pas l'éditeur de page Web par défaut ; si tel est le cas, validez cette proposition afin que cette boîte de dialogue n'apparaisse plus.

Pour ouvrir automatiquement (au démarrage de FrontPage) le dernier site Web utilisé, ouvrez le menu **Outils**, cliquez sur **Options** puis activez l'onglet **Général**, et enfin, cochez l'option **Ouvrir le dernier site Web utilisé au démarrage de FrontPage**.

Si le raccourci qui suit est présent sur le bureau de Windows, un double clic dessus lance l'application : 
FrontPage 2003
.

Quitter FrontPage 2003

Fichier
Quitter

clic sur le bouton

Alt F4

Découvrir l'écran de travail

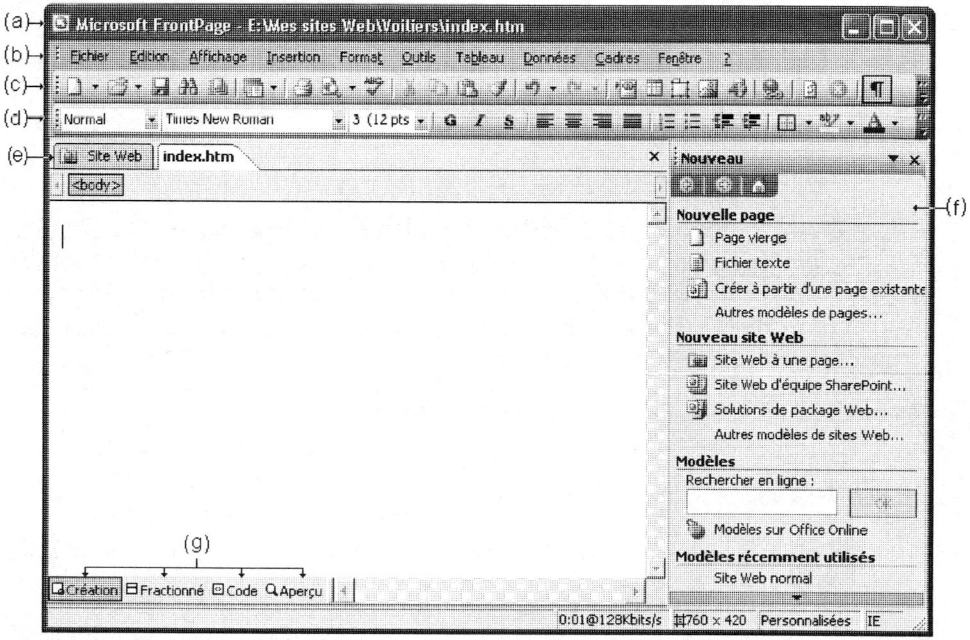

(a)
(b)
(c)
(d)
(e)
(f)
(g)
Microsoft FrontPage - E:\Mes sites Web\Voiliers\index.htm
Fichier Edition Affichage Insertion Format Outils Tableau Données Cadres Fenêtre ?
Normal
Times New Roman
3 (12 pts
Site Web
index.htm
<body>
Nouveau
Nouvelle page
Page vierge
Fichier texte
Créer à partir d'une page existante
Autres modèles de pages...
Nouveau site Web
Site Web à une page...
Site Web d'équipe SharePoint...
Solutions de package Web...
Autres modèles de sites Web...
Modèles
Rechercher en ligne :
Modèles sur Office Online
Modèles récemment utilisés
Site Web normal
Création
Fractionné
Code
Aperçu
0:01@128Kbits/s
760 x 420
Personnalisées
IE

La **barre de titre** (a) : à gauche, l'icône du menu **Système** de l'application FrontPage suivie du nom de l'application (Microsoft FrontPage), lui-même suivi du nom du site actif ou de la page ouverte (ici **index.htm**). À droite, se trouvent les boutons **Réduire**, **Niveau inférieur** (ou Agrandir) de la fenêtre, ainsi que le bouton **Fermer** de l'application.

La barre des **menus** (b) : les noms des divers menus de l'application FrontPage.

Les barres d'outils **Standard** (c) et **Mise en forme** (d) s'affichent par défaut.

Le bouton **Site Web** (e) propose six modes d'affichage différents, pour le site Web.

Le **volet Office** (f) présente des options qui permettent d'accéder rapidement à certaines fonctions.

Lorsqu'une page est ouverte dans FrontPage, l'espace de travail est composé de quatre volets (g).

Création	pour composer et modifier la page Web dans l'espace de travail.
Fractionné	pour voir à la fois le mode **Création** et le mode **Code** de la page.
Code	pour modifier directement le code HTML de la page active.
Aperçu	pour afficher la page Web telle qu'elle apparaîtrait dans le navigateur Microsoft Internet Explorer.

Pour activer un de ces volets, cliquez sur le bouton correspondant situé en bas à gauche de la fenêtre.

Utiliser les menus

- À l'ouverture d'un menu, les options standards s'affichent par défaut. Ces options sont complétées durant votre session de travail par des options supplémentaires correspondant aux dernières options utilisées. Pour obtenir la liste complète des options d'un menu, cliquez sur ¥ ou attendez quelques secondes pour que la liste complète s'affiche automatiquement.

Les options grisées sont actuellement indisponibles.

Annuler les dernières actions

- Pour annuler la dernière action, utilisez l'option **Annuler** du menu **Edition**, ou l'outil ou Ctrl **Z**.
- Pour annuler les dernières actions, cliquez sur la flèche associée à l'outil afin d'ouvrir la liste des dernières actions, puis cliquez sur la dernière des actions à annuler (cette action et toutes celles qui ont suivi seront annulées).

FrontPage vous permet d'annuler jusqu'aux 30 dernières actions.
Pour annuler l'effet de la dernière commande **Annuler**, utilisez l'option **Rétablir** du menu **Edition** ou Ctrl **Y** ou cliquez sur l'outil .

Rechercher de l'aide sur les fonctionnalités FrontPage

- Si le volet Office est déjà ouvert, cliquez sur le bouton ▼ situé dans la barre de titre du volet puis cliquez sur l'option **Aide**.

  Si le volet Office n'est pas ouvert, ouvrez le menu **?** puis cliquez sur l'option **Aide sur Microsoft Office FrontPage** ou appuyez directement sur la touche F1.

  *Le volet Office **Aide sur FrontPage** s'ouvre :*

Aide sur FrontPage
Assistance
Rechercher :
Table des matières
Microsoft Office Online
Se connecter à Microsoft Office Online
Obtenir les dernières informations sur l'utilisation de FrontPage
Mettre la liste à jour automatiquement
Autres...
Assistance
Formations
Communautés
Téléchargements
Voir aussi
Nouveautés
Contactez-nous
Aide sur l'accessibilité
Paramètres du contenu en ligne...

Notez que ce volet comporte trois cadres :

***Assistance** : qui vous permet de rechercher des informations dans un fichier d'aide stocké sur votre disque dur. Lorsque votre connexion Internet est active, ce fichier d'aide est complété par l'aide du site Microsoft.com.*

Office Online *: qui vous donne un accès direct par Internet aux services en ligne de Microsoft.*

Voir aussi *: qui vous permet de paramétrer, par exemple, la mise en forme ou la disposition de l'aide affichée* ***(Aide sur l'accessibilité****) ou bien de modifier les options de services en ligne (****Paramètres du contenu en ligne****...).*

Effectuer une recherche à partir de mots clés

- Pour rechercher une rubrique d'aide FrontPage à partir de mots clés, saisissez-les dans la zone **Rechercher** puis cliquez sur le bouton pour lancer la recherche.

Le titre des rubriques correspondant au thème recherché s'affiche dans le volet Office.

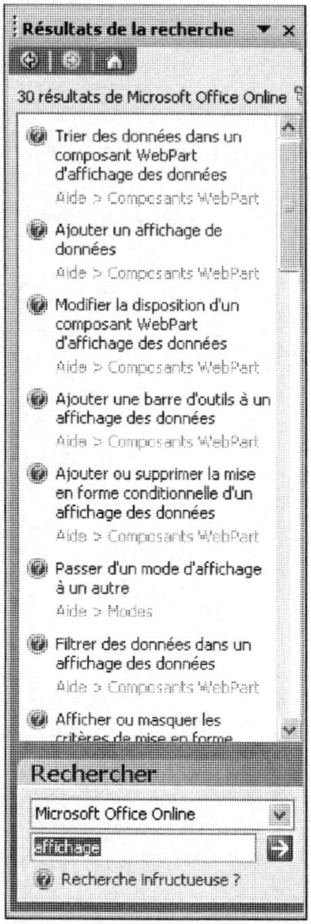
Résultats de la recherche
30 résultats de Microsoft Office Online
Trier des données dans un composant WebPart d'affichage des données
Aide > Composants WebPart
Ajouter un affichage de données
Aide > Composants WebPart
Modifier la disposition d'un composant WebPart d'affichage des données
Aide > Composants WebPart
Ajouter une barre d'outils à un affichage des données
Aide > Composants WebPart
Ajouter ou supprimer la mise en forme conditionnelle d'un affichage des données
Aide > Composants WebPart
Passer d'un mode d'affichage à un autre
Aide > Modes
Filtrer des données dans un affichage des données
Aide > Composants WebPart
Afficher ou masquer les
Rechercher
Microsoft Office Online
affichage
Recherche infructueuse ?

Les boutons et permettent d'afficher le contenu du volet visualisé précédemment.

Si votre connexion Internet est active, la recherche se fait à partir du site Microsoft Office Online, vous permettant ainsi de bénéficier des mises à jour.

- Cliquez sur le lien correspondant à la rubrique d'aide désirée pour afficher l'aide correspondante.

La fenêtre ***Microsot Office FrontPage : Aide*** *s'affiche à l'écran.*

- Pour afficher la fenêtre d'aide et la fenêtre de l'application en mosaïque, cliquez sur le bouton ; le bouton permet de superposer de nouveau la fenêtre d'aide à la fenêtre de l'application.
- Pour afficher la rubrique d'aide précédente, cliquez sur le bouton et sur le bouton pour afficher la rubrique suivante.
- Pour imprimer la rubrique d'aide affichée, cliquez sur le bouton , définissez les options d'impression dans la boîte de dialogue **Imprimer** puis cliquez sur le bouton **Imprimer**.
- Après avoir pris connaissance du texte d'aide proposé, cliquez sur le bouton pour fermer la fenêtre d'aide.
- Pour lancer une nouvelle recherche, ouvrez, si besoin est, la liste du cadre **Rechercher** en cliquant sur le bouton pour choisir un autre lieu de recherche (**Aide en mode hors connexion**, **Microsoft Office Online**...). Modifiez, si nécessaire, le ou les mots clés recherchés dans la zone de saisie correspondante puis cliquez sur le bouton pour lancer la nouvelle recherche.

Pour effectuer une recherche d'aide à partir de mots clés, vous pouvez également cliquer dans la zone de saisie Tapez une question visible dans la partie droite de la barre des menus puis saisir une question ou un mot clé. Appuyez ensuite sur la touche Entrée pour lancer la recherche.

Le processus de recherche est identique à celui du volet Office. De ce fait, selon que votre connexion Internet est active ou non, les résultats de la recherche diffèrent en quantité et en qualité.

Effectuer une recherche à partir de la Table des matières de l'aide

- Ouvrez le volet Office **Aide sur FrontPage (? - Aide sur Microsoft Office FrontPage)** puis cliquez sur le lien **Table des matières** situé dans le cadre **Assistance**.

Aide sur FrontPage
Table des matières
Démarrage et paramètres
Impression
Création de pages Web
À propos de la création et de la co
Activer ou désactiver les composa
À propos des images maquettes
Définir une image maquette
Afficher ou masquer une image ma
Ouvrir une page Web
Créer une page Web
Enregistrer une page Web
Arrêter le chargement d'une page
Actualiser une page Web ou un af
Définir les marges d'une page Web
Tableaux et cellules de disposition
Mise en forme du texte et des par
Tableaux
Cadres
Styles
Feuilles de style en cascade
Thèmes
Effets de création
Création de code HTML
Éléments audiovisuels
Création de sites Web
Utilisation de graphiques
Partage des informations
Utilisation de formulaires et de donné
Sécurité et confidentialité
Automatisation des tâches et progran
Fonctionnalités propres à une langue
Glossaire

Si votre connexion Internet est active, FrontPage télécharge les informations à partir du site Microsoft Office Online.

- Si votre connexion Internet est désactivée, il se peut que vous deviez cliquer sur le lien **Table des matières hors connexion** visible en haut du volet Office afin de pouvoir accéder aux différentes catégories d'aide.

Notez que les catégories d'aide sont représentées par un livre "ouvert" si l'arborescence est développée ou un livre "fermé" dans le cas contraire. Les rubriques d'aide contenues dans une catégorie sont, quant à elles, représentées par .

- Pour développer l'arborescence d'une catégorie d'informations, cliquez sur le livre "fermé" correspondant .
- Pour refermer l'arborescence d'une catégorie, cliquez sur le livre "ouvert" correspondant .
- Pour afficher la rubrique d'aide recherchée, cliquez sur le symbole correspondant.

  Le détail de la rubrique d'aide s'affiche dans la fenêtre ***Microsoft Office FrontPage : Aide****.*
- Utilisez la fenêtre d'aide comme lors d'une recherche à partir de mots clés (cf. sous-titre précédent).
- Après avoir pris connaissance du texte d'aide proposé, cliquez sur le bouton pour refermer la fenêtre d'aide.

Vous pouvez aussi utiliser l'aide du **Compagnon Office** (**? - Afficher le Compagnon Office**) mais pour cela, vous devez avoir installé au préalable le composant correspondant.

Rafraîchir l'affichage

Cette manipulation force FrontPage à parcourir l'ensemble du site, à relire tous les éléments, pages, images ou autres, et à actualiser l'affichage.

Affichage
Actualiser F5

Changer le mode d'affichage du site Web

Le bouton Site Web *toujours présent au-dessus de l'espace de travail donne accès à six modes d'affichage pour le site Web.*

Cliquez sur le bouton **Site Web**, puis sélectionnez l'un des modes d'affichage du site, en cliquant sur le bouton correspondant visible en bas de l'espace de travail :

Dossiers | Site Web distant | Rapports | Navigation | Liens hypertexte | Tâches

Dossiers Pour afficher le contenu du site sous forme de dossiers et de fichiers permettant ainsi de créer, de supprimer, de copier et de déplacer des dossiers et des fichiers. L'icône indique que le fichier est ouvert, alors que l'icône signale un fichier fermé. La page d'accueil, (première page du site Web) est marquée par l'icône .

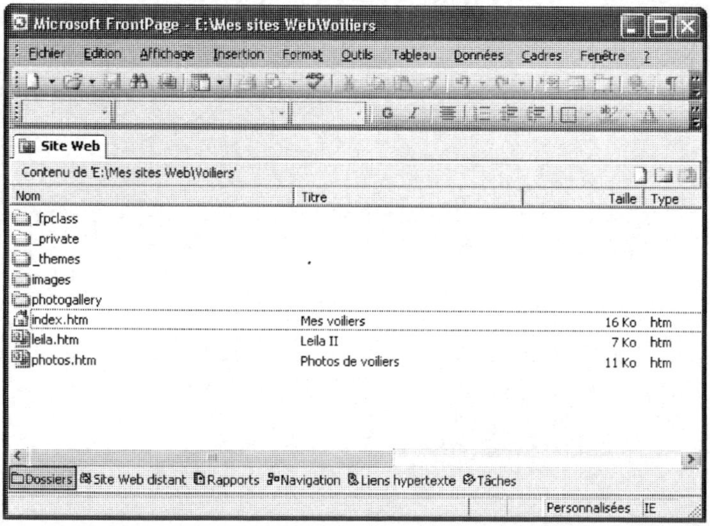
Microsoft FrontPage - E:\Mes sites Web\Voiliers
Fichier Edition Affichage Insertion Format Outils Tableau Données Cadres Fenêtre ?
Site Web
Contenu de 'E:\Mes sites Web\Voiliers'
Nom Titre Taille Type
_fpclass
_private
_themes
images
photogallery
index.htm Mes voiliers 16 Ko htm
leila.htm Leila II 7 Ko htm
photos.htm Photos de voiliers 11 Ko htm
Dossiers Site Web distant Rapports Navigation Liens hypertexte Tâches
Personnalisées IE

Site Web distant Pour afficher le site Web local et le publier à un autre emplacement : sur un serveur dans Internet, dans un intranet ou encore sur un disque local pour faire une copie des fichiers.

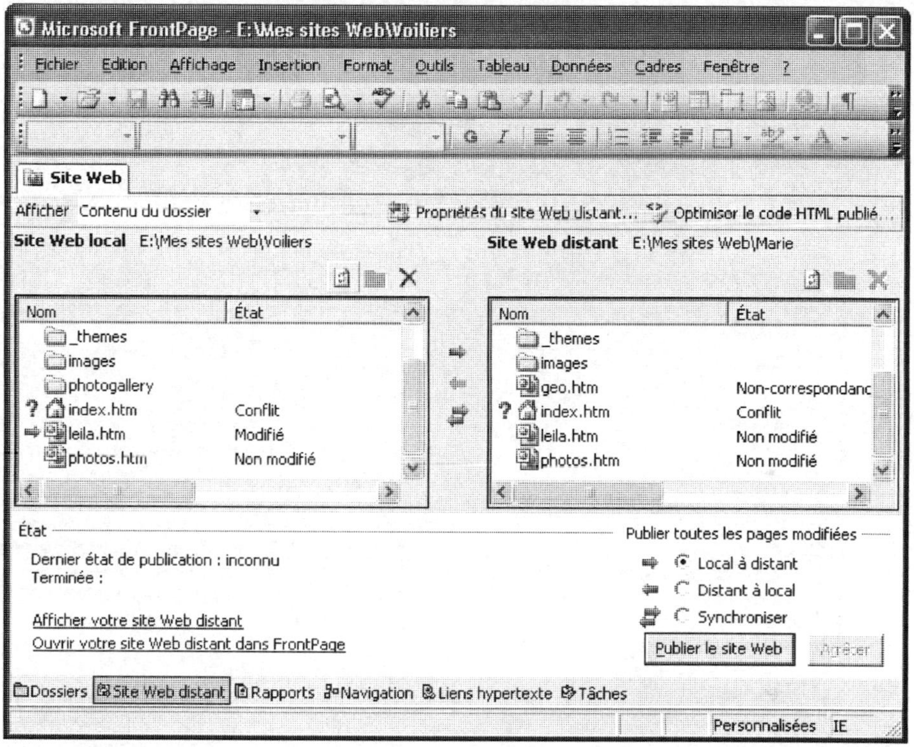
Microsoft FrontPage - E:\Mes sites Web\Voiliers
Fichier Edition Affichage Insertion Format Outils Tableau Données Cadres Fenêtre ?
Site Web
Afficher Contenu du dossier
Propriétés du site Web distant...
Optimiser le code HTML publié...
Site Web local E:\Mes sites Web\Voiliers
Site Web distant E:\Mes sites Web\Marie
Nom État
_themes
images
photogallery
index.htm Conflit
leila.htm Modifié
photos.htm Non modifié
Nom État
_themes
images
geo.htm Non-correspondanc
index.htm Conflit
leila.htm Non modifié
photos.htm Non modifié
État
Dernier état de publication : inconnu
Terminée :
Afficher votre site Web distant
Ouvrir votre site Web distant dans FrontPage
Publier toutes les pages modifiées
Local à distant
Distant à local
Synchroniser
Publier le site Web
Arrêter
Dossiers Site Web distant Rapports Navigation Liens hypertexte Tâches
Personnalisées IE

Rapports

Liste tous les rapports du site Web afin de le résumer et de l'analyser.

Exemples de rapports : nombre d'images, liste des liens rompus, calcul de la taille du site... Pour visualiser le contenu d'un rapport, cliquez sur le lien correspondant.

Pour retrouver la liste des rapports, cliquez sur le nom du rapport actuel situé sous le bouton **Site Web** ; cliquez ensuite sur le rapport à afficher.

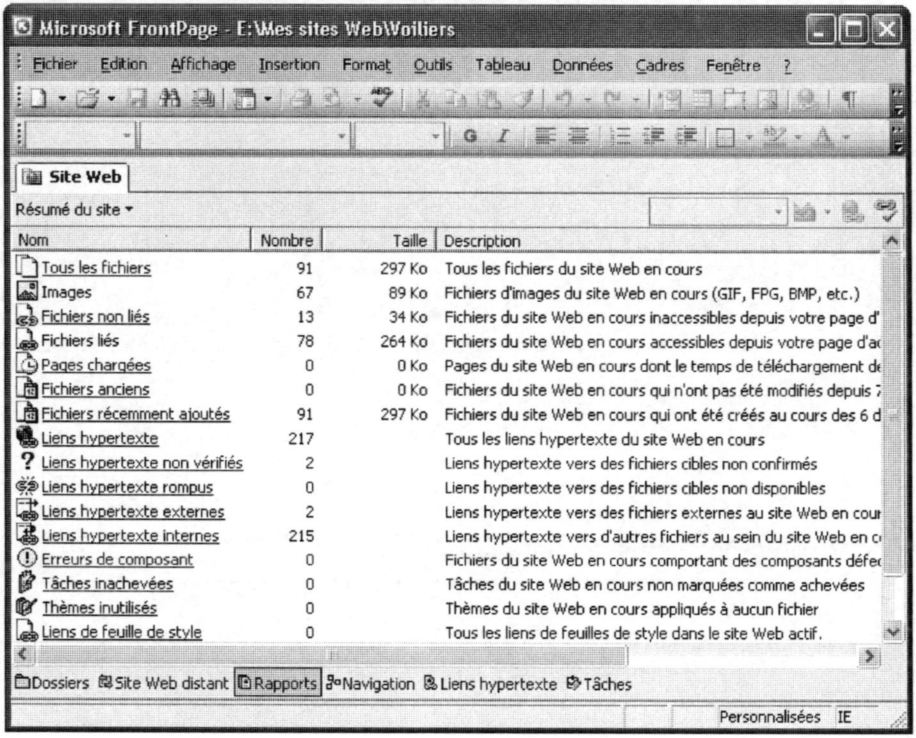
Microsoft FrontPage - E:\Mes sites Web\Voiliers
Fichier Edition Affichage Insertion Format Outils Tableau Données Cadres Fenêtre ?
Site Web
Résumé du site
Nom Nombre Taille Description
Tous les fichiers 91 297 Ko Tous les fichiers du site Web en cours
Images 67 89 Ko Fichiers d'images du site Web en cours (GIF, FPG, BMP, etc.)
Fichiers non liés 13 34 Ko Fichiers du site Web en cours inaccessibles depuis votre page d'
Fichiers liés 78 264 Ko Fichiers du site Web en cours accessibles depuis votre page d'a
Pages chargées 0 0 Ko Pages du site Web en cours dont le temps de téléchargement d
Fichiers anciens 0 0 Ko Fichiers du site Web en cours qui n'ont pas été modifiés depuis
Fichiers récemment ajoutés 91 297 Ko Fichiers du site Web en cours qui ont été créés au cours des 6 d
Liens hypertexte 217 Tous les liens hypertexte du site Web en cours
Liens hypertexte non vérifiés 2 Liens hypertexte vers des fichiers cibles non confirmés
Liens hypertexte rompus 0 Liens hypertexte vers des fichiers cibles non disponibles
Liens hypertexte externes 2 Liens hypertexte vers des fichiers externes au site Web en cou
Liens hypertexte internes 215 Liens hypertexte vers d'autres fichiers au sein du site Web en c
Erreurs de composant 0 Fichiers du site Web en cours comportant des composants défe
Tâches inachevées 0 Tâches du site Web en cours non marquées comme achevées
Thèmes inutilisés 0 Thèmes du site Web en cours appliqués à aucun fichier
Liens de feuille de style 0 Tous les liens de feuilles de style dans le site Web actif.
Dossiers Site Web distant Rapports Navigation Liens hypertexte Tâches
Personnalisées IE

Navigation Pour afficher la structure du site. Ce mode permet de gérer le fonctionnement des barres de navigation du site Web en configurant la structure de navigation du site.

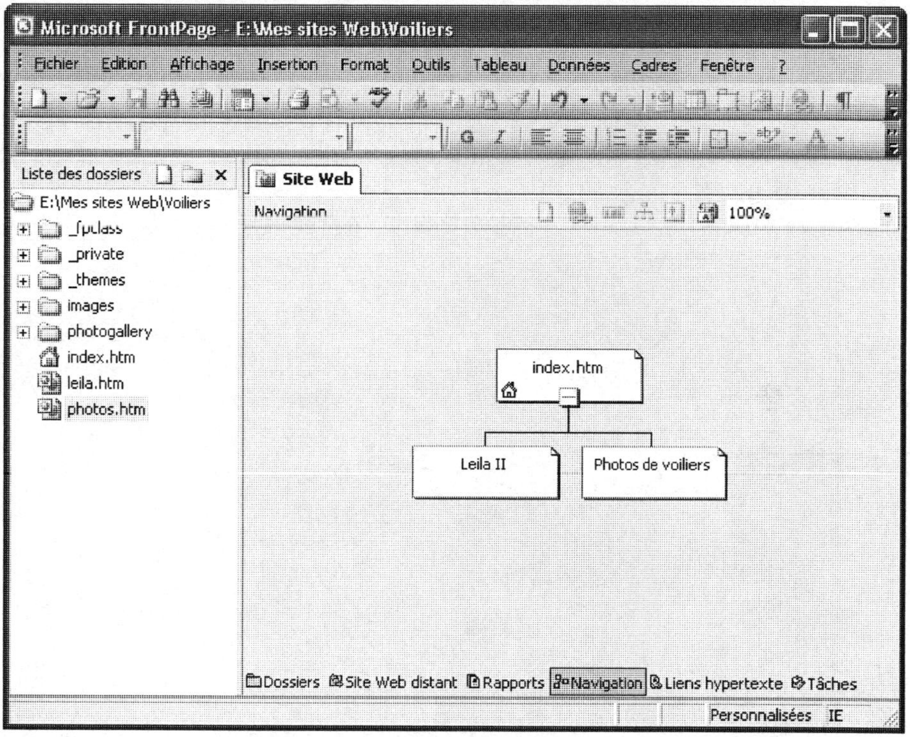
Microsoft FrontPage - E:\Mes sites Web\Voiliers
Fichier Edition Affichage Insertion Format Outils Tableau Données Cadres Fenêtre ?
Liste des dossiers
E:\Mes sites Web\Voiliers
_fpclass
_private
_themes
images
photogallery
index.htm
leila.htm
photos.htm
Site Web
Navigation
100%
index.htm
Leila II
Photos de voiliers
Dossiers
Site Web distant
Rapports
Navigation
Liens hypertexte
Tâches
Personnalisées
IE

Liens hypertexte Pour afficher graphiquement les liens hypertexte existant entre les pages ou vers un autre site.

Le signe visible sur l'icône d'un lien hypertexte interne signale la présence d'autres liens.

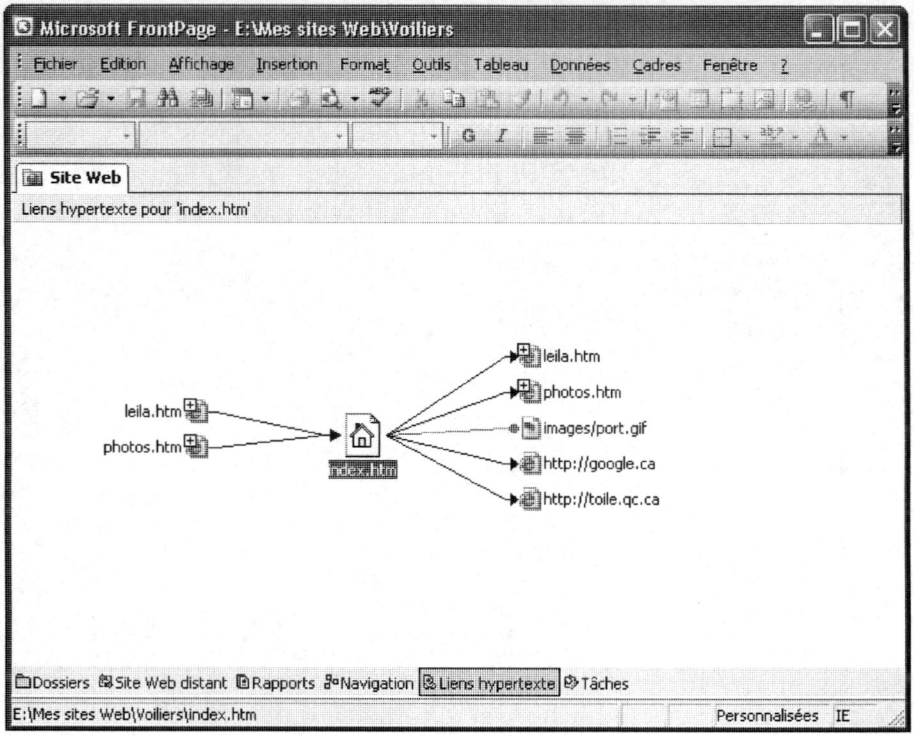
Microsoft FrontPage - E:\Mes sites Web\Voiliers
Fichier Edition Affichage Insertion Format Outils Tableau Données Cadres Fenêtre ?
Site Web
Liens hypertexte pour 'index.htm'
leila.htm
photos.htm
index.htm
leila.htm
photos.htm
images/port.gif
http://google.ca
http://toile.qc.ca
Dossiers Site Web distant Rapports Navigation Liens hypertexte Tâches
E:\Mes sites Web\Voiliers\index.htm
Personnalisées IE

Tâches Pour afficher la liste des tâches affectées à chaque intervenant ; ce mode permet de créer et de gérer les travaux prévus.

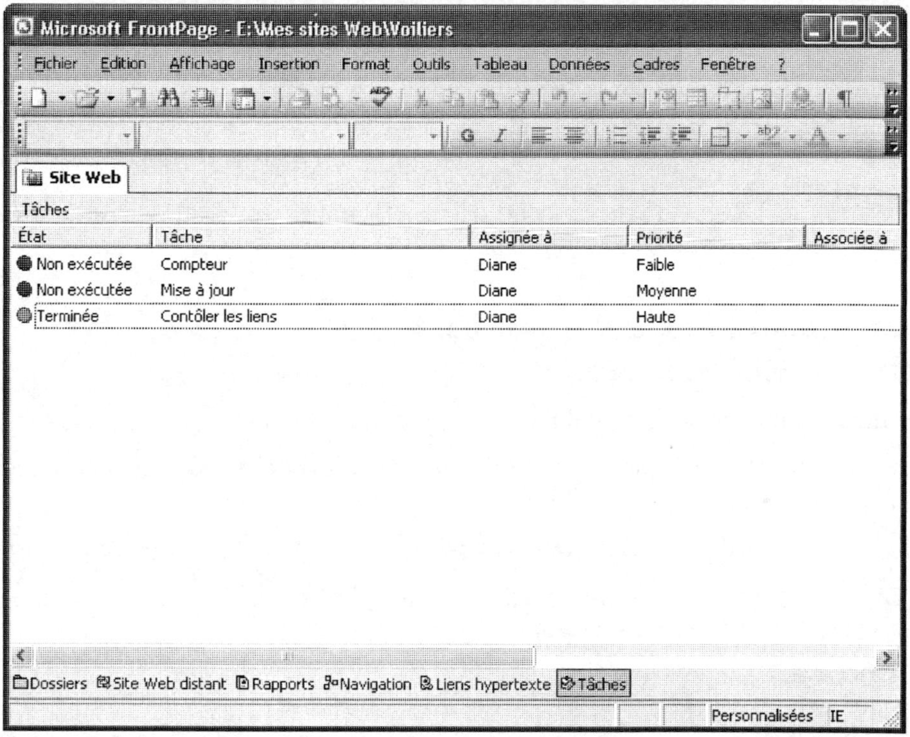
Microsoft FrontPage - E:\Mes sites Web\Voiliers
Fichier Edition Affichage Insertion Format Outils Tableau Données Cadres Fenêtre ?
Site Web
Tâches
État Tâche Assignée à Priorité Associée à
Non exécutée Compteur Diane Faible
Non exécutée Mise à jour Diane Moyenne
Terminée Contôler les liens Diane Haute
Dossiers Site Web distant Rapports Navigation Liens hypertexte Tâches
Personnalisées IE

Les différents modes d'affichage sont accessibles aussi à partir du menu **Affichage**.

Modifier la taille des volets

- Positionnez le pointeur de la souris sur le séparateur vertical (ou horizontal) à déplacer.

  Le pointeur de la souris change de forme : .

- Faites glisser le séparateur.

Modifier la largeur des colonnes

*Ceci ne concerne pas les modes **Navigation** et **Liens hypertexte**.*

- Pointez le trait vertical situé à droite du nom de la colonne à modifier.

Le pointeur de la souris prend la forme d'une double flèche.

- Faites glisser le trait vertical pour modifier la largeur "à vue" ou réalisez un double clic pour appliquer une largeur ajustée au contenu de la colonne.

Lorsque la largeur d'une colonne est insuffisante, les libellés trop longs se terminent par des points de suspension.

Trier le contenu d'une colonne

*Ceci ne concerne pas les modes **Navigation** et **Liens hypertexte**.*

- Cliquez sur le nom de la colonne en fonction de laquelle vous souhaitez trier.

Un premier clic trie par ordre croissant et un second par ordre décroissant.

Afficher le volet Liste des dossiers

En tout temps, la liste des dossiers et des fichiers peut être visible dans un volet à gauche de l'espace de travail.

- **Affichage**
  Liste des dossiers Alt F1

*Le volet **Liste des dossiers** se masque ensuite de la même façon.*

Pour choisir entre l'affichage de la **Liste des dossiers** ou du **Volet de navigation**, ouvrez la liste associée à l'outil puis cliquez sur l'option correspondante.

Visualiser le contenu des dossiers

*Ceci concerne uniquement le mode **Dossiers**.*

- Veillez à ce que le mode **Dossiers** soit actif.
- Affichez le volet **Liste des dossiers** à l'aide de l'outil .
- Dans le volet **Liste des dossiers**, cliquez sur le nom du dossier à consulter.

Le volet de droite affiche le contenu du dossier sélectionné.

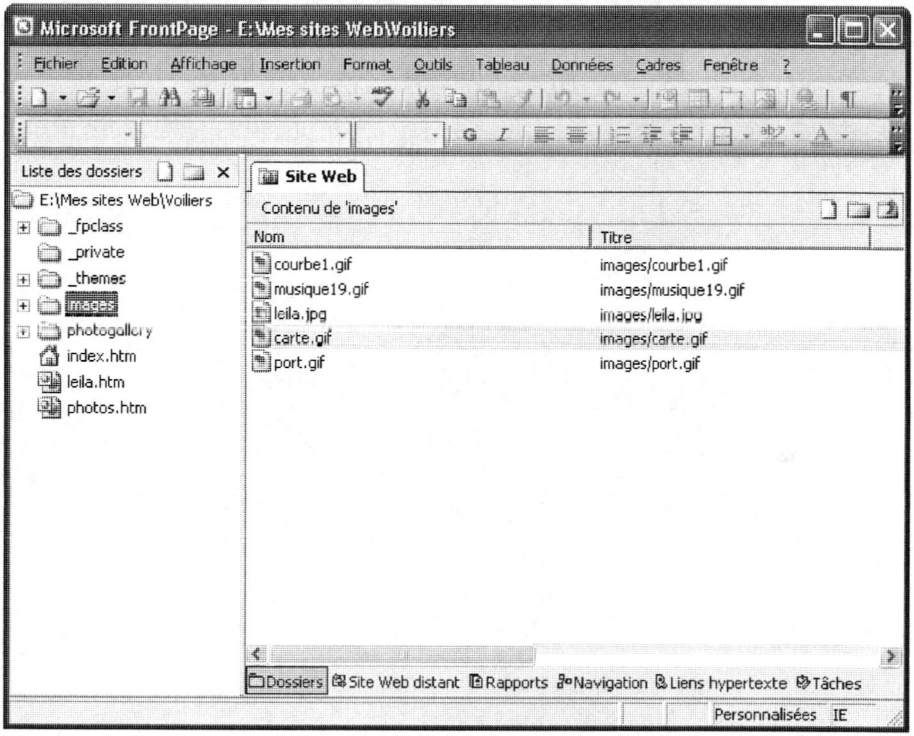
Microsoft FrontPage - E:\Mes sites Web\Voiliers
Fichier Edition Affichage Insertion Format Outils Tableau Données Cadres Fenêtre ?
Liste des dossiers
E:\Mes sites Web\Voiliers
_fpclass
_private
_themes
images
photogallery
index.htm
leila.htm
photos.htm
Site Web
Contenu de 'images'
Nom
Titre
courbe1.gif
images/courbe1.gif
musique19.gif
images/musique19.gif
leila.jpg
images/leila.jpg
carte.gif
images/carte.gif
port.gif
images/port.gif
Dossiers
Site Web distant
Rapports
Navigation
Liens hypertexte
Tâches
Personnalisées IE

Sur cet exemple, le volet de droite affiche le contenu du dossier "images". ***Contenu de 'images'*** *apparaît d'ailleurs en tant que nom du volet.*

- Pour détailler un dossier dans le volet de gauche, réalisez un double clic sur son nom ou cliquez sur le signe "plus" (+) qui le précède.

  L'arborescence s'affiche dans le volet de gauche et le signe "plus" (+) est remplacé par le signe "moins" (-).

- Pour condenser un dossier détaillé dans le volet de gauche, réalisez un double clic sur le nom du dossier ou cliquez sur le signe "moins" (-) qui le précède.

  Le signe "moins" redevient un "plus".

Afficher/masquer une barre d'outils supplémentaire

- **Affichage**
  Barres d'outils
  ou cliquez avec le bouton DROIT sur une des barres d'outils.

  *En standard, FrontPage connaît 14 barres différentes et il en affiche deux : **Standard** et **Mise en forme**.*

- Cliquez sur le nom de la barre à afficher ou à masquer.

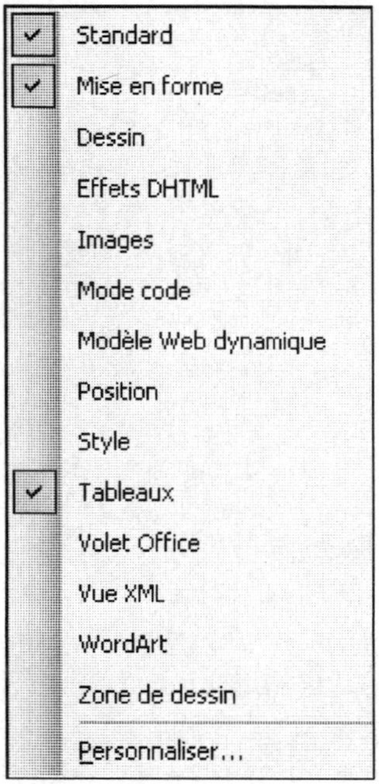
Standard
Mise en forme
Dessin
Effets DHTML
Images
Mode code
Modèle Web dynamique
Position
Style
Tableaux
Volet Office
Vue XML
WordArt
Zone de dessin
Personnaliser...

Les barres dont le nom est précédé d'une coche sont visibles à l'écran.

Pour diverses raisons, il se peut que toutes les icônes d'une barre d'outils ne soient pas visibles. Dans ce cas, un clic sur le bouton **Options de barre d'outils** visible à droite de la barre d'outils correspondante, permet d'afficher les icônes non visibles à l'écran et ainsi de cliquer sur celle que vous souhaitez utiliser.

Déplacer une barre d'outils

- Pointez la poignée de déplacement visible à gauche de la barre d'outils à déplacer.

  Le pointeur de la souris prend la forme d'une flèche à quatre têtes :

- Faites glisser la poignée de déplacement à l'endroit où vous souhaitez positionner la barre d'outils.

  Si vous déplacez une barre d'outils dans l'espace de travail, la barre devient alors une fenêtre que vous pouvez déplacer et/ou dimensionner. On parle alors de barre "flottante".

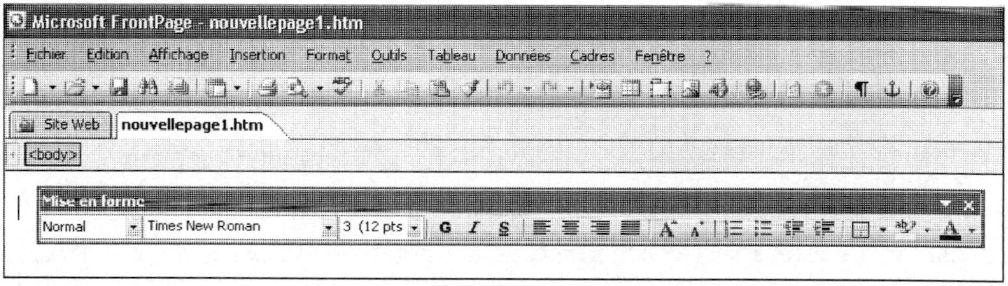

Microsoft FrontPage - nouvellepage1.htm
Fichier Edition Affichage Insertion Format Outils Tableau Données Cadres Fenêtre ?
Site Web
nouvellepage1.htm
<body>
Mise en forme
Normal
Times New Roman
3 (12 pts

- Pour fixer une barre flottante, faites un double clic dans sa barre de titre ou faites glisser la fenêtre vers une extrémité de la zone de travail.

  La fenêtre change alors de forme et devient une barre horizontale ou verticale.

Pour que les barres d'outils **Standard** et **Mise en forme** soient affichées l'une en dessous de l'autre, cochez l'option **Afficher les barres d'outils Standard et Mise en forme sur deux lignes** de la boîte de dialogue **Personnalisation (Outils - Personnaliser** - onglet **Options**).

Choisir la police d'affichage

*Cette manipulation ne concerne que l'affichage des pages en mode **Création** dans FrontPage ; elle n'affecte pas l'affichage des pages dans un navigateur Web.*

- **Outils**
  Options de page

- Activez l'onglet **Polices par défaut**.

- Sélectionnez la **Police à espacement proportionnel par défaut** ainsi que la **Police à espacement fixe par défaut** à l'aide des listes correspondantes.

Les polices généralement utilisées sont à espacement proportionnel ; une police est à espacement fixe (comme la police Courrier) si chaque caractère occupe le même espace, quel que soit le caractère.

- Cliquez sur le bouton **OK**.

Créer des couleurs personnalisées

La grille des couleurs de base propose 16 couleurs standards mais vous pouvez créer des couleurs personnalisées.

Pour choisir la couleur du texte, d'un tableau, d'une cellule... vous utiliserez toujours la même technique.

- Sélectionnez l'élément (tableau, forme automatique, zone de texte...) auquel vous souhaitez appliquer une couleur personnalisée.
- Activez l'outil **Dessin**  de la barre d'outils **Standard** pour afficher la barre d'outils **Dessin**.
- Ouvrez la liste associée à l'outil  visible dans la barre d'outils **Dessin** ; si la couleur doit être appliquée à des caractères, ouvrez la liste associée à l'outil  visible dans les barres d'outils **Mise en forme** et **Dessin**.

  La liste comporte un choix de couleur (nuancier) comportant les 16 couleurs standards.
- Pour appliquer une couleur personnalisée, cliquez sur l'option **Autres couleurs** puis, affichez la boîte de dialogue **Couleurs** en cliquant sur le bouton **Personnaliser**.
- Sélectionnez la couleur la plus proche de celle attendue dans la liste des **Couleurs de base**.
- Pour définir la teinte et la saturation, faites glisser la souris dans le spectre des couleurs.
- Pour définir la luminosité, déplacez le triangle situé à droite, le long de la barre des couleurs.

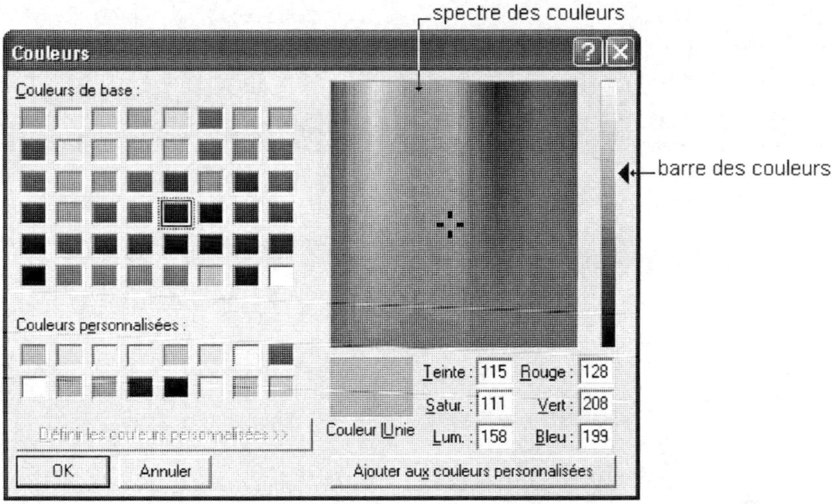
spectre des couleurs
Couleurs
Couleurs de base :
barre des couleurs
Couleurs personnalisées :
Teinte : 115
Rouge : 128
Satur. : 111
Vert : 208
Lum. : 158
Bleu : 199
Couleur Unie
Définir les couleurs personnalisées >>
OK
Annuler
Ajouter aux couleurs personnalisées

*La nouvelle couleur apparaît dans la zone **Couleur Unie**.*

- Si besoin, vous pouvez aussi définir les composantes de la couleur :
  - indiquez les valeurs de **Rouge**, de **Vert** et de **Bleu** ; valeurs comprises entre 0 et 255,
  - spécifiez les valeurs de **Teinte**, de **Satur.** (saturation) et de **Lum.** (luminosité) ; valeurs comprises entre 0 et 255.

- Pour ajouter cette couleur à la liste des **Couleurs personnalisées**, cliquez sur le bouton **Ajouter aux couleurs personnalisées** puis cliquez à deux reprises sur le bouton **OK**.

Désormais, lorsque vous ouvrirez la liste associée à l'outil 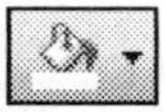 *ou* *, vous visualiserez une zone intitulée **Couleurs personnalisées** pouvant contenir jusqu'à 16 couleurs.*

Autoriser certaines technologies

Certains composants ne fonctionnent qu'après avoir été publiés sur un serveur avec les extensions FrontPage ou avec Windows SharePoint Services. Mais ces outils ne sont pas disponibles sur tous les serveurs. Et chacun d'eux peut être configuré pour accepter ou non d'autres technologies.

Grâce aux opérations d'auteur, FrontPage permet d'éliminer certaines options dans les menus parce qu'elles seraient inutilisables sur le serveur.

Outils
Options de page
onglet **Opérations d'auteur**

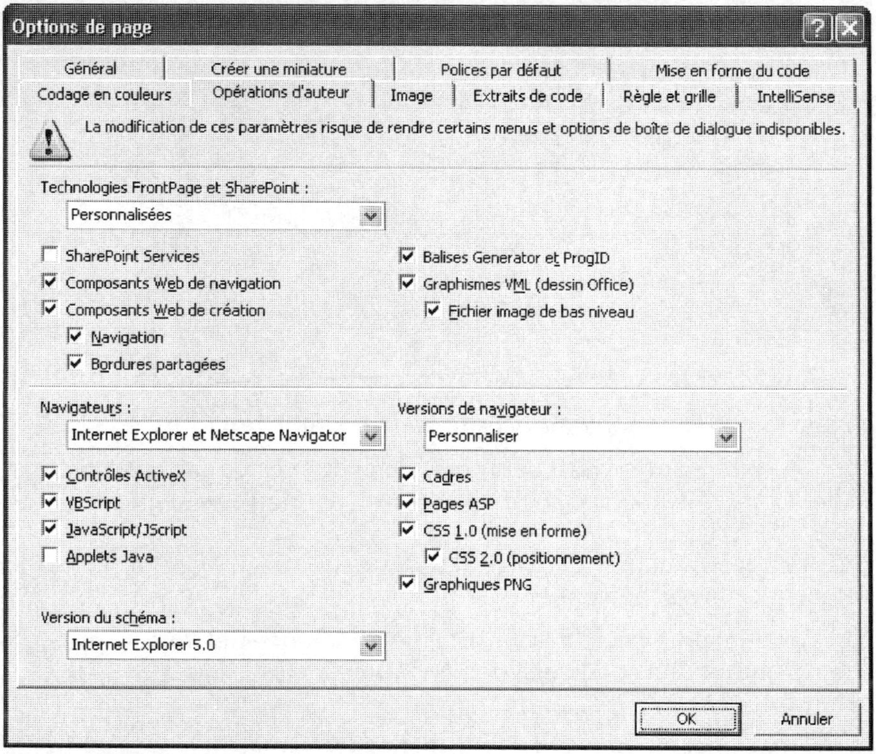
Options de page
Général
Créer une miniature
Polices par défaut
Mise en forme du code
Codage en couleurs
Opérations d'auteur
Image
Extraits de code
Règle et grille
IntelliSense
La modification de ces paramètres risque de rendre certains menus et options de boîte de dialogue indisponibles.
Technologies FrontPage et SharePoint :
Personnalisées
SharePoint Services
Composants Web de navigation
Composants Web de création
Navigation
Bordures partagées
Balises Generator et ProgID
Graphismes VML (dessin Office)
Fichier image de bas niveau
Navigateurs :
Internet Explorer et Netscape Navigator
Versions de navigateur :
Personnaliser
Contrôles ActiveX
VBScript
JavaScript/JScript
Applets Java
Cadres
Pages ASP
CSS 1.0 (mise en forme)
CSS 2.0 (positionnement)
Graphiques PNG
Version du schéma :
Internet Explorer 5.0
OK
Annuler

*La première zone (**Technologies FrontPage et SharePoint**) présente les technologies propres au logiciel FrontPage, comme les barres de navigation et les bordures partagées. La seconde zone (**Navigateurs**) permet de choisir le type de navigateur et d'autoriser certaines technologies qui sont plus générales sur le Web, n'étant pas particulières à FrontPage.*

Quand une technologie n'est pas autorisée ici, les options correspondantes dans les menus deviennent grisées.

- Pour activer (ou désactiver) certaines options des menus, voici les choix à faire dans l'onglet **Opérations d'auteur** :

Composant à activer	Opérations d'auteur à cocher
Bannière de page	**Composants Web de création** et **Composants Web de navigation**
Barre de navigation	**Composants Web de création** et **Composants Web de navigation**
Base de données avec ASP	**Pages ASP**
Bordures de paragraphes	**CSS 1.0 (mise en forme)**
Bordures partagées	**Composants Web de création** et **Bordures partagées**
Bouton interactif	**JavaScript/JScript**
Cadres	**Cadres**
Comportements	**Version du schéma : Internet Explorer 5** et **JavaScript/JScript**
Couches	**CSS 2.0**
Diaporama dans une galerie photo	**Composants Web de création**, **JavaScript/JScript** et **Navigateurs : uniquement Microsoft Internet Explorer**
Feuilles de style en cascade	**CSS 1.0 (mise en forme)**
Format automatique des tableaux	**CSS 2.0 (positionnement)**
Format de police, certains attributs	**CSS 1.0 (mise en forme)**
Formulaires, programme de traitement pour leur envoi	**Composants Web de navigation** et **Composants Web de création**
Galerie photo	**Composants Web de création**
Graphismes de la barre d'outils Dessin	**Graphismes VML (dessin Office)**
Tableau, image d'arrière-plan	**Navigateurs : uniquement Microsoft Internet Explorer**
Texte défilant	**Navigateurs : uniquement Microsoft Internet Explorer**
Thème	**Composants Web de création** et **CSS 1.0 (mise en forme)**
Vidéo	**Navigateurs : uniquement Microsoft Internet Explorer**

- Cliquez sur le bouton **OK**.

Afficher la barre d'état

- **Outils**
  Options
  onglet **Général**
- Cochez l'option **Afficher la barre d'état** puis cliquez sur le bouton **OK**.

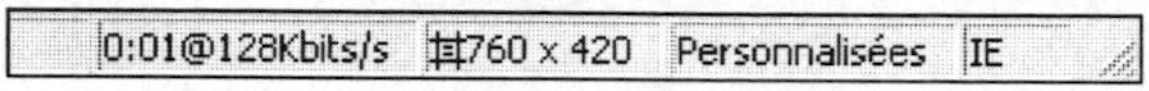
0:01@128Kbits/s
760 x 420
Personnalisées
IE

(a) (b) (c) (d)

- En mode **Création**, la barre d'état donne quatre informations :

Temps de téléchargement estimé (a)	Permet d'évaluer différents temps de chargement pour la page en cours. Cliquez sur cette option pour choisir une autre vitesse de modem.
Dimensions de la page (b)	Permet d'adapter l'espace de travail à telle ou telle résolution d'écran. Cliquez sur cette option pour choisir une autre taille de page.
Paramètres d'opérations d'auteur (c)	Selon le choix fait dans la première zone de la boîte de dialogue **Options de page** (onglet **Opérations d'auteur**) ; l'onglet **Opérations d'auteur** peut être ouvert en réalisant un double clic sur cette inscription visible dans la barre d'état.
Paramètres du navigateur activés (d)	Selon le choix fait dans la liste **Navigateurs** de la boîte de dialogue **Options de page** (onglet **Opérations d'auteur**).

Site Web

deuxième partie

Généralités

Un site Web ou site Internet est un ensemble de pages composées de textes et le cas échéant d'éléments multimédias. Un site est représenté par une adresse d'accueil appelée URL, et ses composants sont hébergés (stockés) sur le disque dur d'un serveur Web permettant des accès multiples et simultanés.

Un site Web créé avec l'application FrontPage comporte également une série de fichiers d'assistance qui ajoutent des fonctionnalités sophistiquées telles que les barres de navigation, la réparation des liens hypertextes, la création d'éléments cohérents à partir de thèmes, la génération automatique de sommaires, de boutons interactifs, de statistiques, la gestion intégrée de formulaires...

Pour que toutes ces fonctions soient totalement opérantes, le site Web FrontPage devra être hébergé sur un serveur Web équipé d'extensions du serveur FrontPage 2003. Un fournisseur de services Internet disposant de ces extensions est appelé "fournisseur de présence Web" (Web Presence Providers).

Pour utiliser les fonctionnalités SharePoint, votre hébergeur doit vous proposer Windows SharePoint Services. Basé sur SQL Server et des composants spécifiques, Windows SharePoint Services donne aux groupes de travail la possibilité de créer et de gérer des sites Web permettant de partager facilement des annonces, des fichiers, des tâches, etc. Il peut permettre de créer rapidement un intranet.

Pour plus d'informations sur Windows SharePoint Services, reportez-vous au chapitre qui lui est consacré à la fin de cet ouvrage.

Mais commençons par définir certains termes concernant Internet et les sites Web.

Ceci est un nom de domaine : http://www.monsite.com.

En général, un nom de domaine correspond à un site mais, par souci d'économie il est possible d'associer plusieurs sites à un même nom de domaine, sous la forme http://www.monsite.com/site1/. Un nom de domaine a une adresse IP (un numéro) qui correspond à l'adresse Internet du serveur qui héberge le site et qui est connecté en permanence à Internet.

Lorsqu'une personne tape le nom de votre site (par exemple : http://www.monsite.com) dans son navigateur, celui-ci recherche la correspondance adresse IP/Nom de domaine sur un serveur DNS. Une fois renseigné sur l'adresse IP de la machine, le navigateur accède au serveur qui héberge le site et lui demande de lui renvoyer les infos de la page d'accueil.

Le protocole utilisé est TCP/IP. Ce protocole fonctionne comme un service de transport routier qui devrait transporter une grosse cargaison. La cargaison découpée est montée sur une série de camions qui la transportent en utilisant le réseau routier en fonction de son encombrement. À l'arrivée, la cargaison est "remontée" suivant l'arrivée des paquets.

Lorsque plusieurs sites sont associés à un même nom de domaine, ces différents sites sont considérés par les logiciels d'administration du serveur comme des sous-sites. En effet, nous aurons les adresses suivantes sur notre serveur :

http://monserveur.com/monsite1
http://monserveur.com/monsite2
http://monserveur.com/monsite3

Mais pour FrontPage, monsite1, monsite2 et monsite3 sont considérés comme des sites à part entière.

Serveur Internet - serveur local

Un site Internet pour être visible de tous doit être publié sur un ordinateur accessible en permanence sur Internet, cet ordinateur est appelé serveur distant. Pour pouvoir exploiter certaines fonctionnalités spécifiques à FrontPage, ce serveur devra disposer des extensions FrontPage ; selon la version de ces extensions, telle fonctionnalité sera disponible ou non.

Type de site	Serveur distant
Site standard simple, avec tableaux, images, liens hypertexte, barre de navigation, thème, cadres...	Les extensions du serveur FrontPage ne sont pas obligatoires.
Site avec compteur d'accès, rapports sur l'utilisation du site, recherche sur le site, formulaire (pour une configuration rapide de l'envoi des données et d'une page de confirmation)...	Les extensions du serveur FrontPage sont recommandées.
Site d'équipe pour le partage de documents, avec listes d'événements et forums de discussion...	Windows SharePoint Services est requis, sur un serveur Windows 2003.

Les extensions du serveur FrontPage sont très pratiques pour simplifier la mise en place de plusieurs composants. Toutefois, il existe des alternatives utilisant d'autres langages de programmation, comme des programmes de traitement de formulaire en CGI ou en PHP, des compteurs d'accès en javascript...

En général, les extensions sont installées uniquement sur le serveur où le site sera publié et non pas sur l'ordinateur local.

Mais avant de publier, dans un souci pratique, le concepteur peut désirer tester en local (sur son ordinateur) le site Internet qu'il est en train de créer. Pour créer sur son ordinateur les conditions identiques de l'hébergement de son site, il peut installer un serveur sur son ordinateur ainsi que les extensions FrontPage ou Windows SharePoint Services en fonction du type de site qu'il veut créer.

Avec FrontPage 2003, l'ordinateur du concepteur devra comprendre au moins :

- Processeur Pentium III à 233 MHz.
- 128 Mo de mémoire RAM ou plus.
- 200 à 300 Mo d'espace disque libre (selon les choix d'installation).
- Internet Explorer 5.01 ou plus, ou Netscape Navigator 6.2 ou plus.
- Windows 2000 (Service Pack 3 ou plus), Windows XP Professionnel ou Windows 2003.

Windows XP Édition familiale permet d'utiliser FrontPage 2003, mais ne permet pas d'installer les extensions du serveur FrontPage sur l'ordinateur local.

Les protocoles sont des méthodes pour transférer des données d'un ordinateur à l'autre. Par exemple, dans Internet, la plupart des pages Web visualisées avec un navigateur ont une adresse commençant par http://... ce qui indique le protocole HTTP (*HyperText Transfer Protocol*).

Si le serveur Web utilise les extensions serveur, FrontPage peut publier votre site avec ce protocole HTTP. Sinon le site sera publié à l'aide du protocole FTP (*File Transfer Protocol*).

Lorsque les extensions du serveur FrontPage sont disponibles, FrontPage permet d'ouvrir le site distant (à l'adresse http://...) et de modifier directement les fichiers. Toutefois, nous recommandons plutôt de créer un site Web sur l'ordinateur local et de publier ensuite les fichiers sur le serveur distant.

Créer un nouveau site Web

Fichier
Nouveau

Dans le volet Office **Nouveau**, cliquez sur le lien **Autres modèles de sites Web.**

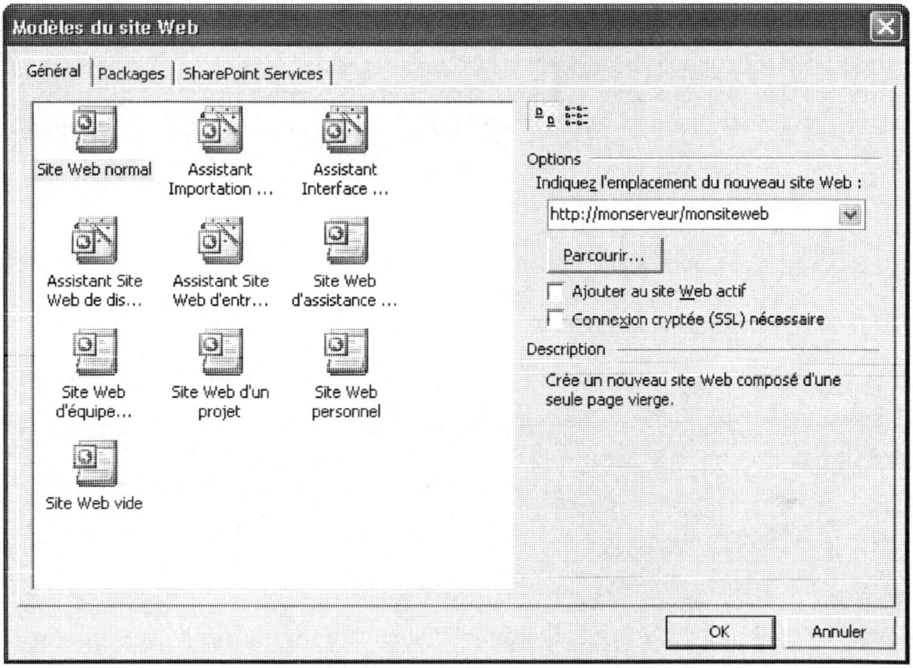
Modèles du site Web
Général
Packages
SharePoint Services
Site Web normal
Assistant Importation ...
Assistant Interface ...
Assistant Site Web de dis...
Assistant Site Web d'entr...
Site Web d'assistance ...
Site Web d'équipe...
Site Web d'un projet
Site Web personnel
Site Web vide
Options
Indiquez l'emplacement du nouveau site Web :
http://monserveur/monsiteweb
Parcourir...
Ajouter au site Web actif
Connexion cryptée (SSL) nécessaire
Description
Crée un nouveau site Web composé d'une seule page vierge.
OK
Annuler

La boîte de dialogue **Modèles du site Web** *vous propose six modèles différents de sites et quatre assistants à la création de site.*

- Sélectionnez un des modèles proposés ; pour créer un site vide, choisissez **Site Web vide**.

  Une **Description** *sommaire du site ou de l'assistant sélectionné s'affiche à droite de la fenêtre.*

- Dans le cadre **Options**, **Indiquez l'emplacement du nouveau site Web**, soit en saisissant l'adresse, soit en la sélectionnant dans la liste correspondante ou à l'aide du bouton **Parcourir**. Pour créer le site directement sur le serveur distant (publication instantanée), saisissez l'adresse http du serveur (ex : http://www.monhebergeur.com) ; pour créer le site sur le serveur local, précisez le nom de ce serveur (ex : http://monserveur/monsite) ; si vous n'utilisez pas de serveur local, vous pouvez créer le site sur votre ordinateur en précisant le chemin d'accès au dossier dans lequel vous souhaitez stocker le site (comme C:\Mes documents\Mes sites Web).

- Si vous souhaitez protéger les transactions de votre nouveau site par le SSL (*Secure Sockets Layer*), cochez l'option **Connexion cryptée (SSL) nécessaire**.

Cette option n'est disponible que si l'emplacement choisi se situe sur un serveur.

*L'option **Ajouter au site Web actif** permet d'intégrer à un site existant un modèle de site, ce qui vous permet par exemple, d'ajouter un forum de discussion (**Assistant Site Web de discussion**) ou une interface de base de données à un site Web.*

- Cliquez sur le bouton **OK** pour valider.
- Si vous avez opté pour un Assistant, remplissez les différentes étapes de l'Assistant.

Un message rapide vous informe ensuite de l'évolution de la création du site.

Chaque création de site FrontPage ouvre une fenêtre supplémentaire.

Tout nouveau site possède au moins trois dossiers :

dossier principal	qui porte le nom du site et dans lequel les nouvelles pages et nouveaux dossiers seront stockés par défaut.
dossier images	où seront enregistrés de préférence les fichiers de type image.
dossier_private	réservé à FrontPage.

Ainsi qu'une page d'accueil nommée, selon la configuration du serveur, **index.htm** ou **default.htm**.

Supprimer un site

Pour supprimer un site Web FrontPage, vous devez avoir les droits d'administrateur au niveau du site Web racine.

- **Affichage**
  Dossiers
- Affichez le volet **Liste des dossiers** en cliquant sur l'icône ou en utilisant la commande **Affichage - Liste des dossiers** (ou Alt F1).
- Sélectionnez le site à supprimer visible en haut du volet **Liste des dossiers**.
- **Edition** Suppr
  Supprimer

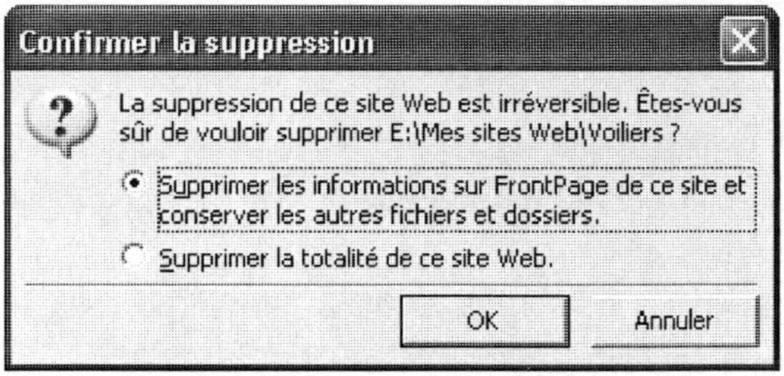
Confirmer la suppression
La suppression de ce site Web est irréversible. Êtes-vous sûr de vouloir supprimer E:\Mes sites Web\Voiliers ?
Supprimer les informations sur FrontPage de ce site et conserver les autres fichiers et dossiers.
Supprimer la totalité de ce site Web.
OK
Annuler

- Choisissez de **Supprimer les informations sur FrontPage de ce site et conserver les autres fichiers et dossiers** ou de **Supprimer la totalité de ce site Web**, en activant l'option correspondante.
- Cliquez sur le bouton **OK** pour valider la suppression.

La suppression d'un site Web est irréversible. Si vous avez créé le site Web à l'intérieur d'un autre site (comme un sous-site Web), ce dossier et son contenu seront supprimés. Si vous souhaitez conserver le contenu de ce site (ou sous-site) Web dans un dossier de votre ordinateur, activez le mode d'affichage **Dossiers** et cliquez sur l'option **Convertir en dossier** du menu contextuel du site concerné.

Renommer un site

Lorsque vous renommez un site Web dans l'application FrontPage, tous les liens hypertextes internes et les autres paramètres du site sont mis à jour automatiquement, ce qui n'est pas le cas si vous renommez un site dans l'Explorateur Windows.

- Ouvrez le site concerné.
- **Outils**
  Paramètres du site
- Activez l'onglet **Général**.
- Renseignez le nouveau **Nom du site Web** dans la zone correspondante.

  Ceci n'est possible que si vous faites partie des administrateurs autorisés.
- Cliquez sur le bouton **OK** pour valider.

Si vous renommez un site Web après l'avoir publié, vous devez publier à nouveau l'ensemble du site Web sous son nouveau nom. À l'inverse, les liens hypertextes provenant d'autres sites et renvoyant à votre ancien site ne fonctionneront plus.

Fermer un site

- **Fichier**
  Fermer le site

  Si vous fermez un site alors qu'une page modifiée est ouverte, une boîte de dialogue apparaît.

- Si demandé, enregistrez ou non les modifications apportées aux pages.

Ouvrir un site

- **Fichier**
  Ouvrir le site
- Pour ouvrir un site stocké sur votre disque dur ou sur votre réseau, ouvrez la liste **Regarder dans** puis sélectionnez le site à ouvrir.
- Pour ouvrir un site sur un serveur, saisissez l'adresse URL de ce site dans la zone de saisie **Nom du site Web**.
- Cliquez sur le bouton **Ouvrir**.

Pour ouvrir automatiquement au démarrage de FrontPage le dernier site Web sur lequel vous avez travaillé, cliquez sur **Options** du menu **Outils**, puis cochez l'option **Ouvrir le dernier site Web utilisé au démarrage de FrontPage**, dans l'onglet **Général**.

Si un site Web est déjà ouvert, chaque site Web suivant est ouvert dans une nouvelle fenêtre FrontPage.

Pour ouvrir l'un des derniers sites utilisés, ouvrez le menu **Fichier - Sites récents** : ce dernier liste les derniers sites choisis ; cliquez sur l'un d'entre eux pour l'ouvrir.

Sélectionner des fichiers

- Ouvrez un site Web, cliquez sur le bouton [Site Web] puis activez le mode affichage **Dossiers** ([Dossiers]).
- Cliquez sur le nom du fichier à sélectionner.

  Le nom et le chemin d'accès du fichier sélectionné s'affichent sur la barre d'état.
- Pour sélectionner plusieurs documents non adjacents, sélectionnez le premier puis faites des [Ctrl] clics sur les suivants.
- Pour sélectionner des fichiers adjacents, cliquez sur le nom du premier, pointez le nom du dernier et faites un [⇧ Shift] clic dessus.
- Pour tout sélectionner, utilisez l'option **Sélectionner tout** du menu **Edition** (ou [Ctrl] **A**).

Les sélections peuvent être annulées, selon le même procédé.

Pour annuler toutes les sélections en même temps, cliquez sur une zone vide de la fenêtre.

Supprimer des fichiers

- Sélectionnez le(s) fichier(s) à supprimer.
- **Edition** [Suppr]
  Supprimer
- Comme demandé, confirmez la suppression par le bouton **Oui** ou toutes les suppressions par le bouton **Oui pour tout**.

Renommer un fichier/un dossier

- Cliquez avec le bouton DROIT de la souris sur le fichier ou le dossier à renommer puis cliquez sur l'option **Renommer**.

  Le nom du document apparaît encadré et le curseur clignote à l'intérieur.
- Réalisez le changement attendu en veillant à ne pas modifier ou omettre l'extension de ce fichier car cela le rendrait inutilisable.
- Validez par la touche [Entrée].

FrontPage actualise automatiquement les liens hypertexte depuis ou vers le fichier ou dossier renommé. Cette actualisation ne pourra pas se faire si vous renommez un fichier ou un dossier dans l'Explorateur Windows.

Déplacer/copier un fichier

Deux techniques sont possibles :

Par un cliqué-glissé

- Affichez le volet **Liste des dossiers**.
- Dans le volet de gauche, affichez le nom du dossier destinataire.
- Dans le volet droit, en mode **Dossiers**, sélectionnez le fichier à déplacer ou à copier.
- Faites glisser le fichier vers le dossier destinataire.

  Lorsque le pointeur se trouve sur une zone de destination interdite, il prend la forme d'un cercle barré. Lorsqu'il se trouve sur une zone de destination autorisée, il prend la forme d'une flèche blanche orientée vers le haut et vers la gauche et est accompagné d'un rectangle.
- Dès que le dossier de destination est atteint (il change de couleur) :
  - s'il s'agit d'un déplacement, relâchez le bouton de la souris,
  - s'il s'agit d'une copie, appuyez sur la touche Ctrl, relâchez le bouton de la souris puis la touche Ctrl.

  Lorsque vous maintenez la touche Ctrl enfoncée, un signe "plus" (+) accompagne le pointeur de votre souris.

Par le Presse-papiers

- Sélectionnez le fichier à déplacer ou à copier.
- S'il s'agit d'un déplacement :

  Edition
  Couper — Ctrl X

  S'il s'agit d'une copie :

  Edition
  Copier — Ctrl C
- Activez le dossier de destination.

- **Edition**
  Coller  Ctrl V

Si vous copiez un fichier dans un même dossier, la copie prend le nom du fichier d'origine suivi de **_copie (numéro de copie)**.

Renseigner le résumé d'un fichier

- Sélectionnez le fichier concerné, en mode **Dossiers** ou dans le volet **Liste des dossiers**.
- **Fichier**
  Propriétés Alt Entrée
- Activez l'onglet **Résumé**.

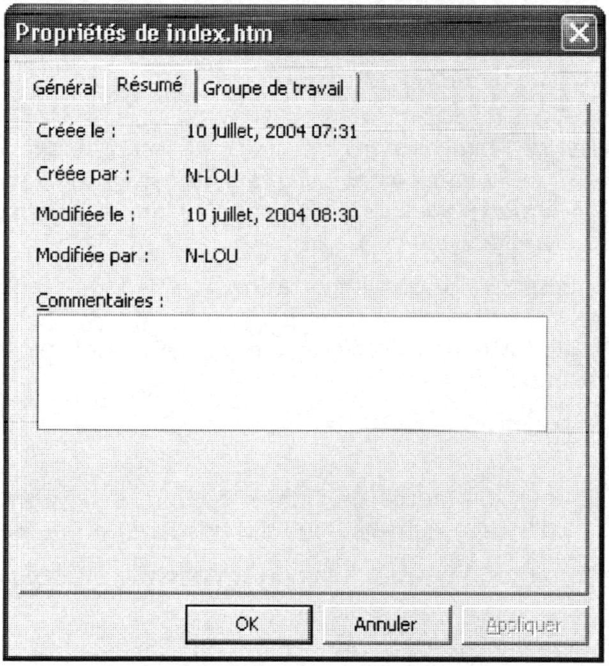
Propriétés de index.htm
Général
Résumé
Groupe de travail
Créée le :
10 juillet, 2004 07:31
Créée par :
N-LOU
Modifiée le :
10 juillet, 2004 08:30
Modifiée par :
N-LOU
Commentaires :
OK
Annuler
Appliquer

- Saisissez vos **Commentaires** dans la zone correspondante.
- Cliquez sur le bouton **OK**.

Créer un dossier

- Affichez le volet **Liste des dossiers** .
- Sélectionnez le dossier dans lequel vous souhaitez créer ce dossier ; pour créer un dossier de premier niveau, cliquez sur le dossier racine.
- Cliquez sur l'outil **Nouveau dossier** visible en haut du volet **Liste des dossiers.**

  *Le **Nouveau dossier** s'affiche.*
- Saisissez le nom du dossier.
- Validez par la touche Entrée.

Comme les fichiers, les dossiers peuvent être supprimés, renommés, copiés et déplacés.

Importer des fichiers

Avant d'insérer des images dans une page, il est possible de les importer dans votre site Web, à l'emplacement adéquat. Sinon, lorsque vous insérez une image directement, FrontPage vous demande simplement d'enregistrer cette image dans le site lors de l'enregistrement de la page.

- Ouvrez le site destinataire de l'importation.
- Affichez le volet **Liste des dossiers** puis sélectionnez le dossier dans lequel vous souhaitez importer les fichiers.
- **Fichier**
  Importer
- Cliquez sur le bouton **Ajouter un fichier** ou sur le bouton **Ajouter un dossier** afin de rechercher le(s) fichier(s) ou le(s) dossier(s) à importer.
- Sélectionnez le ou les éléments à importer dans votre système de fichiers ou votre réseau local.

  Vous pouvez sélectionner plusieurs fichiers, mais un seul dossier.
- Cliquez sur le bouton **Ouvrir**.

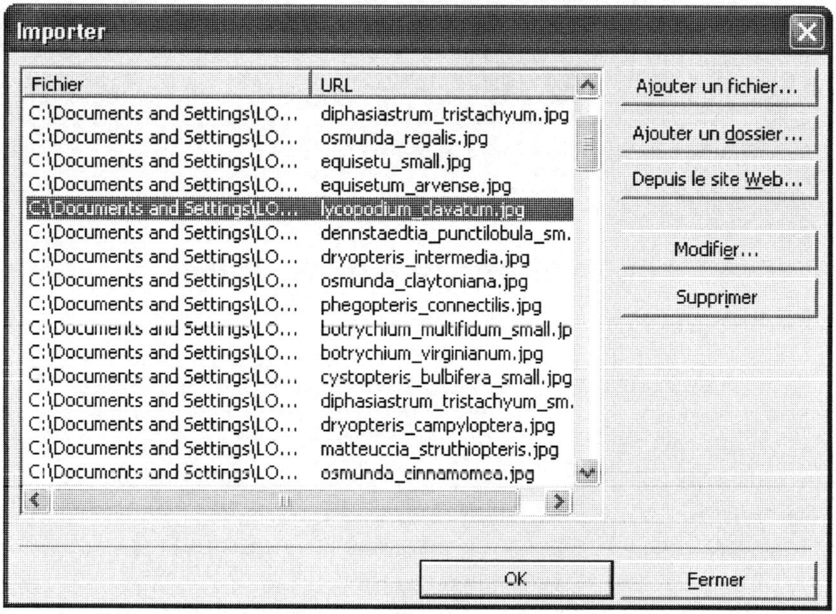
Importer
Fichier
URL
C:\Documents and Settings\LO... diphasiastrum_tristachyum.jpg
C:\Documents and Settings\LO... osmunda_regalis.jpg
C:\Documents and Settings\LO... equisetu_small.jpg
C:\Documents and Settings\LO... equisetum_arvense.jpg
C:\Documents and Settings\LO... lycopodium_clavatum.jpg
C:\Documents and Settings\LO... dennstaedtia_punctilobula_sm.
C:\Documents and Settings\LO... dryopteris_intermedia.jpg
C:\Documents and Settings\LO... osmunda_claytoniana.jpg
C:\Documents and Settings\LO... phegopteris_connectilis.jpg
C:\Documents and Settings\LO... botrychium_multifidum_small.jp
C:\Documents and Settings\LO... botrychium_virginianum.jpg
C:\Documents and Settings\LO... cystopteris_bulbifera_small.jpg
C:\Documents and Settings\LO... diphasiastrum_tristachyum_sm.
C:\Documents and Settings\LO... dryopteris_campyloptera.jpg
C:\Documents and Settings\LO... matteuccia_struthiopteris.jpg
C:\Documents and Settings\LO... osmunda_cinnamomea.jpg
Ajouter un fichier...
Ajouter un dossier...
Depuis le site Web...
Modifier...
Supprimer
OK
Fermer

La liste des éléments à importer s'affiche.

- Pour retirer un ou plusieurs éléments de cette liste, sélectionnez-le(s) et cliquez sur le bouton **Supprimer**.
- Cliquez sur le bouton **OK** ou différez l'importation en cliquant sur le bouton **Fermer**.

*Le bouton **OK** reste inactif tant qu'une sélection n'a pas été effectuée.*

Rechercher du texte dans un site Web

La fonction de Recherche/remplacement de FrontPage permet d'affiner vos recherches (respect de la casse, mot entier, recherche sur certaines pages...) et d'effectuer des recherches/remplacements directement sur le code HTML pour effectuer des modifications rapides.

- Ouvrez le site concerné et affichez-le en mode **Dossiers**.
- **Edition**
  Rechercher

Ctrl **F**

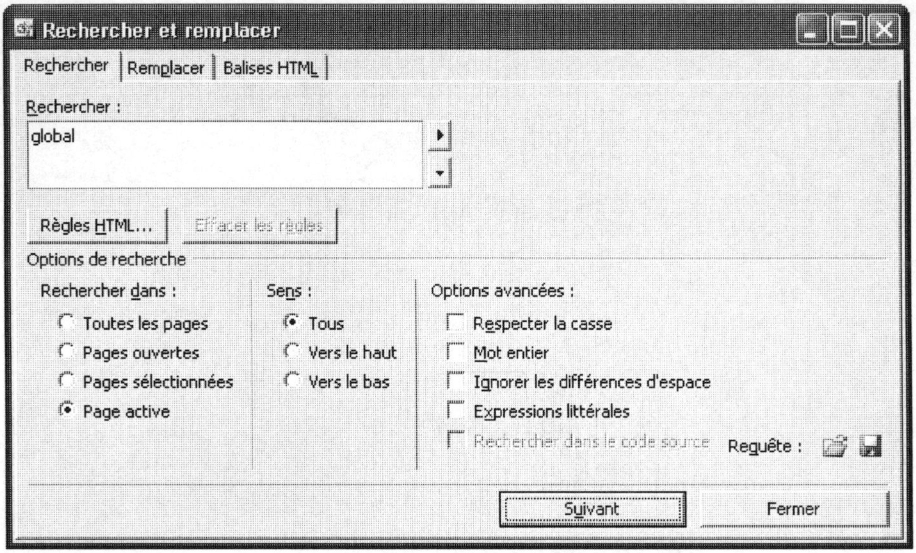
Rechercher et remplacer
Rechercher
Remplacer
Balises HTML
Rechercher :
global
Règles HTML...
Effacer les règles
Options de recherche
Rechercher dans :
Toutes les pages
Pages ouvertes
Pages sélectionnées
Page active
Sens :
Tous
Vers le haut
Vers le bas
Options avancées :
Respecter la casse
Mot entier
Ignorer les différences d'espace
Expressions littérales
Rechercher dans le code source
Requête :
Suivant
Fermer

- Saisissez le texte à **Rechercher** dans la zone correspondante.
- Au besoin, intervenez sur les choix d'**Options de recherche** :

Toutes les pages	Pour rechercher sur toutes les pages du site ouvert.
Pages ouvertes	Pour rechercher uniquement sur les pages ouvertes.
Pages sélectionnées	Pour rechercher uniquement sur les pages sélectionnées en mode d'affichage **Dossiers**.
Page active	Disponible lorsque la recherche est demandée à partir d'une page ouverte en mode **Création**, pour rechercher uniquement sur cette page.
Respecter la casse	Pour trouver le mot cherché avec la combinaison exacte de majuscules et de minuscules saisie dans la zone **Rechercher**.
Mot entier	Pour rechercher le mot en entier. Si cette option est décochée, la recherche portera sur les mots comportant le terme recherché. Dans le cas d'une recherche effectuée à partir du mot "chien", le résultat pourra donner "chienne" si l'option est désactivée. Si cette option est cochée, seul le mot exact est recherché.
Ignorer les différences d'espace	Pour trouver une expression comprenant un nombre indéterminé d'espaces entre les mots.

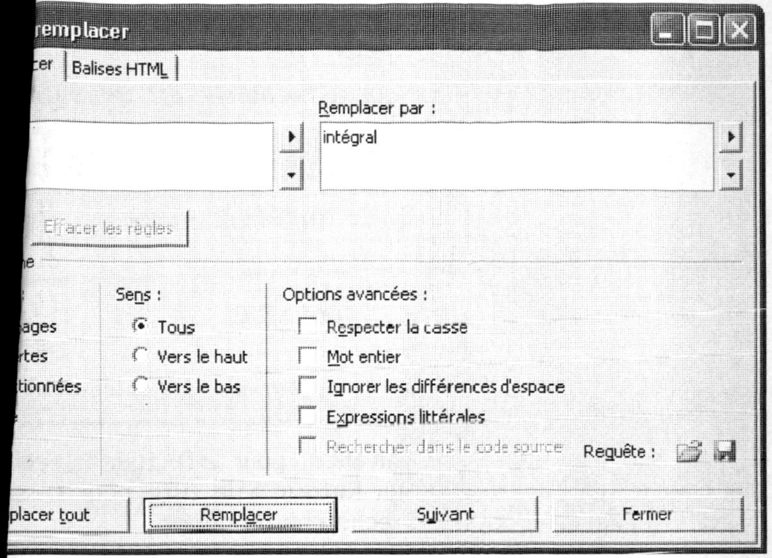
remplacer
Balises HTML
Remplacer par :
intégral
Effacer les règles
Sens :
Tous
Vers le haut
Vers le bas
Options avancées :
Respecter la casse
Mot entier
Ignorer les différences d'espace
Expressions littérales
Rechercher dans le code source
Requête :
Remplacer
Suivant
Fermer

trois possibilités :

mplacement intégral et rapide en cliquant sur le bouton **Rempla-**
odification est définitive, les fichiers modifiés ne sont pas ouverts
lisez pas les modifications.

est conseillée quand vous êtes sûr des modifications.

emplacement pas à pas en cliquant sur le bouton **Remplacer** : les
ont réalisées pas à pas, les fichiers sont ouverts et vous visualisez
ents.

ecensement des remplacements à effectuer en cliquant sur le bou-
r sur le site : la liste des pages contenant le texte spécifié s'affi-
n est visible lorsque l'option **Toutes les pages** ou **Pages sélection-**
e). Faites un double clic sur le nom d'une page pour visualiser le
ement à réaliser. Cliquez sur le bouton **Remplacer** pour remplacer
ionné et rechercher l'occurrence suivante ou, cliquez sur le bouton
echercher l'occurrence suivante sans effectuer le remplacement.

s remplacements ont été réalisés, cliquez sur le bouton **Fermer**.

Expressions littérales	Pour pouvoir utiliser l'astérisque (*) en remplacement d'une suite de caractères dans un mot.
Rechercher dans le code source	Pour rechercher directement dans le code HTML. Si cette option n'est pas cochée, la recherche ne porte que sur le texte des pages.

Lorsque la recherche est demandée à partir d'une page ouverte, la recherche peut se faire dans ***Tous*** *les sens,* ***Vers le haut*** *ou* ***Vers le bas****.*

- Cliquez sur le bouton **Rechercher sur le site.**

Effectuer une recherche dans une seule page

- Si vous avez activé l'option **Page active** dans l'onglet **Rechercher** (**Edition - Rechercher**), cliquez sur le bouton **Suivant** pour commencer la recherche et sélectionner l'expression voulue.

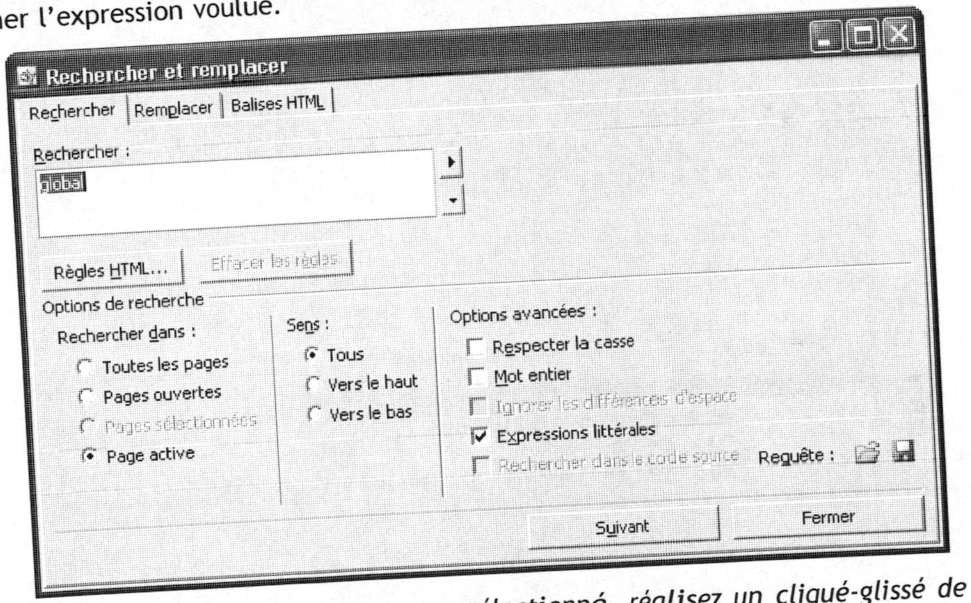
Rechercher et remplacer
Rechercher
Remplacer
Balises HTML
Rechercher :
global
Règles HTML...
Effacer les règles
Options de recherche
Rechercher dans :
Toutes les pages
Pages ouvertes
Pages sélectionnées
Page active
Sens :
Tous
Vers le haut
Vers le bas
Options avancées :
Respecter la casse
Mot entier
Ignorer les différences d'espace
Expressions littérales
Rechercher dans le code source
Requête :
Suivant
Fermer

Si la boîte de dialogue cache le texte sélectionné, réalisez un cliqué-glissé de la barre de titre pour la déplacer (ou vous pouvez aussi fermer la fenêtre et utiliser ensuite la touche [F3] *pour atteindre les autres occurrences).*

- Si le premier texte trouvé est celui que vous recherchez, fermez la boîte de dialogue par le bouton **Fermer** ; à l'inverse, poursuivez la recherche par le bouton **Suivant.**

Un message vous informe lorsque la recherche est terminée dans la page.

- Cliquez sur le bouton **OK**.
- Refermez la boîte de dialogue en cliquant sur le bouton **Fermer**.

Rechercher dans plusieurs pages

- Si vous avez activé une des options **Toutes les pages**, **Pages ouvertes** ou **Pages sélectionnées**, cliquez, selon le cas, sur le bouton **Rechercher** ou **Rechercher sur le site**.

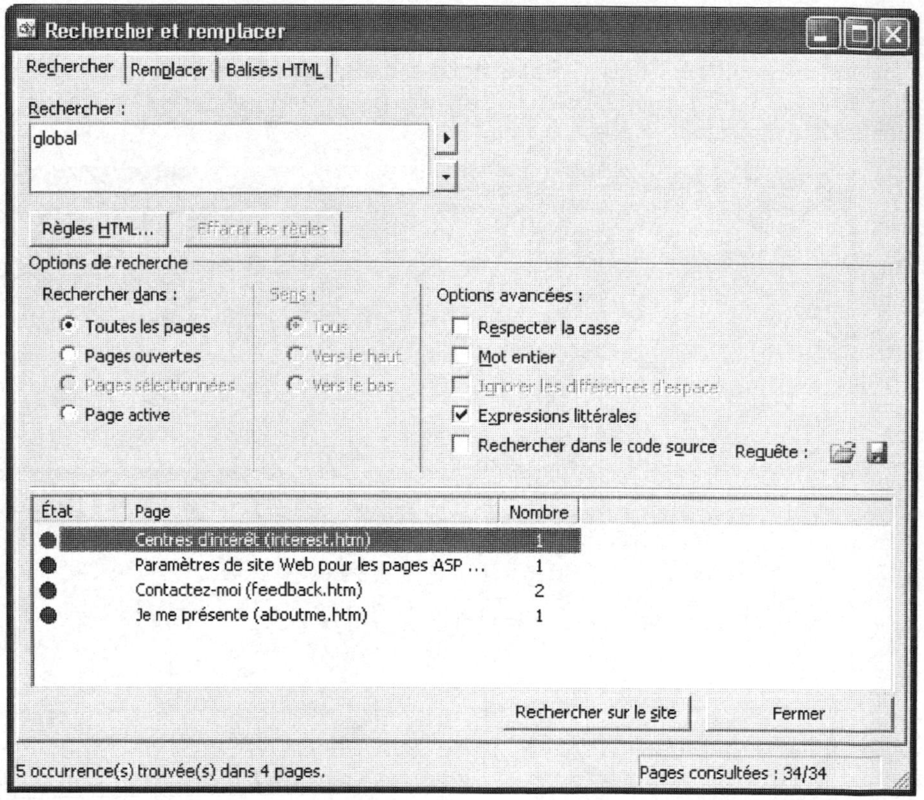
Rechercher et remplacer
Rechercher
Remplacer
Balises HTML
Rechercher :
global
Règles HTML...
Effacer les règles
Options de recherche
Rechercher dans :
Toutes les pages
Pages ouvertes
Pages sélectionnées
Page active
Sens :
Tous
Vers le haut
Vers le bas
Options avancées :
Respecter la casse
Mot entier
Ignorer les différences d'espace
Expressions littérales
Rechercher dans le code source
Requête :
État
Page
Nombre
Centres d'intérêt (interest.htm) 1
Paramètres de site Web pour les pages ASP ... 1
Contactez-moi (feedback.htm) 2
Je me présente (aboutme.htm) 1
Rechercher sur le site
Fermer
5 occurrence(s) trouvée(s) dans 4 pages.
Pages consultées : 34/34

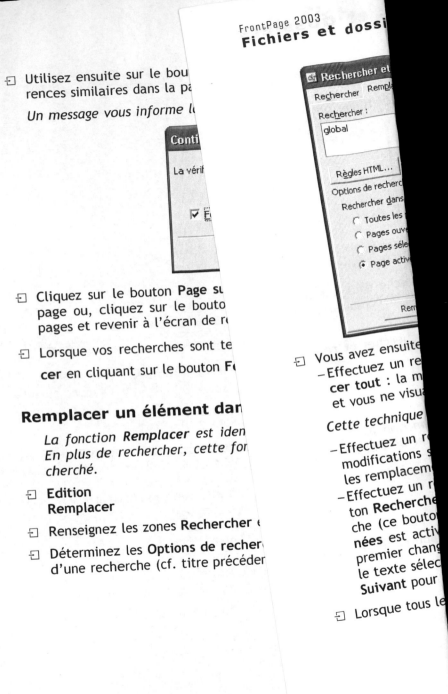

La fenêtre de recherche présente le titre des pages contenant le mot cherché.

- Réalisez un double clic sur le titre d'une page pour l'ouvrir et ainsi sélectionner l'expression recherchée.

- Utilisez ensuite sur le bou
rences similaires dans la pa

Un message vous informe l

- Cliquez sur le bouton **Page su**
page ou, cliquez sur le bouto
pages et revenir à l'écran de r
- Lorsque vos recherches sont te
cer en cliquant sur le bouton **F**

Remplacer un élément dan

*La fonction **Remplacer** est iden*
En plus de rechercher, cette for
cherché.

- **Edition**
Remplacer
- Renseignez les zones **Rechercher**
- Déterminez les **Options de recher**
d'une recherche (cf. titre précéden

- Vous avez ensuite
–Effectuez un re
cer tout : la m
et vous ne visua

Cette technique

–Effectuez un r
modifications s
les remplacem
–Effectuez un r
ton **Recherche**
che (ce bouto
nées est activ
premier chang
le texte sélec
Suivant pour
- Lorsque tous le

Rechercher des fichiers/des éléments

Effectuer une recherche de base

Il s'agit ici de rechercher des fichiers ou des éléments contenant un texte spécifique. Les données recherchées peuvent être des fichiers réalisés avec les applications Office (Word, Excel, PowerPoint, Access), des éléments Outlook (messages, contacts, tâches...) ou encore des pages Web.

- **Fichier - Recherche de fichiers**

  Le volet Office ***Recherche de fichiers simple*** *apparaît normalement à l'écran ; si c'est le volet* ***Recherche de fichiers avancée*** *qui apparaît, cliquez sur le lien* ***Recherche de fichiers simple*** *visible au bas du volet.*

- Cliquez dans la zone de saisie **Rechercher le texte** puis tapez le texte recherché.

Recherche de fichiers simple
Rechercher :
Rechercher le texte :
floride
OK
Restaurer
Conseils de recherche...
Autres options de recherche :
Rechercher dans :
Emplacements sélectionnés
Les résultats devraient être :
Types de fichiers sélectionnés
L'option de recherche accélérée est actuellement désactivée
Options de recherche...
Voir aussi
Recherche de fichiers avancée
Rechercher dans ce document...

- Ouvrez la liste **Rechercher dans** puis spécifiez l'emplacement de la recherche. Pour cela, tapez directement le chemin dans la zone de liste **Rechercher dans** ou ouvrez cette zone puis, cochez le ou les dossiers dans lesquels la recherche doit s'effectuer. Un clic dans une case à cocher coche ou décoche le dossier correspondant et un double clic coche ou décoche le dossier correspondant ainsi que ses sous-dossiers. Le signe ⊞ permet de développer l'arborescence tandis que le signe ⊟ permet de la réduire.

- Ouvrez la liste **Les résultats devraient être** puis cochez les options correspondant aux types d'éléments que vous souhaitez rechercher et, si besoin est, décochez les autres.
- Cliquez sur le bouton **OK**.
- Si vous souhaitez interrompre la recherche, cliquez sur le bouton **Arrêter** visible dans la partie inférieure du volet Office **Résultats de la recherche**. Si ce n'est pas le cas, patientez jusqu'à ce que le résultat final de la recherche apparaisse dans le volet Office **Résultats de la recherche** : lorsque la recherche est terminée, le bouton **Modifier** remplace le bouton **Arrêter**.

  *Les éléments trouvés apparaissent dans le volet Office **Résultats de la recherche**.*
- Pour ouvrir un des éléments correspondant à la recherche (un fichier, une page Web ou un élément Outlook), faites un clic dessus.

  Lorsque vous pointez un élément, vous visualisez une flèche à droite de celui-ci. Si vous cliquez sur cette flèche, vous ouvrez une liste contenant des options qui vous permettent d'ouvrir l'élément dans son application, d'ouvrir l'élément dans un navigateur (dans le cas d'une page Web), de créer un nouvel élément à partir de cet élément, de copier le lien de cet élément dans le Presse-papiers ou encore d'afficher les propriétés de cet élément.
- Pour effectuer une nouvelle recherche, cliquez sur le bouton **Modifier** afin d'afficher de nouveau le volet Office **Recherche de fichiers simple**.
- Lorsque vos recherches sont terminées, si besoin est, fermez le volet Office en cliquant sur le bouton [X].

Pour activer ou désactiver la recherche accélérée, cliquez sur le lien **Options de recherche** du volet Office **Recherche de fichiers simple** puis activez ou non le service d'indexation.

Vous pouvez retrouver les options du volet Office **Recherche de fichiers simple** dans l'onglet **Bases** de la boîte de dialogue **Recherche de fichiers** (**Fichier - Ouvrir** - bouton **Outils** puis option **Rechercher**).

Effectuer une recherche avancée

Il s'agit ici de rechercher des fichiers ou des éléments à l'aide d'un ou de plusieurs critères de recherche définis dans le volet Office ***Recherche de fichiers avancée****. Comme pour une recherche de base, les données recherchées peuvent être des fichiers réalisés avec les applications Office (Word, Excel, PowerPoint, Access), des éléments Outlook (messages, contacts, tâches...) ou encore des pages Web.*

- À partir du volet Office **Recherche de fichiers simple**, cliquez sur le lien **Recherche de fichiers avancée** visible dans la zone **Voir aussi** du volet.
- Pour chaque critère de recherche à poser :
  - Ouvrez la liste **Propriété** puis sélectionnez la rubrique concernée par la recherche.
  - Précisez la **Condition** de recherche dans la liste correspondante.
  - Saisissez la valeur de comparaison dans la zone de saisie **Valeur**.
  - Cliquez sur le bouton **Ajouter**.
  - S'il y a une autre **Condition** précisez-la à l'aide de la liste correspondante, activez l'opérateur logique **Et** si les critères doivent être vérifiés simultanément ou l'opérateur logique **Ou** si l'un ou l'autre des critères doit être vérifié puis, cliquez sur le bouton **Ajouter**.

Recherche de fichiers avancée
Rechercher :
Propriété : Modifié le
Condition : le ou après le
Valeur :
Et
Ou
Ajouter
Supprimer
Supprimer tout
Modifié le le ou avant le 31/07/2004
Et : Modifié le le ou après le 01/07/2004
OK
Restaurer
Autres options de recherche :
Rechercher dans :
Emplacements sélectionnés
Les résultats devraient être :
Types de fichiers sélectionnés
Voir aussi
Recherche de fichiers simple
Rechercher dans ce document...

Le bouton ***Supprimer*** *supprime le critère sélectionné dans la liste, tandis que le bouton* ***Supprimer tout*** *supprime tous les critères de la liste.*

- Ouvrez la liste **Rechercher dans** puis spécifiez l'emplacement de la recherche. Pour cela, tapez directement le chemin dans la zone de liste **Rechercher dans** ou ouvrez cette zone puis cochez le ou les dossiers dans lesquels la recherche doit s'effectuer.
- Ouvrez la liste **Les résultats devraient être** puis cochez les options correspondant aux types d'éléments que vous souhaitez rechercher et, si besoin, décochez les autres.
- Cliquez sur le bouton **OK** pour lancer la recherche.

  *Les éléments trouvés apparaissent dans le volet Office **Résultats de la recherche**.*
- Pour ouvrir un élément (un fichier, une page Web ou un élément Outlook) ou effectuer une nouvelle recherche, procédez comme pour une recherche de base (cf. sous-titre précédent).
- Lorsque vos recherches sont terminées, si besoin est, fermez le volet Office en cliquant sur le bouton ☒.

Le bouton **Restaurer** de la fenêtre **Recherche de fichiers avancée** permet d'afficher les critères de recherche définis précédemment.

Vous pouvez retrouver les options du volet Office **Recherche de fichiers avancée** dans l'onglet **Paramètres avancés** de la boîte de dialogue **Recherche de fichiers** (**Fichier - Ouvrir** - bouton **Outils** - option **Rechercher**).

Créer manuellement une tâche

Lors de la création et de la maintenance d'un site Web, il y a beaucoup d'opérations à réaliser. Pour ne pas en oublier, utilisez les tâches. Elles peuvent être liées à une page Web, une image, un son, un autre document Microsoft Office...

Dans des pages existantes

- Ouvrez, en mode **Création**, la page concernée par la tâche.
- **Edition**
  Tâches
  Ajouter une tâche

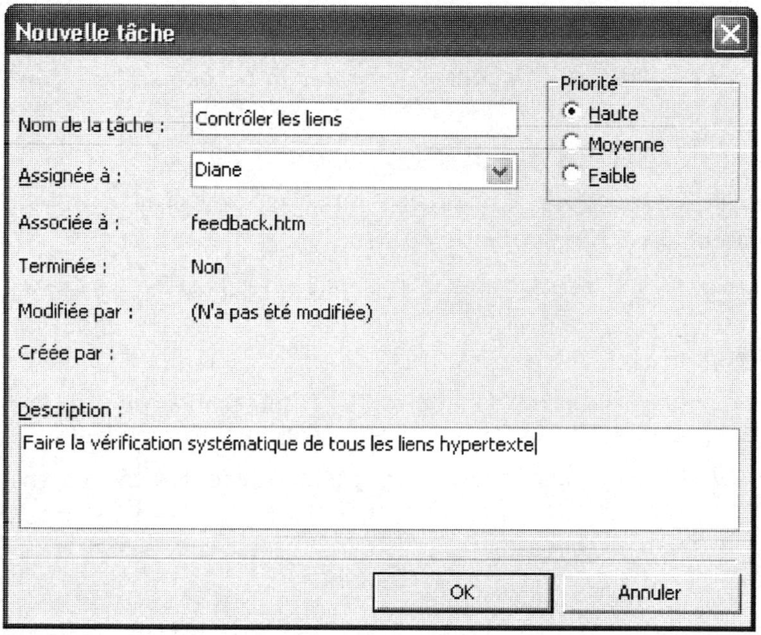
Nouvelle tâche
Priorité
Haute
Moyenne
Faible
Nom de la tâche :
Contrôler les liens
Assignée à :
Diane
Associée à :
feedback.htm
Terminée :
Non
Modifiée par :
(N'a pas été modifiée)
Créée par :
Description :
Faire la vérification systématique de tous les liens hypertexte
OK
Annuler

- Renseignez le **Nom de la tâche** dans la zone correspondante.
- Désignez le responsable de sa réalisation dans la zone **Assignée à**.

  Par défaut, le nom proposé est votre nom d'utilisateur.
- Tapez la **Description** détaillée de la tâche.
- Définissez son niveau de **Priorité : Haute**, **Moyenne** ou **Faible** en activant l'option correspondante.

- Cliquez sur le bouton **OK**.

Dans la liste des tâches

- Cliquez sur le bouton Site Web puis sur le bouton Tâches.
- **Edition**
  Tâches
  Ajouter une tâche
- Renseignez les zones **Nom de la tâche**, **Assignée à**, ainsi que **Description** puis, indiquez sa **Priorité** en activant une des options du cadre correspondant.
- Cliquez sur le bouton **OK**.

*Les tâches ainsi créées ne sont liées à aucune page. Elles ne peuvent pas être exécutées par **Edition - Tâches - Démarrer la tâche**.*

Générer la création de tâches

*Certaines fonctionnalités permettent d'ajouter des tâches ; parmi elles se trouve la **Vérification orthographique** du site.*

- En mode **Dossiers**, sélectionnez si nécessaire, les pages à vérifier.
- **Outils**
  Orthographe F7
- Précisez si la vérification doit porter sur l'**Intégralité du site Web** ou seulement sur les **Pages sélectionnées** en activant l'option correspondante.
- Choisissez d'**Ajouter les pages à corriger à la liste des tâches** en cochant l'option correspondante.
- Cliquez sur le bouton **Démarrer**.

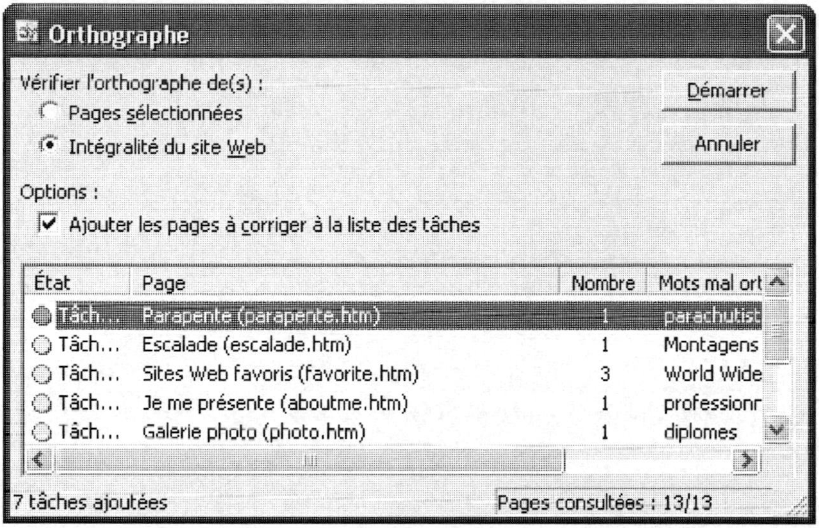
Orthographe
Vérifier l'orthographe de(s) :
Pages sélectionnées
Intégralité du site Web
Démarrer
Annuler
Options :
Ajouter les pages à corriger à la liste des tâches
État
Page
Nombre
Mots mal ort
Tâch... Parapente (parapente.htm) 1 parachutist
Tâch... Escalade (escalade.htm) 1 Montagens
Tâch... Sites Web favoris (favorite.htm) 3 World Wide
Tâch... Je me présente (aboutme.htm) 1 professionr
Tâch... Galerie photo (photo.htm) 1 diplomes
7 tâches ajoutées
Pages consultées : 13/13

*Puisque l'option **Ajouter les pages à corriger à la liste des tâches** est cochée, FrontPage ne corrige pas l'orthographe, mais ajoute la correction en attente dans la liste des tâches.*

Pour corriger immédiatement, reportez-vous au titre **Vérifier l'orthographe** du chapitre **Révisions de texte.**

- Fermez la fenêtre **Orthographe** en cliquant sur le bouton .

Visualiser toutes les tâches

Sauf intervention, cet affichage liste les tâches non terminées.

- Pour afficher les tâches terminées, cliquez avec le bouton DROIT sur l'arrière-plan en mode **Tâches**, puis activez l'option **Afficher l'historique** du menu contextuel.

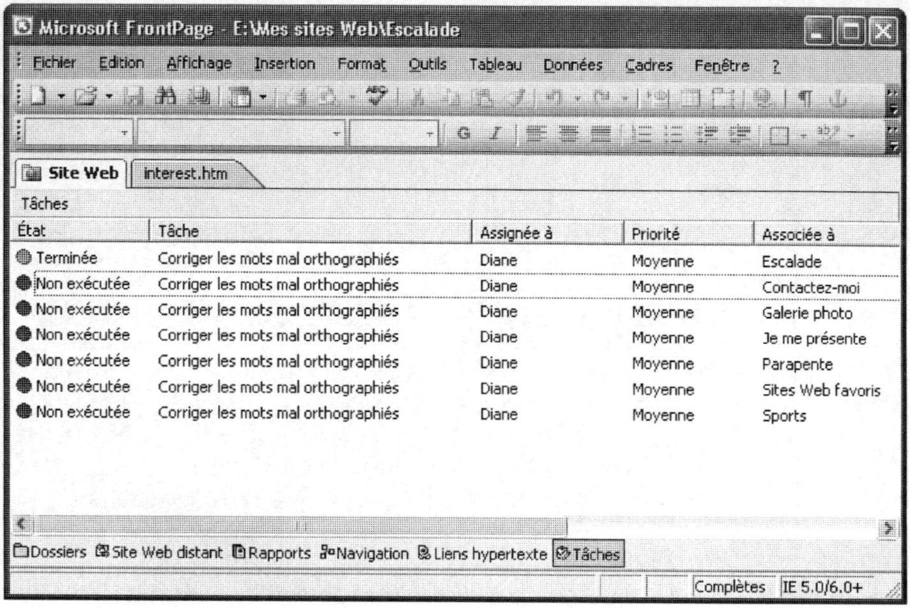
Microsoft FrontPage - E:\Mes sites Web\Escalade
Fichier Edition Affichage Insertion Format Outils Tableau Données Cadres Fenêtre ?
Site Web
interest.htm
Tâches
État Tâche Assignée à Priorité Associée à
Terminée Corriger les mots mal orthographiés Diane Moyenne Escalade
Non exécutée Corriger les mots mal orthographiés Diane Moyenne Contactez-moi
Non exécutée Corriger les mots mal orthographiés Diane Moyenne Galerie photo
Non exécutée Corriger les mots mal orthographiés Diane Moyenne Je me présente
Non exécutée Corriger les mots mal orthographiés Diane Moyenne Parapente
Non exécutée Corriger les mots mal orthographiés Diane Moyenne Sites Web favoris
Non exécutée Corriger les mots mal orthographiés Diane Moyenne Sports
Dossiers Site Web distant Rapports Navigation Liens hypertexte Tâches
Complètes IE 5.0/6.0+

Pour masquer les tâches terminées, désactivez cette même option.

Gérer les tâches créées

Exécuter une tâche

- Affichez la liste des tâches (mode **Tâches**).
- Sélectionnez la tâche à exécuter puis utilisez la commande **Edition - Tâches - Démarrer la tâche.**

  Si la tâche est associée à un autre type de fichier, FrontPage ouvre le fichier dans l'éditeur qui lui correspond (par exemple : Word pour les .doc, Excel pour les .xls, Bloc-notes pour les .txt, votre logiciel de dessin pour les .gif, etc).

Déclarer manuellement une tâche terminée

- Affichez la liste des tâches (mode **Tâches**).
- Sélectionnez la tâche concernée.

- **Edition**
  Tâches
  Marquer comme terminée

Les tâches terminées ne sont visibles que lorsque vous activez l'option **Afficher l'historique** du menu contextuel de l'arrière-plan du mode **Tâches**.

Supprimer une tâche

- Affichez la liste des tâches (mode **Tâches**).
- Sélectionnez la tâche concernée.
- **Edition**
  Supprimer
- Confirmez la suppression en cliquant sur le bouton **Oui**.

La conception des pages HTML

troisième partie

Qu'est-ce qu'une page ?

Les pages constituent les documents de base du World Wide Web. Un site Web est un ensemble de pages.

Elles sont écrites dans un langage de programmation appelé HTML (*HyperText Markup Language*).

FrontPage vous permet de créer et de modifier vos pages à l'aide d'une interface de traitement de texte familière et génère le code HTML en arrière-plan.

Créer une page

À la création, une page peut être indépendante ou au contraire être intégrée au site Web ouvert. Mais il est toujours préférable de la placer dans un site Web, pour profiter de toutes les options disponibles.

- Si vous souhaitez créer une nouvelle page dans un site existant, ouvrez-le ; pour créer une page indépendante, n'ayez aucun site ouvert dans votre fenêtre active.
- **Fichier**
  Nouveau  Ctrl **N**
- Cliquez sur le lien **Page vierge** ou sur le lien **Autres modèles de pages** situés dans la zone **Nouvelle page** du volet Office **Nouveau**.

*Si vous avez choisi **Autres modèles de page**, la fenêtre suivante apparaît :*

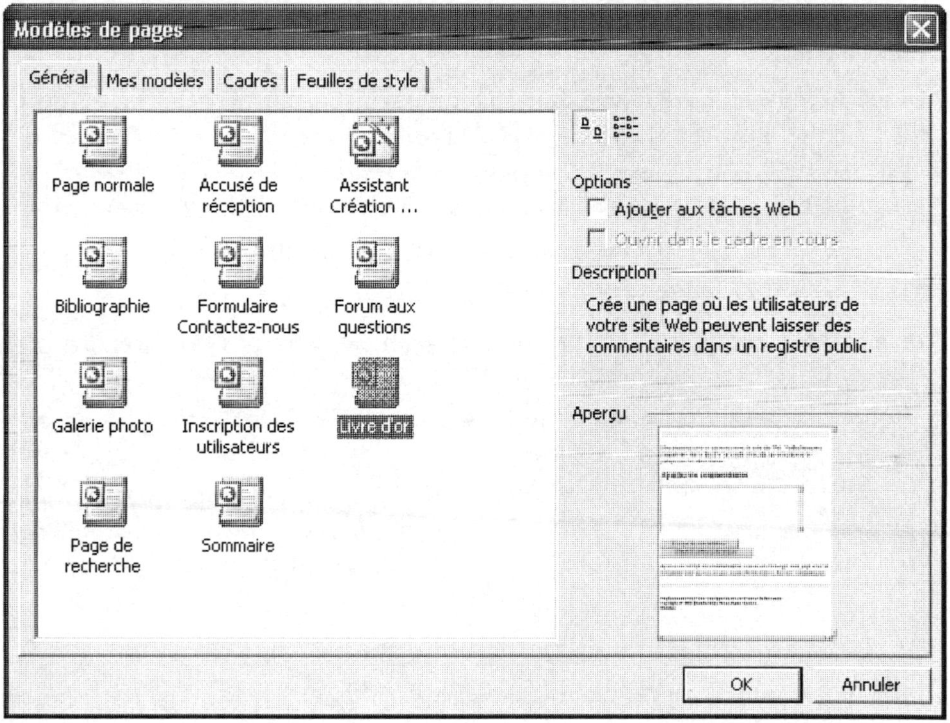
Modèles de pages
Général
Mes modèles
Cadres
Feuilles de style
Page normale
Accusé de réception
Assistant Création ...
Bibliographie
Formulaire Contactez-nous
Forum aux questions
Galerie photo
Inscription des utilisateurs
Livre d'or
Page de recherche
Sommaire
Options
Ajouter aux tâches Web
Ouvrir dans le cadre en cours
Description
Crée une page où les utilisateurs de votre site Web peuvent laisser des commentaires dans un registre public.
Aperçu
OK
Annuler

*Dans l'onglet **Général** une liste d'assistants et de modèles vous est proposée. Lorsque vous cliquez sur l'un d'entre eux, un **Aperçu** ainsi qu'une **Description** s'affichent dans la partie droite de la fenêtre.*

*L'onglet **Mes modèles** contient les modèles que vous avez créés (cf. Créer une page à partir d'un modèle personnel).*

Réalisez un double clic sur le nom de l'assistant ou du modèle à utiliser. Pour créer une page hors assistant ou modèle (une page vierge), faites un double clic sur **Page normale**.

L'outil  ou Ctrl **N** permet la création immédiate d'une page normale.

La première page d'un site constitue la page d'accueil. Il est recommandé qu'elle remplisse trois fonctions : présenter le propriétaire du site, fournir des informations sur le contenu du site, permettre d'atteindre les autres pages du site.

Enregistrer une page

- **Fichier**
  Enregistrer Ctrl S

- Grâce à la liste **Enregistrer dans**, modifiez, si besoin est, l'unité et/ou le dossier dans lequel doit être enregistrée la page.

- Si nécessaire, dans la partie centrale de la boîte de dialogue, faites un double clic sur le nom du dossier ou site Web dans lequel vous souhaitez enregistrer la page.

  Cet endroit peut être un dossier quelconque ou un site Web.

- Saisissez le **Nom de fichier** dans la zone réservée à cet effet.

  Pour être accessible dans Internet, le nom ne doit pas comprendre d'espace ni d'accent.

- Cliquez sur le bouton **Modifier le titre** afin de définir le **Titre de la page**.

Définir le titre de la page
Titre de la page :
Fougères et autres plantes
Le titre de la page apparaît dans la barre de titre du navigateur.
OK
Annuler

*Il s'agit du **Titre de la page** qui apparaît dans la barre de titre du navigateur lors de la consultation d'un site Web.*

Cliquez sur le bouton **OK**.

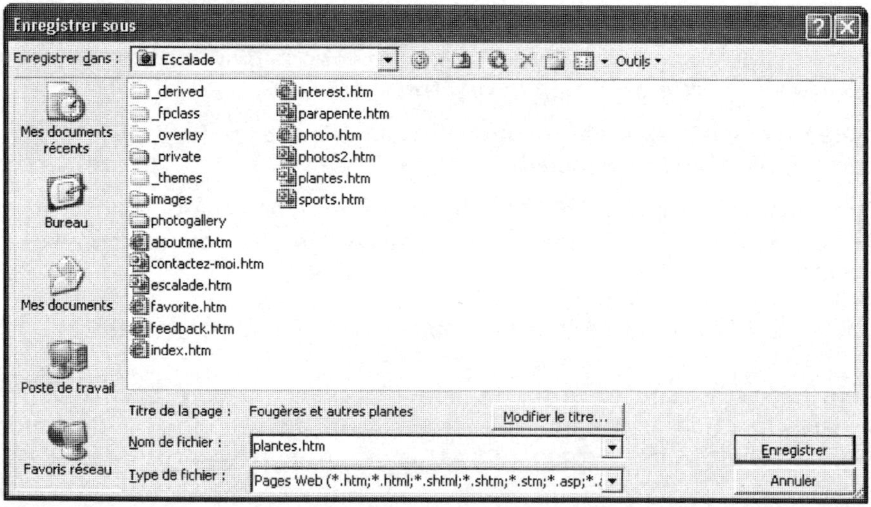
Enregistrer sous
Enregistrer dans :
Escalade
Outils
Mes documents récents
Bureau
Mes documents
Poste de travail
Favoris réseau
_derived
_fpclass
_overlay
_private
_themes
images
photogallery
aboutme.htm
contactez-moi.htm
escalade.htm
favorite.htm
feedback.htm
index.htm
interest.htm
parapente.htm
photo.htm
photos2.htm
plantes.htm
sports.htm
Titre de la page :
Fougères et autres plantes
Modifier le titre...
Nom de fichier :
plantes.htm
Type de fichier :
Pages Web (*.htm;*.html;*.shtml;*.shtm;*.stm;*.asp;*.
Enregistrer
Annuler

*Sur l'exemple précédent, le fichier **plantes.htm** dont le titre est **Fougères et autres plantes** sera enregistré dans le dossier **Escalade**.*

- Cliquez sur le bouton **Enregistrer**.

Enregistrer une page contenant images, sons, vidéos

Lors de l'enregistrement d'une page contenant des éléments externes au site (images, sons, vidéos...), FrontPage vous demande de préciser le dossier de classement de ces éléments.

- **Fichier**
  Enregistrer — Ctrl S
- Si vous enregistrez la page pour la première fois, sélectionnez le dossier ou le site Web dans lequel la page doit être enregistrée, spécifiez son nom et son titre puis cliquez sur le bouton **Enregistrer** (cf. titre précédent).

*La boîte de dialogue **Enregistrer les fichiers incorporés** apparaît à l'écran, contenant la liste des éléments externes.*

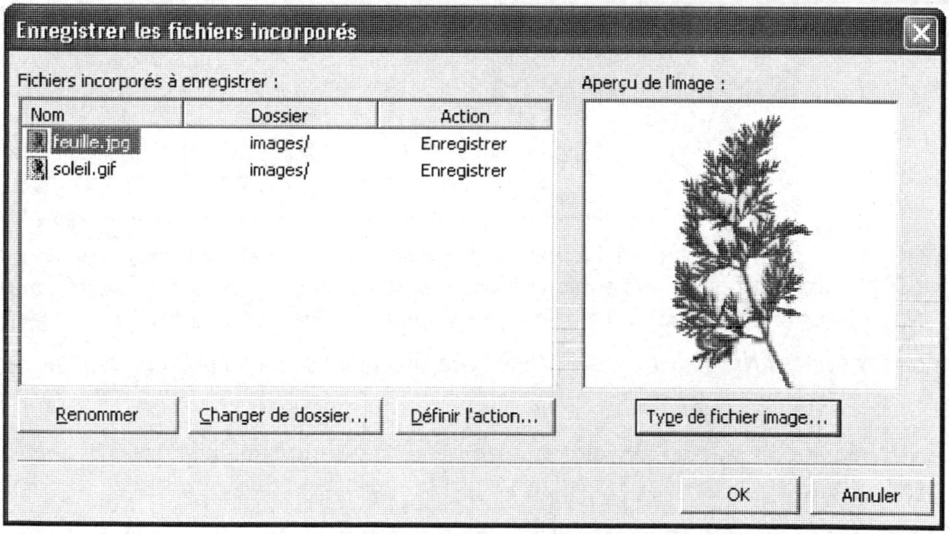
Enregistrer les fichiers incorporés
Fichiers incorporés à enregistrer :
Aperçu de l'image :
Nom
Dossier
Action
feuille.jpg
images/
Enregistrer
soleil.gif
images/
Enregistrer
Renommer
Changer de dossier...
Définir l'action...
Type de fichier image...
OK
Annuler

Cette boîte de dialogue s'affiche suite à l'insertion d'images, de sons, de vidéos... dans la page.

- Pour chaque fichier, vous pouvez le **Renommer**, le **Changer de dossier** de classement ou **Définir l'action** (afin, par exemple, de refuser de l'enregistrer).

- Pour modifier les options de l'image sélectionnée, cliquez sur le bouton **Type de fichier image**.

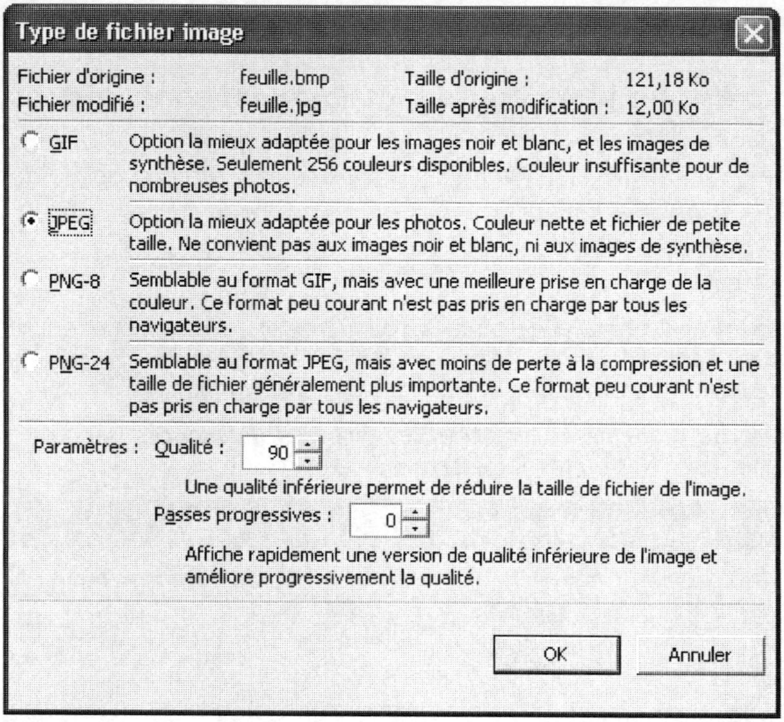
Type de fichier image
Fichier d'origine : feuille.bmp Taille d'origine : 121,18 Ko
Fichier modifié : feuille.jpg Taille après modification : 12,00 Ko
GIF
Option la mieux adaptée pour les images noir et blanc, et les images de synthèse. Seulement 256 couleurs disponibles. Couleur insuffisante pour de nombreuses photos.
JPEG
Option la mieux adaptée pour les photos. Couleur nette et fichier de petite taille. Ne convient pas aux images noir et blanc, ni aux images de synthèse.
PNG-8
Semblable au format GIF, mais avec une meilleure prise en charge de la couleur. Ce format peu courant n'est pas pris en charge par tous les navigateurs.
PNG-24
Semblable au format JPEG, mais avec moins de perte à la compression et une taille de fichier généralement plus importante. Ce format peu courant n'est pas pris en charge par tous les navigateurs.
Paramètres : Qualité : 90
Une qualité inférieure permet de réduire la taille de fichier de l'image.
Passes progressives : 0
Affiche rapidement une version de qualité inférieure de l'image et améliore progressivement la qualité.
OK
Annuler

Modifiez, si besoin est, le format de l'image importée en activant l'option **JPEG** ou **GIF**, puis contrôlez et/ou modifiez les paramètres associés au format choisi (cf. **Changer le format d'une image** du chapitre **Insertion d'images, vidéo, son**).

Les formats PNG sont moins utilisés, n'étant pas reconnus par certains navigateurs.

Cliquez sur le bouton **OK**.

- Cliquez sur le bouton **OK** de la boîte de dialogue **Enregistrer les fichiers incorporés**.

À la création d'un nouveau site Web, FrontPage génère automatiquement un dossier vide **images**. Nous vous conseillons de l'utiliser pour enregistrer tous les fichiers de type image, son et vidéo de votre site. Nous vous conseillons également de créer un dossier source afin d'y enregistrer les fichiers images source, documents texte ou sons...

Modifier le titre d'une page et sa description

- Ouvrez la page concernée en mode **Création**.
- **Fichier**
  Propriétés
  onglet **Général**

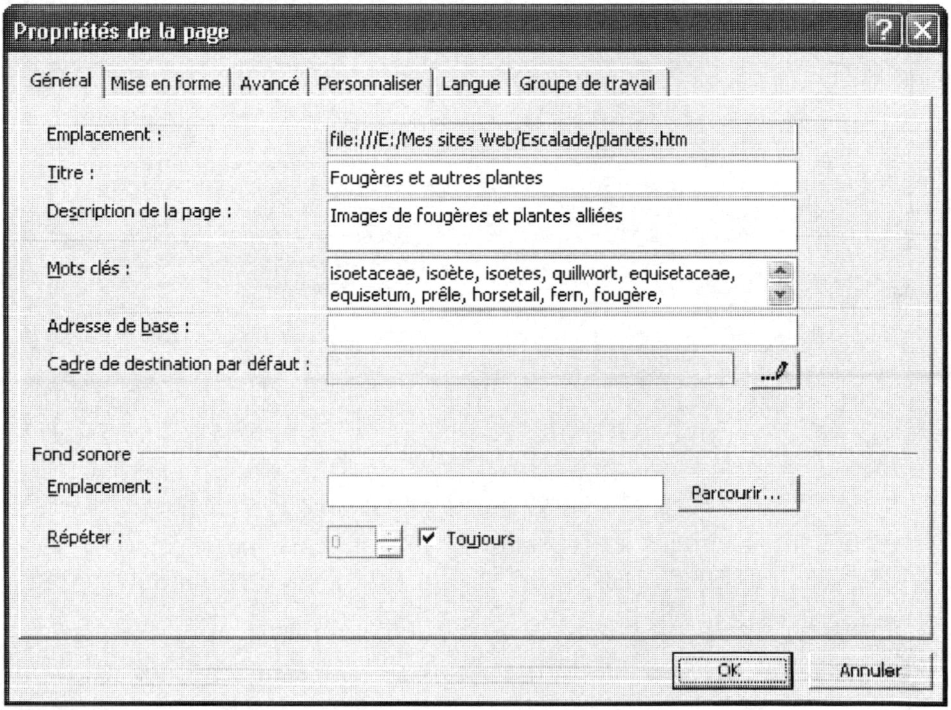
Propriétés de la page
Général
Mise en forme
Avancé
Personnaliser
Langue
Groupe de travail
Emplacement :
file:///E:/Mes sites Web/Escalade/plantes.htm
Titre :
Fougères et autres plantes
Description de la page :
Images de fougères et plantes alliées
Mots clés :
isoetaceae, isoète, isoetes, quillwort, equisetaceae, equisetum, prêle, horsetail, fern, fougère,
Adresse de base :
Cadre de destination par défaut :
Fond sonore
Emplacement :
Parcourir...
Répéter :
Toujours
OK
Annuler

- Renseignez le nouveau **Titre** dans la zone correspondante.
- Renseignez la **Description de la page** et ajoutez des **Mots clés** séparés par des virgules pour décrire le contenu de la page.

  Ces informations seront utilisées par les moteurs de recherche pour décrire votre page.
- Cliquez sur le bouton **OK** pour valider.

Cette modification doit être enregistrée.

Ouvrir une page

- **Fichier**
  Ouvrir Ctrl O

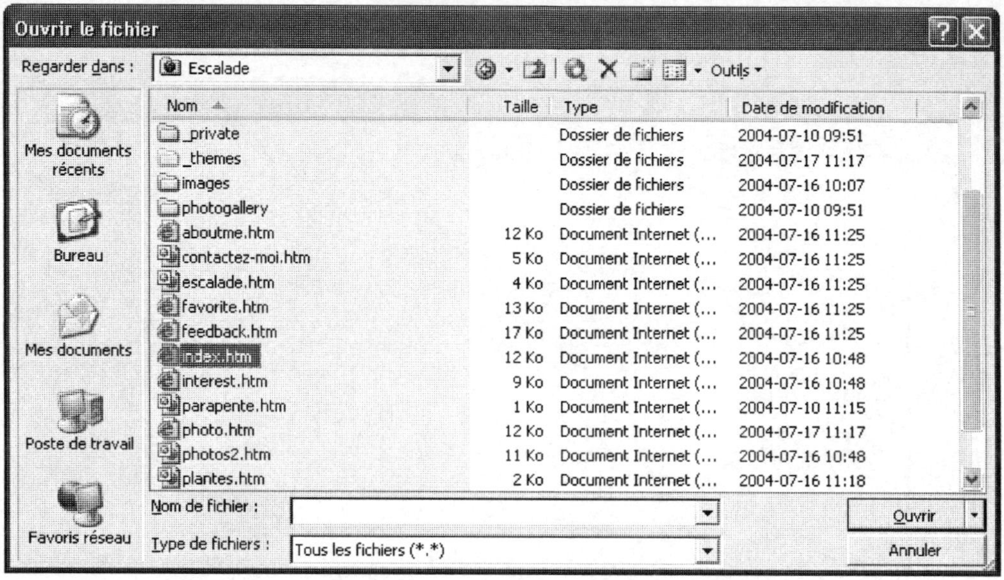
Ouvrir le fichier
Regarder dans :
Escalade
Outils
Mes documents récents
Bureau
Mes documents
Poste de travail
Favoris réseau
Nom
Taille
Type
Date de modification
_private Dossier de fichiers 2004-07-10 09:51
_themes Dossier de fichiers 2004-07-17 11:17
images Dossier de fichiers 2004-07-16 10:07
photogallery Dossier de fichiers 2004-07-10 09:51
aboutme.htm 12 Ko Document Internet (... 2004-07-16 11:25
contactez-moi.htm 5 Ko Document Internet (... 2004-07-16 11:25
escalade.htm 4 Ko Document Internet (... 2004-07-16 11:25
favorite.htm 13 Ko Document Internet (... 2004-07-16 11:25
feedback.htm 17 Ko Document Internet (... 2004-07-16 11:25
index.htm 12 Ko Document Internet (... 2004-07-16 10:48
interest.htm 9 Ko Document Internet (... 2004-07-16 10:48
parapente.htm 1 Ko Document Internet (... 2004-07-10 11:15
photo.htm 12 Ko Document Internet (... 2004-07-17 11:17
photos2.htm 11 Ko Document Internet (... 2004-07-16 10:48
plantes.htm 2 Ko Document Internet (... 2004-07-16 11:18
Nom de fichier :
Type de fichiers :
Tous les fichiers (*.*)
Ouvrir
Annuler

- Sélectionnez le dossier de classement de la page par un double clic sur son nom. Au besoin, remontez à la racine par la liste **Regarder dans** ou remontez d'un niveau par l'outil .
- Pour faciliter la recherche de la page, vous pouvez afficher les détails des pages par l'outil **Détails** accessible par la liste associée à l'outil **Affichages** .
- Faites un double clic sur le nom de la page à ouvrir.

Vous pouvez aussi tout simplement faire un double clic sur la page à ouvrir, en mode d'affichage **Dossiers** ou dans le volet **Liste des dossiers**.

L'option **Fichiers récents** du menu **Fichier** liste les dernières pages utilisées. Cliquer sur l'une d'entre elles l'ouvre instantanément.

Changer de page

- Pour activer une page ouverte, cliquez sur l'onglet correspondant visible au-dessus de l'espace de travail.

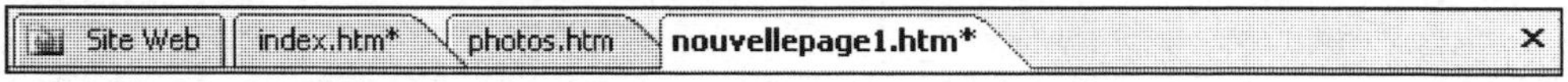
Site Web
index.htm*
photos.htm
nouvellepage1.htm*

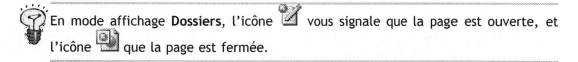

Un astérisque signifie que la page a besoin d'être enregistrée.

Pour activer une page ouverte, vous pouvez aussi cliquer sur son nom visible dans la partie inférieure du menu **Fenêtre**.

En mode affichage **Dossiers**, l'icône vous signale que la page est ouverte, et l'icône que la page est fermée.

Fermer une page

- **Fichier**
  Fermer Ctrl F4
- Si demandé, enregistrez ou non les dernières modifications apportées à la page.

La page active peut aussi être fermée en cliquant sur le bouton ✕ visible à droite du nom des pages ouvertes.

Modifier le mode d'affichage d'une page

- En fonction de votre besoin, utilisez l'un des boutons suivants visibles au bas de la page active :

Création	Pour éditer (modifier) la page.
Fractionné	Pour éditer (modifier) la page et voir aussi son code HTML.
Code	Pour afficher ou modifier le code HTML.
Aperçu	Pour afficher la page comme dans un navigateur.

Pour afficher la page dans un autre navigateur ou une autre résolution, ouvrez la liste associée à l'outil ou faites **Fichier - Afficher dans le navigateur** puis, cliquez sur l'option correspondant au navigateur à utiliser et sa résolution d'écran.

Gérer la grille de travail

Afficher/masquer la grille de travail

Une grille peut être affichée derrière l'espace de travail afin de faciliter le positionnement des éléments.

- Pour afficher la grille de travail, utilisez la commande **Affichage - Règle et grille - Afficher la grille**.

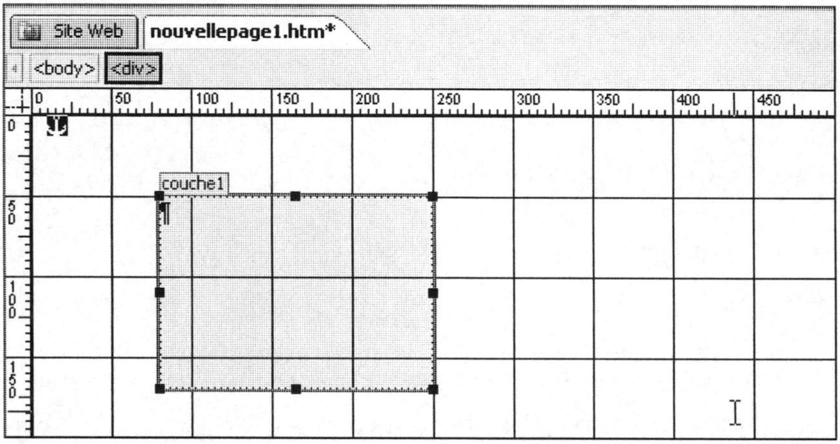
Site Web
nouvellepage1.htm*
<body>
<div>
0
50
100
150
200
250
300
350
400
450
couche1

- Pour masquer la grille de travail, utilisez de nouveau la commande **Affichage - Règle et grille - Afficher la grille**.

Vous pouvez aussi afficher les règles horizontale et verticale à l'aide de la commande **Affichage - Règle et grille - Afficher la règle**.

Ajuster l'espacement de la grille

La taille des cellules de la grille s'ajuste au besoin.

- **Outils**
  Options de page
  onglet **Règle et grille**

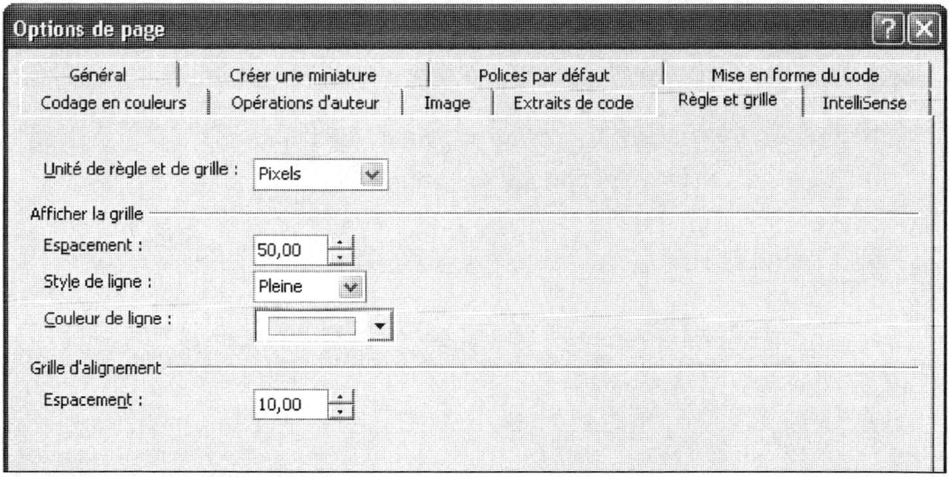
Options de page
Général
Créer une miniature
Polices par défaut
Mise en forme du code
Codage en couleurs
Opérations d'auteur
Image
Extraits de code
Règle et grille
IntelliSense
Unité de règle et de grille :
Pixels
Afficher la grille
Espacement :
50,00
Style de ligne :
Pleine
Couleur de ligne :
Grille d'alignement
Espacement :
10,00

- Choisissez l'**Unité de règle et de grille** dans la liste correspondante : **Pixels**, **Pouces**, **Centimètres** ou **Points.**
- Indiquez l'**Espacement** entre les lignes de la grille dans la zone correspondante du cadre **Afficher la grille.**
- Précisez le **Style de ligne de la grille** : **Pleine**, **Tirets** ou **Pointillés.**

  Si vous choisissez une ligne pointillée, des points colorés marquent simplement l'espace de travail, selon l'espacement indiqué.
- Au besoin, changez aussi la **Couleur de ligne** à l'aide de la liste correspondante.
- Cliquez sur le bouton **OK.**

Déterminer le pas d'alignement

Le pas d'alignement sur la grille indique la distance parcourue automatiquement en glissant légèrement un élément avec la souris.

- **Outils**
  Options de page
  onglet **Règle et grille**
- Modifiez la valeur de l'**Espacement** dans la zone correspondante du cadre **Grille d'alignement.**
- Cliquez sur le bouton **OK.**
- Pour appliquer le pas d'alignement, cochez l'option **Aligner sur la grille** du menu **Affichage - Règle et grille.**

Utiliser une image maquette

La grille peut être remplacée ou doublée d'une image maquette servant de modèle pour disposer différents éléments. Cette image n'est visible que pendant la création de la page et ne paraît pas en mode ***Aperçu****.*

- Ouvrez la page concernée en mode **Création**.
- **Affichage**
  Image maquette
  Configurer

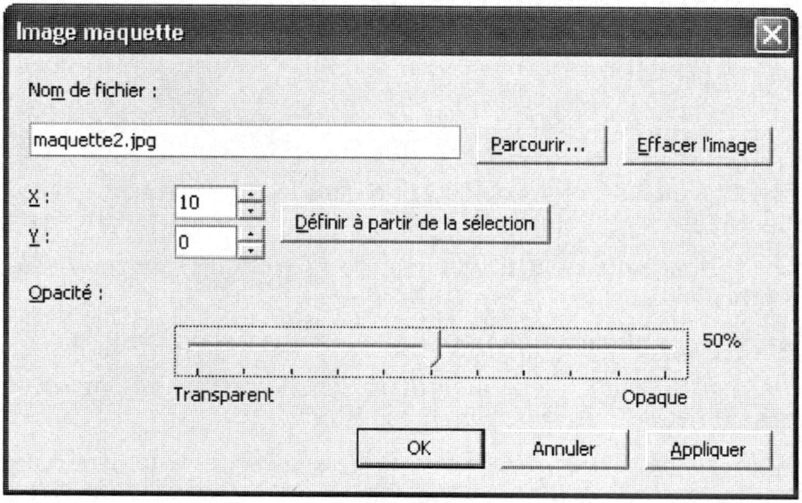
Image maquette
Nom de fichier :
maquette2.jpg
Parcourir...
Effacer l'image
X :
10
Y :
0
Définir à partir de la sélection
Opacité :
50%
Transparent
Opaque
OK
Annuler
Appliquer

- Tapez le **Nom de fichier** de l'image maquette dans la zone correspondante ou cliquez sur le bouton **Parcourir** pour la sélectionner.
- Indiquez la distance, en pixels, entre l'image et le coin supérieur gauche de la page dans les zones **X** et **Y**.
- Définissez la transparence de l'image maquette à l'aide du curseur associé à l'option **Opacité**.
- Pour visualiser le résultat sans fermer la boîte de dialogue, cliquez sur le bouton **Appliquer**.
- Si le résultat vous convient, cliquez sur le bouton **OK**.
- Pour afficher/masquer l'image maquette, utilisez la commande **Affichage - Image maquette - Afficher l'image**.

Pour supprimer l'image maquette, il vous suffit de supprimer le contenu de la zone **Nom de fichier** de la boîte de dialogue Image maquette (**Affichage - Image maquette - Configurer**).

Créer un modèle de page

Un modèle est une page dont le contenu sert de base pour vos nouvelles pages.

- En mode **Création**, définissez dans une nouvelle page les formats texte et les images prédéfinis à intégrer au modèle.
- **Fichier**
  Enregistrer sous
- Ouvrez la liste **Type de fichier** puis cliquez sur **Modèle FrontPage (*.tem).**

  En général, les modèles de page sont enregistrés dans le dossier C:\Documents and Settings\nom utilisateur\Application Data\Microsoft\FrontPage\Pages.
- Saisissez le **Nom de fichier**.
- Cliquez sur le bouton **Enregistrer**.
- Saisissez le **Titre**, le **Nom** et la **Description** du nouveau modèle.

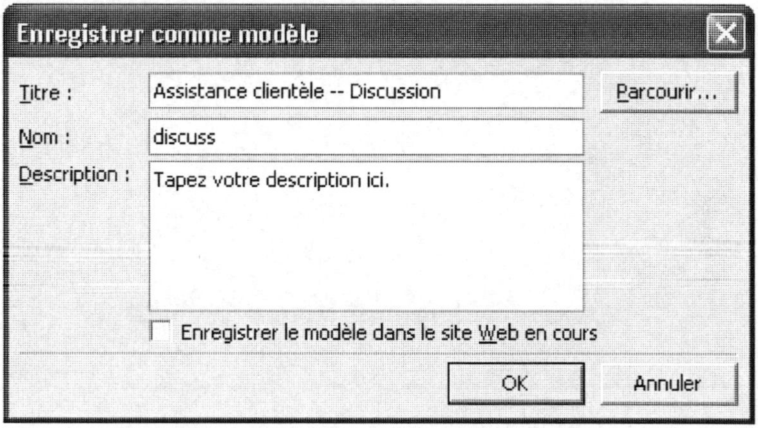
Enregistrer comme modèle
Titre :
Assistance clientèle -- Discussion
Parcourir...
Nom :
discuss
Description :
Tapez votre description ici.
Enregistrer le modèle dans le site Web en cours
OK
Annuler

*C'est le **Titre** du modèle qui apparaîtra dans la boîte de dialogue **Modèles de page** que vous utiliserez pour choisir le modèle à partir duquel vous souhaitez créer une page.*

- Cliquez sur le bouton **OK** pour valider.

- Si demandé, sélectionnez les fichiers incorporés à intégrer au modèle puis confirmez par le bouton **OK**.

Créer une page à partir d'un modèle personnel

- Cliquez sur **Fichier** - **Nouveau**.
- Cliquez sur le lien **Autres modèles de pages** de la zone **Nouvelle page** du volet Office **Nouveau**.

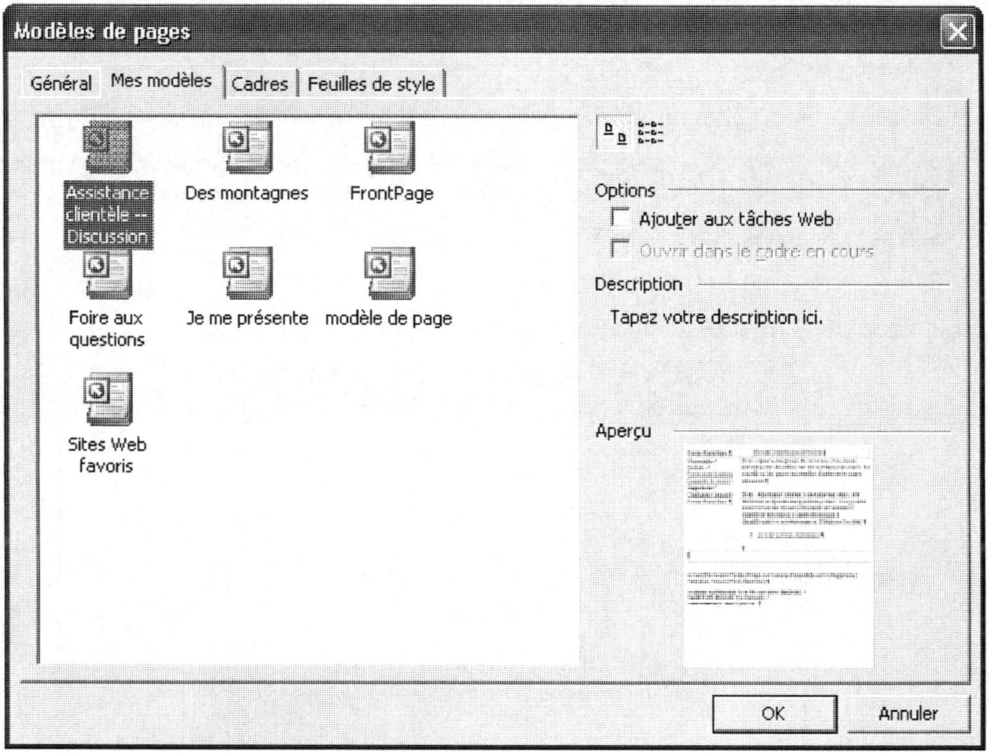
Modèles de pages
Général
Mes modèles
Cadres
Feuilles de style
Assistance clientèle -- Discussion
Des montagnes
FrontPage
Foire aux questions
Je me présente
modèle de page
Sites Web favoris
Options
Ajouter aux tâches Web
Ouvrir dans le cadre en cours
Description
Tapez votre description ici.
Aperçu
OK
Annuler

- Cliquez sur l'onglet **Mes modèles**.
- Faites un double clic sur le modèle à utiliser.

FrontPage ouvre une nouvelle page à partir de ce modèle.

- Enregistrez la nouvelle page.

Modifier un modèle de page

- Créez une nouvelle page à partir du modèle à modifier.
- Apportez les modifications désirées.
- **Fichier**
  Enregistrer sous
- Sélectionnez le **Type de fichier** : **Modèle FrontPage (*.tem).**
- Saisissez le **Nom de fichier** qui doit être identique au nom du modèle d'origine, puis cliquez sur le bouton **Enregistrer**.
- Modifiez, éventuellement, le **Titre** et/ou la **Description** du modèle puis cliquez sur le bouton **OK.**
- Cliquez sur le bouton **Oui** du message vous proposant de remplacer le modèle existant.

Visualiser le code HTML

*Avec FrontPage, le contenu préparé en mode **Création** est transformé automatiquement en langage de programmation, principalement en HTML (HyperText Markup Language). Le code produit peut être vu en mode **Code**.*

- Pour visualiser le code de la page active, cliquez sur le bouton [Code] visible au bas de l'espace de travail.

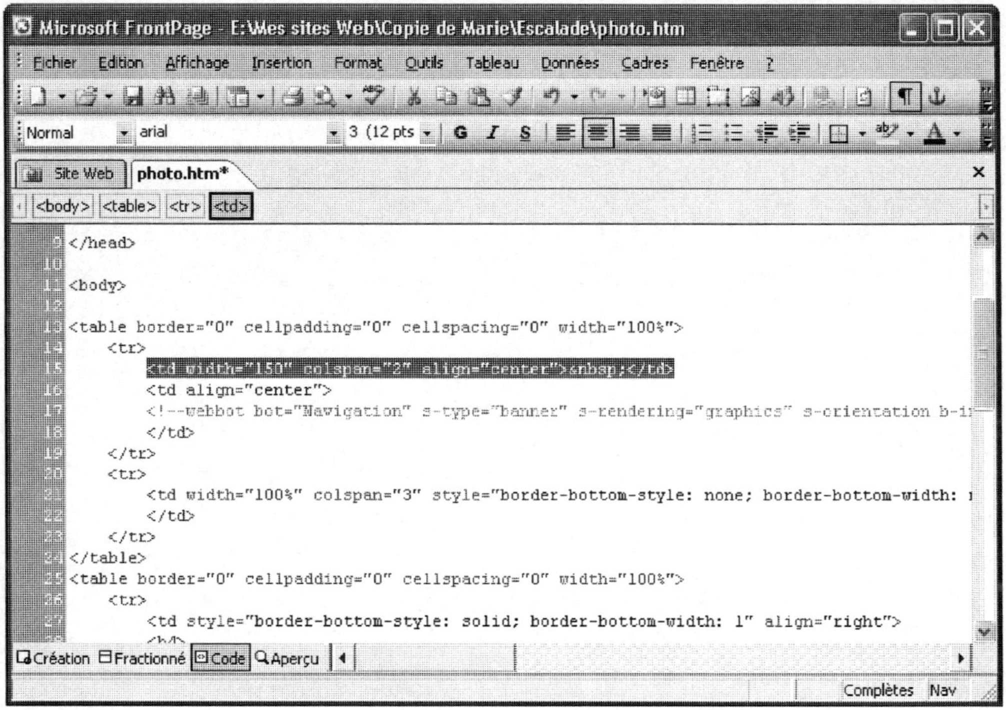
Microsoft FrontPage - E:\Mes sites Web\Copie de Marie\Escalade\photo.htm
Fichier Edition Affichage Insertion Format Outils Tableau Données Cadres Fenêtre ?
Normal arial 3 (12 pts
Site Web photo.htm*
<body> <table> <tr> <td>
</head>
<body>
<table border="0" cellpadding="0" cellspacing="0" width="100%">
<tr>
<td width="150" colspan="2" align="center"> </td>
<td align="center">
<!--webbot bot="Navigation" s-type="banner" s-rendering="graphics" s-orientation b-i
</td>
</tr>
<tr>
<td width="100%" colspan="3" style="border-bottom-style: none; border-bottom-width:
</td>
</tr>
</table>
<table border="0" cellpadding="0" cellspacing="0" width="100%">
<tr>
<td style="border-bottom-style: solid; border-bottom-width: 1" align="right">
Création Fractionné Code Aperçu
Complètes Nav

*En mode **Code**, le code affiché peut être modifié.*

- Pour afficher à la fois le mode **Code** et le mode **Création**, cliquez sur le bouton [Fractionné] visible au bas de l'espace de travail.

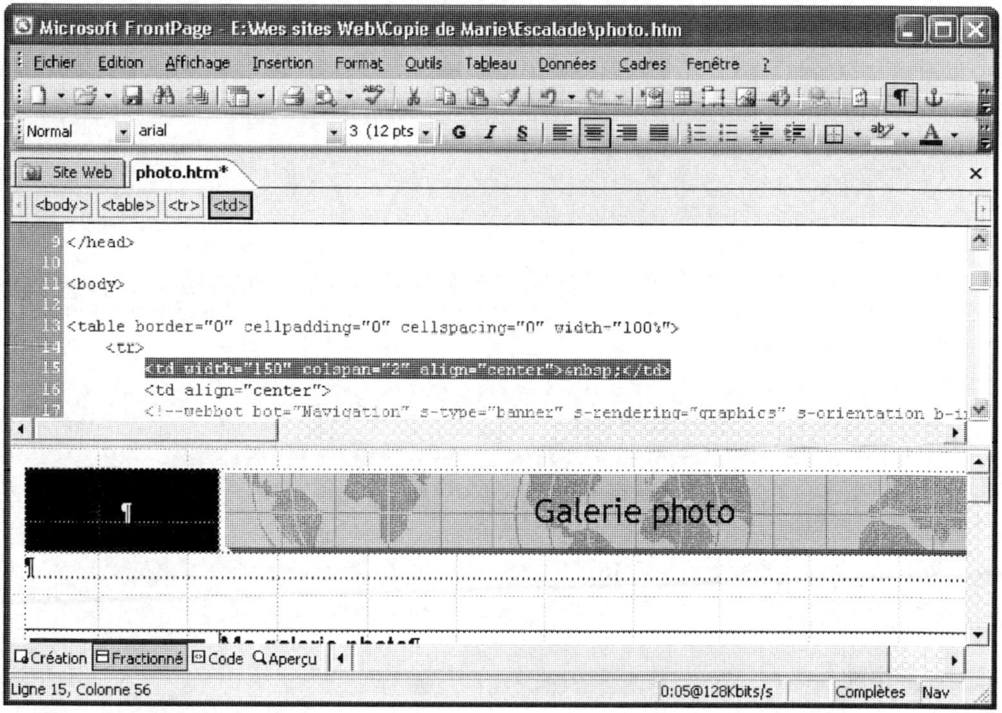
Microsoft FrontPage - E:\Mes sites Web\Copie de Marie\Escalade\photo.htm
Fichier Edition Affichage Insertion Format Outils Tableau Données Cadres Fenêtre ?
Normal
arial
3 (12 pts
Site Web
photo.htm*
<body> <table> <tr> <td>
</head>
<body>
<table border="0" cellpadding="0" cellspacing="0" width="100%">
<tr>
<td width="150" colspan="2" align="center"> </td>
<td align="center">
Galerie photo
Création Fractionné Code Aperçu
Ligne 15, Colonne 56
0:05@128Kbits/s
Complètes
Nav

Un changement fait dans un volet se transmet dans l'autre, directement ou en utilisant la touche F5*.*

En code HTML, chaque instruction commence par une balise permettant de déterminer l'action à réaliser. Une balise de fermeture, portant le même nom mais commençant par une barre oblique **</...>** *marque la fin de la zone où s'applique chaque balise.*

Le code HTML d'une page se partage toujours en deux grandes parties. Entre la balise **<head>** *et celle* **</head>***, vous verrez le titre de la page et sa description, parfois quelques bouts de code en javascript ou la définition de styles à appliquer plus loin...*

La section **<body>** *contient ensuite le texte de la page, avec les instructions de formatage, ainsi que les liens hypertexte et l'appel des images... Cette section se termine par* **</body>***.*

Afficher les balises en mode Création

- Ouvrez la page concernée en mode **Création**.
- Choisissez l'option **Afficher les balises**, du menu **Affichage**.

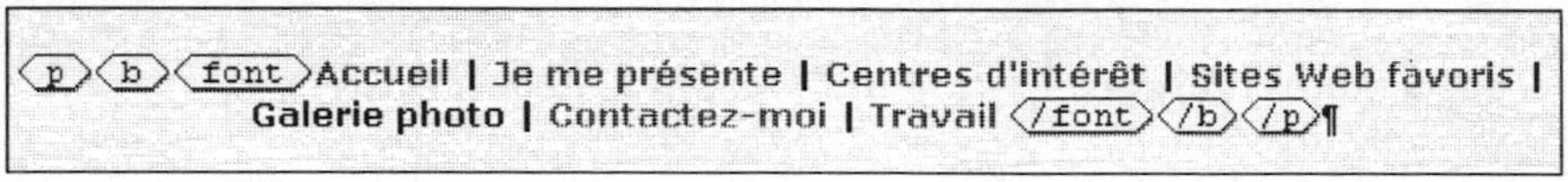
p b font Accueil | Je me présente | Centres d'intérêt | Sites Web favoris |
Galerie photo | Contactez-moi | Travail /font /b /p ¶

*Des balises encadrent alors les éléments de la page. Ici, **<p>** indique un paragraphe, **<b>** du gras ajouté aux caractères, **<font>** un changement dans la police ou dans sa taille.*

*Remarquez que les balises ne s'entrecroisent pas. Dans l'exemple ci-dessus, la balise intérieure **<font>** se termine en premier avec **</font>**, tandis que la balise extérieure **<p>** se ferme avec **</p>** lorsque les deux autres sont fermées.*

- Pour afficher les arguments d'une balise, positionnez le pointeur de la souris au-dessus de la balise concernée.
- Pour masquer les balises, utilisez de nouveau la commande **Affichage - Afficher les balises.**

Sélectionner/supprimer des balises

*La barre d'outils **Sélecteur de balise rapide** indique toutes les balises s'appliquant au point d'insertion. Elle permet aussi de sélectionner l'élément encadré par telle balise ou de supprimer celle-ci.*

- Affichez, si besoin est, la barre d'outils **Sélecteur de balise rapide** en activant l'option correspondante du menu **Affichage** puis positionnez le point d'insertion sur un élément de la page.

*La barre d'outils **Sélecteur de balise rapide** est visible en mode **Création**, **Fractionné** et **Code**, sous le bouton **Site Web**.*

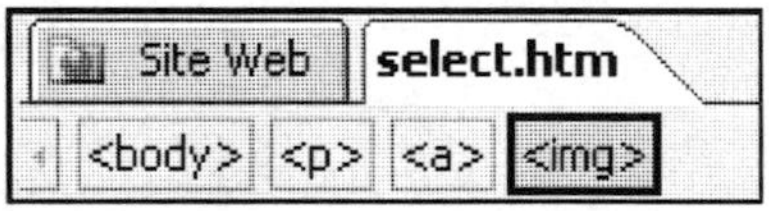
Site Web
select.htm
<body>
<p>
<a>
<img>

*Sur l'écran ci-dessus, le **Sélecteur de balise rapide** indique que le curseur sélectionne une image **<img>** avec un lien hypertexte **<a>**, ceci étant placé dans un paragraphe **<p>** et faisant partie du corps de la page **<body>**.*

- Pour sélectionner l'élément correspondant, cliquez sur l'une ou l'autre de ces balises. Ainsi la balise **<body>**, toujours présente, permet de sélectionner l'ensemble du contenu visible de la page.
- Pour sélectionner uniquement le texte contenu entre une balise de début et la balise de fermeture, cliquez avec le bouton sur son nom dans le **Sélecteur de balise rapide** puis choisissez **Sélectionner le contenu de la balise**.

  *Cette fonction est utilisée surtout en mode **Code** ou en mode **Fractionné**.*
- Pour supprimer une balise, pointez-la dans le **Sélecteur de balise rapide**, ouvrez la liste associée à la balise en cliquant sur la flèche puis cliquez sur l'option **Supprimer la balise**.

Visualiser le code dans un navigateur

*Mais le code de la page se trouve parfois partiellement transformé lors de l'enregistrement de la page, pour ajouter les blocs provenant d'autres pages, des bordures partagées ou des barres de liens... Lorsque la page est travaillée dans FrontPage, ces composants sont traités à part, le mode **Code** indiquant simplement la présence des composants. Le contenu de ceux-ci sera inséré, par la suite, dans le code HTML de la page.*

- Pour visualiser la version finale du code, ouvrez la page dans un navigateur en cliquant sur l'outil .
- Choisissez l'option **Source** du menu **Affichage**.

  Cette commande peut être différente selon le navigateur utilisé.

Mettre en forme le code HTML

Dans le code HTML, la disposition habituelle du texte et ses couleurs sont modifiables selon les besoins.

- **Outils**
  Options de page

- Sélectionnez les options appropriées dans les onglets suivants :

Codage en couleurs	pour choisir les couleurs de l'**Arrière-plan**, du **Texte normal**, des **Balises**...
Général	pour autoriser le **Retour automatique à la ligne**, le **Retrait automatique** au début d'une nouvelle ligne, la **Numérotation des lignes** et une **Marge de sélection**.
Polices par défaut	pour choisir la **Police** et sa **Taille** (zone **Mode Code**).
Mise en forme du code	pour définir la **Taille des tabulations**, d'un **Retrait** et de la **Marge de droite**, pour transformer les **Noms de balise en minuscules** et insérer des **Sauts de ligne** avant ou après telle balise...

- Cliquez sur le bouton **OK**.
- Pour reformater au besoin le texte du code, en suivant les règles définies dans les **Options de page**, cliquez avec le bouton droit dans un espace libre de la page en mode **Code** puis choisissez l'option **Nouvelle mise en forme HTML**.

Le texte

quatrième partie

Généralités

Le HTML et FrontPage proposent deux méthodes de mise en forme du texte. La méthode classique, la plus ancienne, basée sur les balises HTML de mise en forme, affecte à chaque partie de texte une mise en forme propre au texte. Cette méthode que nous verrons dans un premier temps est très simple d'emploi. Chaque partie de texte se voit affecter des caractéristiques de police, taille de caractères, couleur... L'inconvénient de cette méthode c'est qu'elle ne sépare pas le contenu de la mise en forme. Ainsi si vous décidez de modifier la police de votre site, vous devrez la modifier sur toutes les pages de votre site.

La deuxième méthode que nous verrons dans la partie **Feuille de styles** permet de modifier d'un seul coup toutes les caractéristiques de mise en forme. La mise en place de styles (comme dans le logiciel Microsoft Word) rend les modifications simples et rend votre site cohérent.

La solution idéale est la combinaison des deux méthodes. En appliquant une mise en forme via les balises pour les mises en forme exceptionnelles et les feuilles de styles pour les mises en forme redondantes, vous allierez souplesse et efficacité.

Déplacer le point d'insertion

Le point d'insertion peut être déplacé par la souris mais, en cours de saisie, il peut s'avérer pratique d'utiliser le clavier.

- Utilisez les combinaisons de touches suivantes :

Ctrl ↖ / Ctrl Fin	Début/fin de la page
Pg Dn / Pg Up	Page écran du bas/du haut
Ctrl ↓ / Ctrl ↑	Début du paragraphe suivant/précédent
Ctrl → / Ctrl ←	Début du mot suivant/précédent
Fin / ↖	Fin/début de ligne

Sélectionner du texte

- En fonction de l'élément à sélectionner, utilisez l'une des techniques suivantes :

un mot	réalisez un double clic sur le mot.
une ligne	placez la souris à gauche de la ligne et cliquez.
un paragraphe	cliquez trois fois dans le parapragphe.
un ensemble de caractères	réalisez la sélection par un cliqué-glissé ou par la technique du ⇧ Shift clic.

Pour les sélections de ligne et de paragraphe, le pointeur de la souris doit être une flèche blanche orientée vers le haut.

- Pour sélectionner l'intégralité d'une page, faites :
  Edition Ctrl A
  Sélectionner tout

Saisir du texte

- Saisissez le texte "au kilomètre", c'est-à-dire sans vous préoccuper des fins de ligne.
- Appuyez sur la touche Entrée pour changer de paragraphe et sur ⇆ pour insérer 4 espaces.

Si vous souhaitez afficher/masquer les marques de fin de paragraphe, activez ou désactivez l'outil ¶.

Supprimer du texte

- Selon l'élément à supprimer, utilisez l'une des techniques suivantes :

Suppr	caractère qui suit le point d'insertion
←	caractère qui précède le point d'insertion
Ctrl Suppr	mot suivant le point d'insertion
Ctrl ←	mot précédant le point d'insertion
Sélection puis Suppr	texte sélectionné

Provoquer un saut de ligne

La touche [Entrée] *crée un nouveau paragraphe et génère un espacement important entre les lignes. Pour aller à la ligne sans insérer trop d'espacement, privilégiez le saut de ligne :*

eni
éditions
BP 32125¶
44021 NANTES Cedex 1¶
Tél : 02.51.80.15.15¶
Fax : 02.51.80.15.16¶

eni
éditions
BP 32125
44021 NANTES Cedex 1
Tél : 02.40.92.45.45
Fax : 02.40.92.45.46¶

Remarquez la différence entre les marques de paragraphes et les marques de sauts de ligne.

- Positionnez le point d'insertion à l'endroit où vous souhaitez insérer le saut de ligne.
- **Insertion**
  Saut
- Activez l'option **Saut de ligne normal** puis cliquez sur le bouton **OK**.

Pour insérer un saut de ligne, vous pouvez aussi utiliser le raccourci-clavier [Shift] [Entrée].

Insérer des caractères spéciaux

- En mode **Création** de la page concernée, positionnez le point d'insertion à l'endroit où doit apparaître le symbole.
- **Insertion**
  Caractères spéciaux
- Ouvrez, si besoin est, les listes **Police** et/ou **Sous-ensemble** (pour les alphabets latin, grec, arabe, symboles monétaires, opérateurs mathématiques et autres) puis choisissez celle ou celui à utiliser.

- Cliquez sur le caractère attendu pour le sélectionner.
- Cliquez sur le bouton **Insérer** ou réalisez un double clic sur le caractère.

  En arrière-plan de la boîte de dialogue, le caractère est ajouté dans la page.
- Mettez fin à l'insertion par le bouton **Fermer**.

Insérer la date de dernière modification

Pour montrer que votre site est régulièrement tenu à jour, vous pouvez insérer la date et l'heure de la dernière modification.

- En mode **Création** de la page concernée, positionnez le point d'insertion où doit apparaître la date.
- **Insertion**
  Date et heure

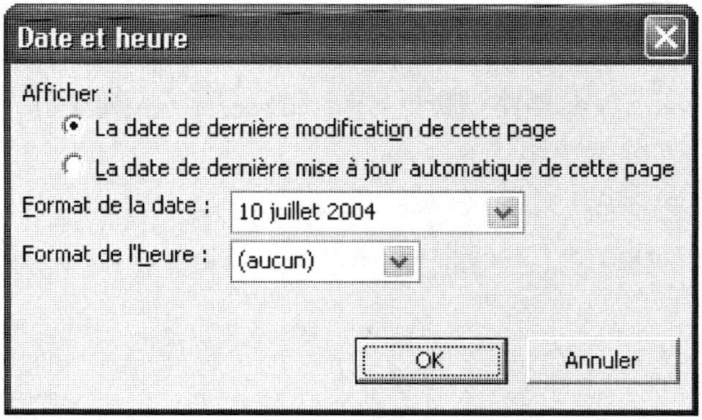
Date et heure
Afficher :
La date de dernière modification de cette page
La date de dernière mise à jour automatique de cette page
Format de la date :
10 juillet 2004
Format de l'heure :
(aucun)
OK
Annuler

- Choisissez d'**Afficher** :

  La date de dernière modification de cette page et de son enregistrement ou,

  La date de dernière mise à jour automatique de cette page effectuée par FrontPage ; une page est mise à jour lorsqu'elle est enregistrée ou lorsque la modification d'une autre page entraîne la mise à jour du code HTML de cette page.
- Choisissez, le **Format de la date** et, si besoin, le **Format de l'heure** à l'aide des listes déroulantes correspondantes.
- Cliquez sur le bouton **OK** pour valider.

Déplacer/copier du texte

Par cliqué-glissé

- En mode **Création** de la page concernée, sélectionnez le texte à déplacer ou à copier.
- Pointez la sélection puis enfoncez le bouton gauche de la souris.

  Le pointeur de la souris est une flèche blanche orientée vers le haut et vers la gauche.
- Faites glisser la sélection vers son nouvel emplacement.

  Lorsque vous faites glisser vers un endroit interdit le pointeur de la souris prend la forme d'un cercle barré ; lorsque vous êtes sur un emplacement autorisé le pointeur flèche est accompagné d'un rectangle.
- S'il s'agit d'un déplacement, relâchez le bouton de la souris.

  S'il s'agit d'une copie, appuyez sur la touche [Ctrl], relâchez le bouton de la souris puis la touche [Ctrl].

  Lorsque vous maintenez la touche [Ctrl] enfoncée, un signe "plus" (+) accompagne le pointeur de votre souris.

Par le Presse-papiers

- En mode **Création** de la page concernée, sélectionnez le texte à déplacer ou à copier.
- S'il s'agit d'un déplacement :

  Edition
  Couper — [Ctrl] X

  S'il s'agit d'une copie :

  Edition
  Copier — [Ctrl] C
- Positionnez le point d'insertion à l'emplacement de la copie ou du déplacement.
- **Edition**
  Coller — [Ctrl] V

  *Instantanément, le contenu du Presse-papiers apparaît à l'emplacement de votre choix. Le bouton **Options de collage** apparaît juste au-dessous du texte collé.*

- Si besoin est, spécifiez le format de la sélection que vous venez de coller. Pour cela, pointez le bouton **Options de collage**, ouvrez la liste qui lui est associée puis cliquez sur une des options proposées :

Conserver la mise en forme source	Pour copier le texte avec sa mise en forme.
Conserver uniquement le texte	Pour copier le texte sans la mise en forme associée.

Pour afficher ou masquer le bouton **Options de collage** lorsque vous collez du texte, cochez ou décochez l'option **Afficher les boutons d'options de collage** du menu **Outils - Options de page** - onglet **Général**.

Si le volet Office du **Presse-papiers** est affiché, vous pouvez aussi cliquer sur un de ses éléments pour l'insérer dans le document (cf. ci-après).

Par le volet Office

- Ouvrez, en mode **Création**, la page dans laquelle doit être copié ou déplacé le texte.
- Si nécessaire, affichez le volet Office **Presse-papiers** par la commande **Affichage - Volet Office**, cliquez ensuite sur le bouton du volet puis sur l'option **Presse-papiers** ou, utilisez la commande **Edition - Presse-papiers Office**.

*Chaque fois qu'un élément est coupé ou copié (par le menu **Edition**, les outils ou ou les raccourcis-clavier Ctrl **X** ou Ctrl **C**), il s'ajoute au volet Office Presse-papiers.*

5 sur 24 - Presse-Papiers
Coller tout
Effacer tout
Cliquez sur un élément pour le coller :
La dernière mise à jour de ce site date du

*Le volet Office **Presse-papiers** affiche les éléments coupés ou copiés (24 maximum). Vous visualisez une partie du texte pour chaque élément de type texte.*

- Positionnez le point d'insertion à l'endroit de la copie ou du déplacement.
- Dans le volet Office **Presse-papiers**, cliquez sur l'élément que vous souhaitez coller ou pointez l'élément, ouvrez la liste associée à celui-ci en cliquant sur la flèche puis cliquez sur l'option **Coller**.

  *Le bouton **Options de collage** est visible juste au-dessous du texte collé.*
- Si besoin est, spécifiez le format de la sélection que vous venez de coller. Pour cela, ouvrez la liste associée au bouton puis cliquez sur une des options proposées (ces options sont explicitées dans le sous-titre précédent).

Par cette méthode, vous pouvez coller un élément spécifique du Presse-papiers alors que l'outil ne peut coller que le dernier élément copié dans le Presse-papiers.

Le bouton Coller tout du volet Office **Presse-papiers** permet de coller tous les éléments stockés dans le Presse-papiers ; ils seront copiés les uns en dessous des autres.

Le Presse-papiers se vide lorsque toutes les applications Microsoft (Word, Excel, PowerPoint, Access...) sont fermées. Pour vider volontairement le contenu du Presse-papiers, cliquez sur le bouton Effacer tout du volet Office **Presse-papiers**. Pour supprimer un élément du Presse-papiers, pointez l'élément concerné, ouvrez la liste qui lui est associée en cliquant sur la flèche puis cliquez sur l'option **Supprimer**.

Le bouton **Options**, visible dans la partie inférieure du volet Office **Presse-papiers**, permet de définir les options d'affichage du **Presse-papiers Office**.

Vérifier l'orthographe

FrontPage corrige l'orthographe des éléments de textes modifiables en mode ***Création*** *; l'orthographe du titre d'un bouton interactif, par exemple, ne sera pas contrôlée.*

- En mode **Dossiers**, sélectionnez si besoin les pages à vérifier.
- **Outils**
  Orthographe F7
- Précisez si la vérification doit s'effectuer sur les **Pages sélectionnées** ou sur l'**Intégralité du site Web**.

<u>Corriger en direct</u>

- Veillez à ce que l'option **Ajouter les pages à corriger à la liste des tâches** soit décochée.
- Cliquez sur le bouton **Démarrer**.

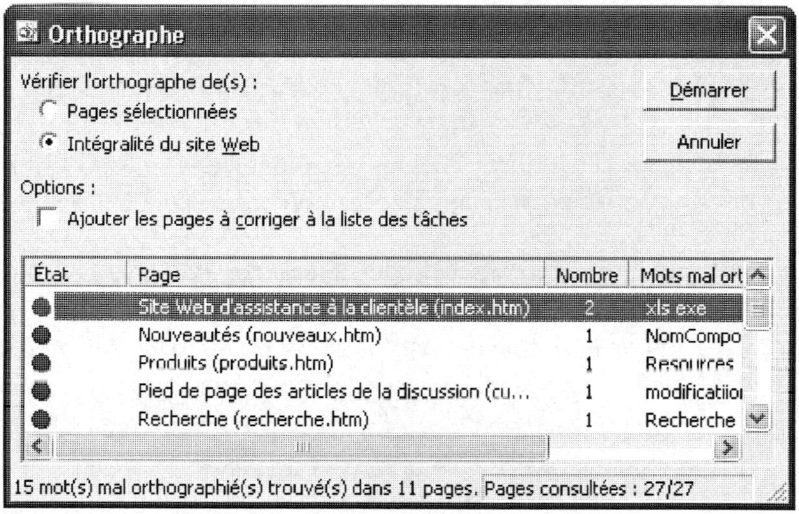
Orthographe
Vérifier l'orthographe de(s) :
Pages sélectionnées
Intégralité du site Web
Démarrer
Annuler
Options :
Ajouter les pages à corriger à la liste des tâches
État
Page
Nombre
Mots mal ort
Site Web d'assistance à la clientèle (index.htm)
2
xls exe
Nouveautés (nouveaux.htm)
1
NomCompo
Produits (produits.htm)
1
Resources
Pied de page des articles de la discussion (cu...
1
modificatiio
Recherche (recherche.htm)
1
Recherche
15 mot(s) mal orthographié(s) trouvé(s) dans 11 pages. Pages consultées : 27/27

Le nombre de mots mal orthographiés ainsi que le total des pages concernées sont indiqués dans la barre d'état de la fenêtre.

- Pour corriger immédiatement les erreurs, faites un double clic sur chaque page concernée.

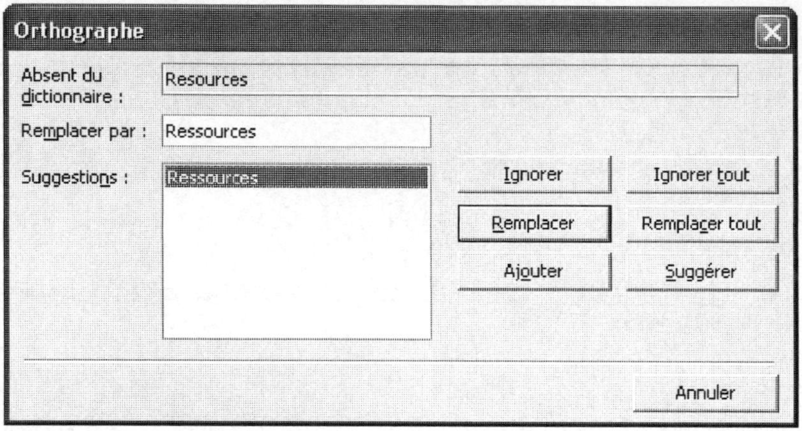
Orthographe
Absent du dictionnaire :
Resources
Remplacer par :
Ressources
Suggestions :
Ressources
Ignorer
Ignorer tout
Remplacer
Remplacer tout
Ajouter
Suggérer
Annuler

*FrontPage ouvre la page en mode **Création** et vous permet ainsi de corriger les fautes grâce à la boîte de dialogue **Orthographe**.*

- Si le mot est correctement orthographié, cliquez sur l'un des boutons suivants :

Ignorer	pour passer le mot sans le modifier.
Ignorer Tout	pour passer le mot et toutes ses occurrences.
Ajouter	pour insérer le mot dans un dictionnaire.

- Si le mot est incorrect, utilisez une des deux méthodes suivantes :
  - si le mot correctement orthographié est proposé dans la liste des **Suggestions**, faites un double clic dessus.
  - saisissez le mot correct dans la zone **Remplacer par** puis cliquez sur le bouton **Remplacer** ou **Remplacer tout**.

Après correction de la première page, la boîte de dialogue suivante apparaît :

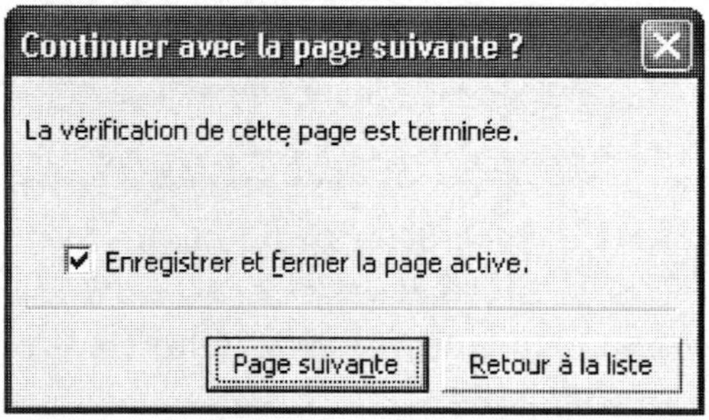
Continuer avec la page suivante ?
La vérification de cette page est terminée.
Enregistrer et fermer la page active.
Page suivante
Retour à la liste

- Si vous souhaitez **Enregistrer et fermer la page active**, veillez à cocher l'option correspondante ; à l'inverse, décochez-la.

  Ensuite, cliquez sur le bouton **Page suivante** si vous souhaitez continuer la vérification sur la page suivante ou cliquez sur le bouton **Retour à la liste** si vous souhaitez afficher de nouveau la liste des pages.
- Après correction de la dernière page, FrontPage vous informe que la vérification est terminée. Cliquez sur le bouton **Retour à la liste**.
- Cliquez, si besoin est, sur le bouton **Annuler** de la fenêtre **Orthographe**.

Différer la correction

- En mode **Dossiers**, cliquez sur l'outil .
- Précisez si la vérification s'applique aux **Pages sélectionnées** ou à l'**Intégralité du site Web**.
- Cochez l'option **Ajouter les pages à corriger à la liste des tâches** pour ajouter une tâche pour chaque page à corriger.

  Cette option est utile si vous souhaitez différer ou déléguer la correction des fautes d'orthographe.
- Cliquez sur le bouton **Démarrer**.

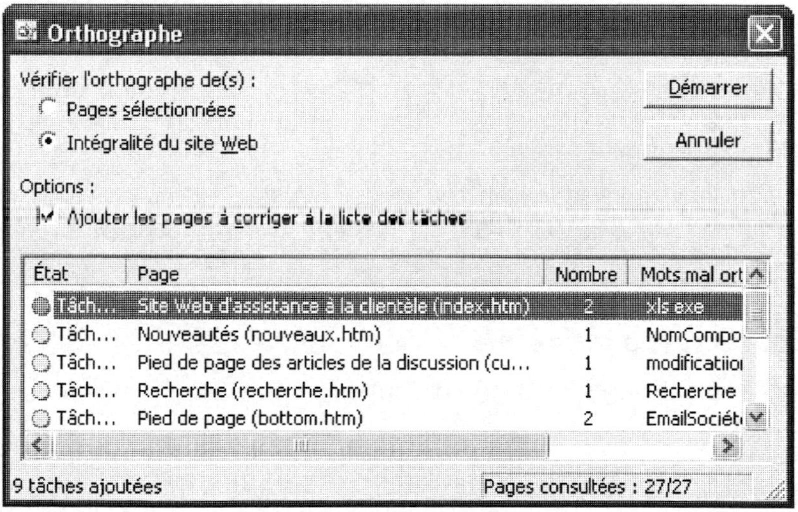
Orthographe
Vérifier l'orthographe de(s) :
Pages sélectionnées
Intégralité du site Web
Démarrer
Annuler
Options :
Ajouter les pages à corriger à la liste des tâches
État
Page
Nombre
Mots mal ort
Tâch... Site web d'assistance à la clientèle (index.htm) 2 xls exe
Tâch... Nouveautés (nouveaux.htm) 1 NomCompo
Tâch... Pied de page des articles de la discussion (cu... 1 modificatiio
Tâch... Recherche (recherche.htm) 1 Recherche
Tâch... Pied de page (bottom.htm) 2 EmailSociét
9 tâches ajoutées
Pages consultées : 27/27

Une tâche a été créée pour chaque page à corriger.

- Cliquez sur le bouton **Annuler** pour fermer la fenêtre.
- Pour effectuer les corrections ultérieurement, passez en mode **Tâches**, puis effectuez les tâches de type **Corriger les mots mal orthographiés.**

Choisir la langue du dictionnaire pour un texte

- Ouvrez la page concernée, en mode **Création** puis sélectionnez le texte qui est dans une autre langue.
- **Outils**
  Langue

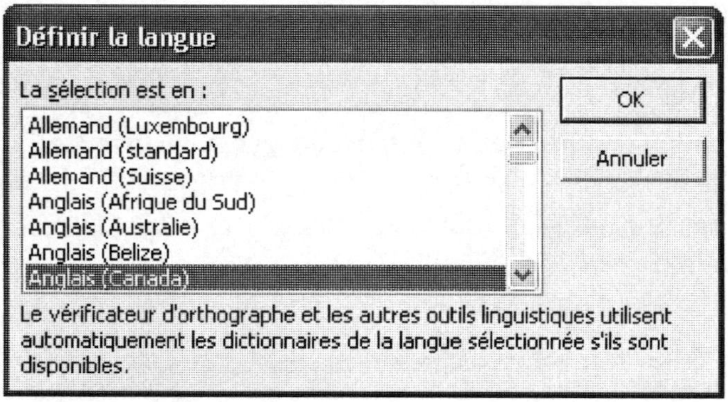
Définir la langue
La sélection est en :
OK
Annuler
Allemand (Luxembourg)
Allemand (standard)
Allemand (Suisse)
Anglais (Afrique du Sud)
Anglais (Australie)
Anglais (Belize)
Anglais (Canada)
Le vérificateur d'orthographe et les autres outils linguistiques utilisent automatiquement les dictionnaires de la langue sélectionnée s'ils sont disponibles.

- Sélectionnez l'une des langues proposées puis cliquez sur le bouton **OK**.
- Vérifiez l'orthographe .

  Si le dictionnaire de la langue choisie est installé, la correction se fait avec celui-ci. Sinon un message vous suggère d'installer le composant (le CD-Rom original est alors requis).

Rechercher un synonyme

- En mode **Création** de la page concernée, cliquez sur le mot à remplacer par un synonyme.
- **Outils** ⇧Shift F7
  Dictionnaire des synonymes

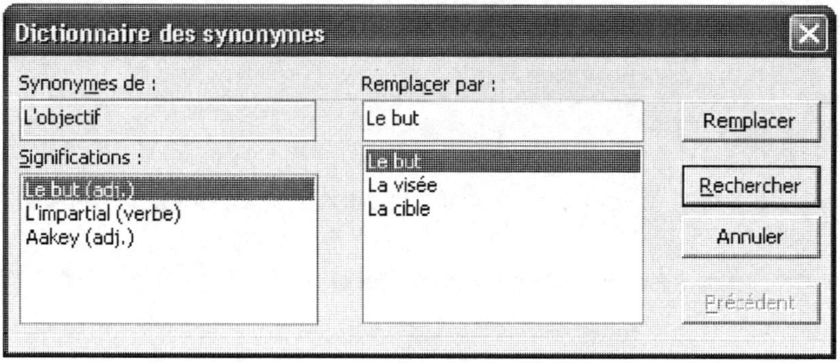
Dictionnaire des synonymes
Synonymes de :
L'objectif
Significations :
Le but (adj.)
L'impartial (verbe)
Aakey (adj.)
Remplacer par :
Le but
Le but
La visée
La cible
Remplacer
Rechercher
Annuler
Précédent

La colonne de gauche liste les différents sens du mot et, celle de droite, les synonymes du sens sélectionné.

- Dans la colonne **Significations**, sélectionnez le sens du mot et, dans la colonne de droite, le synonyme le plus proche de celui recherché.
- Pour rechercher les synonymes du synonyme sélectionné, cliquez sur le bouton **Rechercher**.

  *Dans ce cas, pour revenir au mot précédent, cliquez sur le bouton **Précédent**.*
- Pour utiliser le synonyme sélectionné, cliquez sur le bouton **Remplacer**.

Rechercher du texte dans une page

- Ouvrez la page concernée en mode **Création**.
- **Edition** / **Rechercher** — Ctrl **F**
- Saisissez le mot à **Rechercher** dans la zone correspondante.
- Au besoin, définissez les **Options de recherche** correspondant aux critères souhaités.
- Lancez la recherche par le bouton **Suivant**.

  Immédiatement, le premier texte correspondant est sélectionné dans la page ; si la boîte de dialogue cache la sélection, déplacez-la par un cliqué-glissé à partir de son titre.
- Si le premier texte trouvé est celui que vous recherchez, fermez la boîte de dialogue par le bouton **Fermer** ; à l'inverse, poursuivez la rechercher par le bouton **Suivant**.

Remplacer du texte

- Ouvrez la page concernée en mode **Création**.
- **Edition**
  Remplacer Ctrl H
- Saisissez le texte à **Rechercher** dans la zone correspondante puis le texte de remplacement dans la zone **Remplacer par**.
- Au besoin, modifiez les **Options de recherche**.
- Cliquez sur le bouton **Suivant** pour lancer la recherche.

  FrontPage sélectionne la première chaîne de caractères trouvée ; si la boîte de dialogue cache la sélection, déplacez-la par un cliqué-glissé à partir de son titre.
- Si les remplacements doivent être faits un à un, cliquez sur le bouton **Remplacer** pour remplacer la chaîne de caractères sélectionnée et rechercher l'occurrence suivante ou, cliquez sur le bouton **Suivant** pour rechercher l'occurrence suivante sans effectuer le remplacement.

  Si les remplacements doivent tous être réalisés en même temps, cliquez sur le bouton **Remplacer tout**.

  Lorsque la recherche est terminée, FrontPage vous informe :

Microsoft Office FrontPage
FrontPage a terminé la recherche dans le document.
OK

- Cliquez sur le bouton **OK**.
- Refermez la boîte de dialogue en cliquant sur le bouton **Fermer**.

Changer de police

Avant de changer de police, n'oubliez pas que certains navigateurs n'interprètent pas toutes les polices. Dans ce cas, la police sera alors remplacée par une police quelconque et l'aspect général de la page peut s'en trouver affecté !

- En mode **Création** de la page, sélectionnez le texte concerné par le changement de police.
- Ouvrez la deuxième liste de la barre d'outils **Mise en forme** : [Times New Roman].
- Sélectionnez la police à utiliser.

La **Police** peut aussi être sélectionnée à l'aide de la zone de liste correspondante de la boîte de dialogue **Police** (**Format** - **Police** - onglet **Police**).

Modifier la taille des caractères

FrontPage propose 7 tailles différentes, de 1 à 7. La taille par défaut est 3.

- En mode **Création** de la page, sélectionnez le texte concerné.
- Ouvrez la troisième liste de la barre d'outils **Mise en forme** [3 (12 pts].
- Sélectionnez la taille de caractères à appliquer ; si aucune des valeurs proposées ne vous convient, tapez la valeur de votre choix, en points (pt), puis validez par la touche [Entrée].

La **Taille** peut aussi être sélectionnée à l'aide de la liste correspondante de la boîte de dialogue **Police** (**Format** - **Police** - onglet **Police**).

Les outils [A] et [A] de la barre d'outils **Mise en forme** permettent d'augmenter et de réduire la taille de police.

Appliquer des attributs de caractères

Les attributs sont le gras, l'italique et le souligné.

- En mode **Création** de la page, sélectionnez le texte concerné.

- En fonction de l'attribut à appliquer, utilisez l'une des techniques suivantes :

Gras	G	Ctrl G
Italique	I	Ctrl I
Souligné	S	Ctrl U

Refaire l'une des manipulations citées désactive l'attribut concerné.

Certains navigateurs Web ne gèrent pas les propriétés évoquées ci-dessous.

- En mode **Création** de la page, sélectionnez le texte concerné.
- **Format**
  Police — Alt Entrée
- Choisissez un **Style** de police dans la liste correspondante.
- Pour compléter ce style, affectez des **Effets** en cochant les options de votre choix dans la zone correspondante.

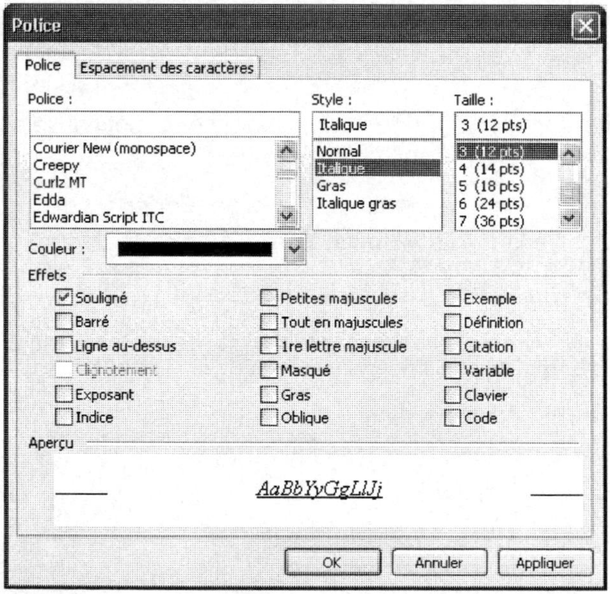
Police
Police
Espacement des caractères
Police :
Style :
Taille :
Italique
3 (12 pts)
Courier New (monospace)
Creepy
Curlz MT
Edda
Edwardian Script ITC
Normal
Italique
Gras
Italique gras
3 (12 pts)
4 (14 pts)
5 (18 pts)
6 (24 pts)
7 (36 pts)
Couleur :
Effets
Souligné
Barré
Ligne au-dessus
Clignotement
Exposant
Indice
Petites majuscules
Tout en majuscules
1re lettre majuscule
Masqué
Gras
Oblique
Exemple
Définition
Citation
Variable
Clavier
Code
Aperçu
AaBbYyGgLlJj
OK
Annuler
Appliquer

*La zone **Aperçu**, visible en bas de la boîte de dialogue, peut vous guider dans vos choix.*

- Cliquez sur le bouton **OK**.

Présenter des textes en exposant/en indice

Cette manipulation vous permet d'obtenir ce type de présentation :

Sur cet exemple, les chiffres "2" sont en indice et le "3" en exposant : $(A_2+B_2)^3$
Ici, le texte "ème" est en exposant : 12ème place

- En mode **Création** de la page, sélectionnez les caractères à présenter en exposant ou en indice.
- **Format**
  Police Alt Entrée
- Cochez l'option **Exposant** ou **Indice** de la zone **Effets.**
- Au besoin, activez l'onglet **Espacement des caractères**, choisissez la **Position** à laquelle les caractères doivent être élevés ou descendus à l'aide de la liste correspondante. Cliquez sur le bouton **OK.**

Modifier l'espacement entre les caractères

Les caractères d'un mot peuvent être légèrement distancés ou rapprochés. Certains navigateurs Web ne gèrent pas cette fonctionnalité.

- En mode **Création** de la page, sélectionnez le texte concerné.
- **Format**
  Police Alt Entrée
- Activez l'onglet **Espacement des caractères.**
- Indiquez le type d'espacement attendu dans la liste **Espacement** (**Étendu** ou **Condensé**) et sa valeur en points dans la zone **De.** Cliquez sur le bouton **OK.**

Annuler toutes les mises en valeur

- En mode **Création** de la page, sélectionnez le texte ne devant présenter aucune mise en forme de caractères.
- **Format**
  Supprimer la mise en forme
  ou appuyez simultanément sur les touches Ctrl Espace ou Ctrl Shift **Z.**

Provoquer des retraits de paragraphe

Appliquer les retraits standards

- En mode **Création** de la page, cliquez dans le paragraphe ou sélectionnez les paragraphes concernés.
- Utilisez les techniques suivantes :

   pour augmenter le retrait.

   pour diminuer le retrait.

Ces boutons permettent d'intervenir simultanément sur les retraits gauche et droite.

Définir la valeur des retraits

Certains navigateurs Web ne gèrent pas cette fonctionnalité.

- En mode **Création** de la page, cliquez dans le paragraphe ou sélectionnez les paragraphes concernés.
- **Format**
  Paragraphe
- Dans le cadre **Retrait**, précisez la valeur, en pixels, du retrait **Avant le texte**, **Après le texte**, et/ou **De 1re ligne**.

  Le retrait de la première ligne (**De 1re ligne**) se fait par rapport à la valeur du retrait gauche (**Avant le texte**).
- Cliquez sur le bouton **OK**.

Modifier l'alignement

- En mode **Création de la page**, cliquez dans le paragraphe ou sélectionnez les paragraphes concernés.

- En fonction de l'alignement attendu, utilisez l'une des techniques suivantes :

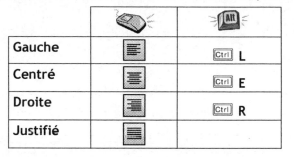

	Souris	Clavier
Gauche		Ctrl **L**
Centré		Ctrl **E**
Droite		Ctrl **R**
Justifié		

L'**Alignement** peut aussi être sélectionné à l'aide de la liste correspondante de la boîte de dialogue **Paragraphe** (**Format** - **Paragraphe**).

Créer une liste à puces ou numérotée

Cette fonctionnalité permet de réaliser ce type de présentation :

Paragraphes saisis :	Liste numérotée :	Liste à puces
Les prédictions maritimes	**Les prédictions maritimes**	**Les prédictions maritimes**
Système horaire L'heure des marées Grande et petite marée Basse et haute pression atmosphérique	1. Système horaire 2. L'heure des marées 3. Grande et petite marée 4. Basse et haute pression atmosphérique	o Système horaire o L'heure des marées o Grande et petite marée o Basse et haute pression atmosphérique

- En mode **Création** de la page, sélectionnez les paragraphes concernés.

Les paragraphes doivent être séparés par des sauts de paragraphe (touche Entrée*) et non des sauts de ligne (touche* Shift Entrée*).*

- Cliquez sur l'un des outils suivants :

liste numérotée

liste à puces

*Ces deux outils permettent d'appliquer rapidement deux styles : le style **Liste à puces** et le style **Liste numérotée**.*

Notez que la présentation sous forme de liste réduit l'espacement entre les paragraphes.

- En mode **Création** de la page, sélectionnez les paragraphes concernés.
- **Format**
  Puces et numéros
- Selon le type de liste à créer, cliquez sur l'onglet **Puces** ou **Liste numérotée**.
- Cliquez sur le modèle de puce ou de numéro de votre choix.

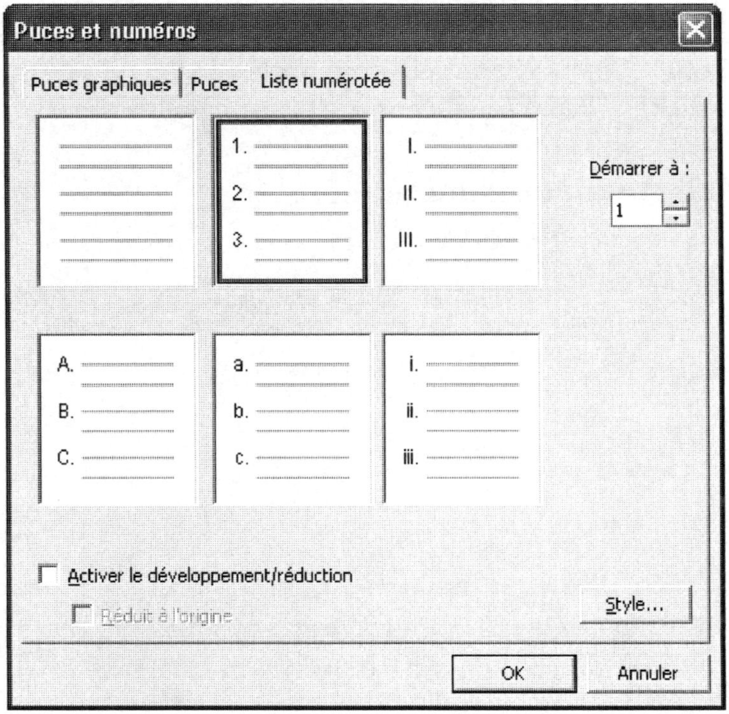
Puces et numéros
Puces graphiques
Puces
Liste numérotée
1.
2.
3.
I.
II.
III.
Démarrer à :
1
A.
B.
C.
a.
b.
c.
i.
ii.
iii.
Activer le développement/réduction
Réduit à l'origine
Style...
OK
Annuler

- Si vous avez choisi de créer une liste numérotée, modifiez si besoin est, le numéro de départ de la liste à l'aide de la zone **Démarrer à**.
- Cliquez sur le bouton **OK**.

D'un navigateur Web à l'autre, les puces sont parfois affichées différemment.

Pour modifier une liste à puces ou numérotée, il vous suffit de sélectionner les paragraphes concernés avant d'utiliser la commande **Format - Puces et numéros**.

Créer une liste de définitions

Ce type de liste permet d'obtenir rapidement une présentation comme celle-ci :

> **Groupe ENI**
>
> Editions ENI
>   Créateur, éditeur et distributeur d'outils de formation à l'informatique
> ENI Service
>   Formation, Ingénerie, Conseil ; Centre CFTA Microsoft ; Spécialiste Internet/Intranet
> ENI
>   Quatre formations longues durées aux métiers de l'Informatique

Chaque entrée de la liste se compose de deux éléments : le terme et sa définition. En général, le terme est aligné à gauche et sa définition présentée avec un retrait. La présentation finale dépend du navigateur utilisé.

- En mode **Création** de la page, positionnez le point d'insertion à l'endroit où vous souhaitez créer une liste de définitions.
- Ouvrez la liste **Style** (première liste de la barre d'outils **Mise en forme**) puis cliquez sur le style **Terme défini**.
- Saisissez le premier terme puis validez par la touche [Entrée].

  *La liste suivante est automatiquement mise en forme avec le style **Définition**.*
- Saisissez la définition du terme puis validez par le bouton [Entrée].

  *Le style **Terme défini** redevient actif.*
- Poursuivez ainsi la saisie des termes et de leur définition.
- Pour terminer la liste, appuyez deux fois sur la touche [Entrée].

Pour ajouter un second paragraphe à la définition, appuyez sur [Shift] [Entrée] au lieu de [Entrée] à la fin du premier paragraphe.

Créer une liste imbriquée

Une liste imbriquée est une liste contenue dans une autre liste :

- **Présentations des données**
  - Caractères
    - Police
    - Taille
    - ...
  - Paragraphes
    - Retraits
    - Alignements
    - ...
  - Pages
    - Thèmes
    - Arrière-plan
    - ...
- **Tableaux**
  - Gestion des tableaux
    - Insertion
    - Suppression
    - ...

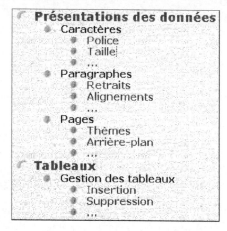

Sur cet exemple, nous avons conçu trois niveaux de liste.

- Ouvrez la page concernée en mode **Création** puis positionnez le point d'insertion à l'endroit où vous souhaitez commencer à créer la liste imbriquée.
- **Format**
  Puces et numéros
- Choisissez le modèle de puce ou de numéro.
- Cochez l'option **Activer le développement/réduction** si vous souhaitez autoriser les visiteurs du site à developper/réduire les sous-niveaux des listes. Leur navigateur devra reconnaître le langage DHTML.
- Cochez, si besoin est, l'option **Réduit à l'origine** pour que les sous-niveaux de la liste soient masqués à l'ouverture de la page dans un navigateur Web.
- Cliquez sur le bouton **OK**.
- Pour entrer le premier élément de la liste principale, tapez le texte, puis appuyez sur la touche [Entrée].
- Avant de saisir chaque entrée de la liste, cliquez deux fois sur l'outil :

 pour réduire d'un niveau.

 pour augmenter d'un niveau.

- Au besoin, modifiez le type de puce à l'aide du menu **Format - Puces et numéros.**
- Pour terminer la liste, appuyez sur la touche Entrée.

Créer des puces personnalisées

- En mode **Création** de la page, sélectionnez le(s) paragraphe(s) concerné(s) par une puce graphique.
- **Format**
  Puces et numéros
- Activez l'onglet **Puces graphiques**.
- Activez l'option **Spécifier l'image** puis tapez l'adresse du fichier contenant l'image qui servira de puce ou, utilisez le bouton **Parcourir** pour le sélectionner.
- Cliquez sur le bouton **OK**.

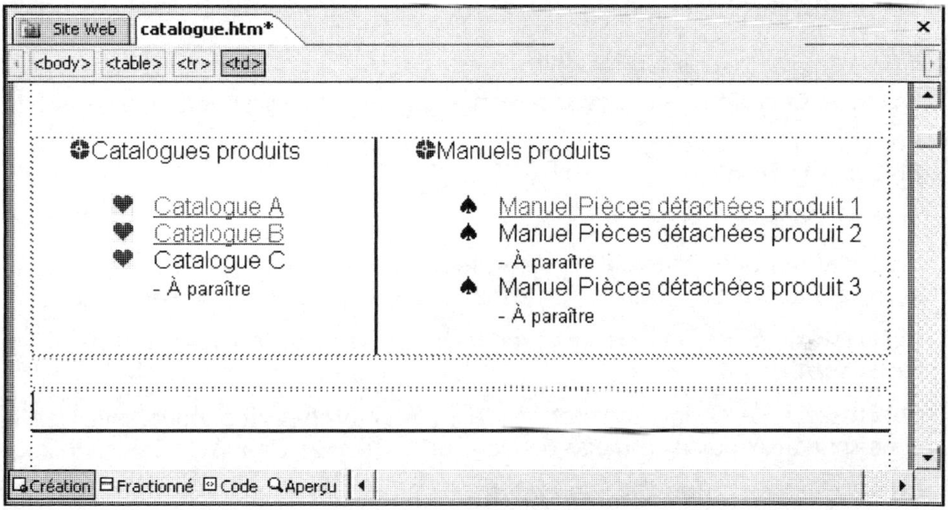
Site Web
catalogue.htm*
<body> <table> <tr> <td>
Catalogues produits
Catalogue A
Catalogue B
Catalogue C
- À paraître
Manuels produits
Manuel Pièces détachées produit 1
Manuel Pièces détachées produit 2
- À paraître
Manuel Pièces détachées produit 3
- À paraître
Création Fractionné Code Aperçu

Les puces dites "graphiques" peuvent être des images ou clipart au format GIF ou JPEG.

Ajouter une trame ou un arrière-plan

À l'instar de l'arrière-plan d'une page, une trame peut être une couleur ou une image. Une trame est toujours appliquée au paragraphe entier.

Définir une trame de couleur

- En mode **Création** de la page, sélectionnez le(s) paragraphe(s) concerné(s).
- **Format**
  Bordure et trame
- Activez l'onglet **Trame de fond.**
- Pour définir une **Couleur d'arrière-plan**, sélectionnez la teinte dans la liste correspondante du cadre **Remplissage.**

  *L'option **Couleur de premier plan** sert à définir la couleur du texte.*
- Cliquez sur le bouton **OK.**

Ajouter une image d'arrière-plan

- En mode **Création** de la page, sélectionnez le(s) paragraphe(s) concerné(s).
- **Format**
  Bordure et trame
- Activez l'onglet **Trame de fond.**
- Pour définir une **Image d'arrière-plan**, saisissez son nom complet dans la zone correspondante ou, cliquez sur le bouton **Parcourir** pour la sélectionner.
- Définissez ensuite sa **Position verticale** et sa **Position horizontale** à l'aide des listes correspondantes.
- Choisissez, si besoin, une option de la zone **Répétition** pour spécifier comment vous souhaitez placer l'image derrière le texte sélectionné.
- Cliquez sur le bouton **OK** pour valider.

Tracer des bordures autour des paragraphes

Voici un exemple de bordure.

Bienvenue au service des Ressources
humaines...¶

- En mode **Création** de la page, cliquez dans le paragraphe ou sélectionnez les paragraphes concernés.

  Dans le cas d'une sélection de plusieurs paragraphes, la bordure s'appliquera à la sélection et non à chaque paragraphe sélectionné.

- **Format**
  Bordure et trame

- Activez l'onglet **Bordures**.

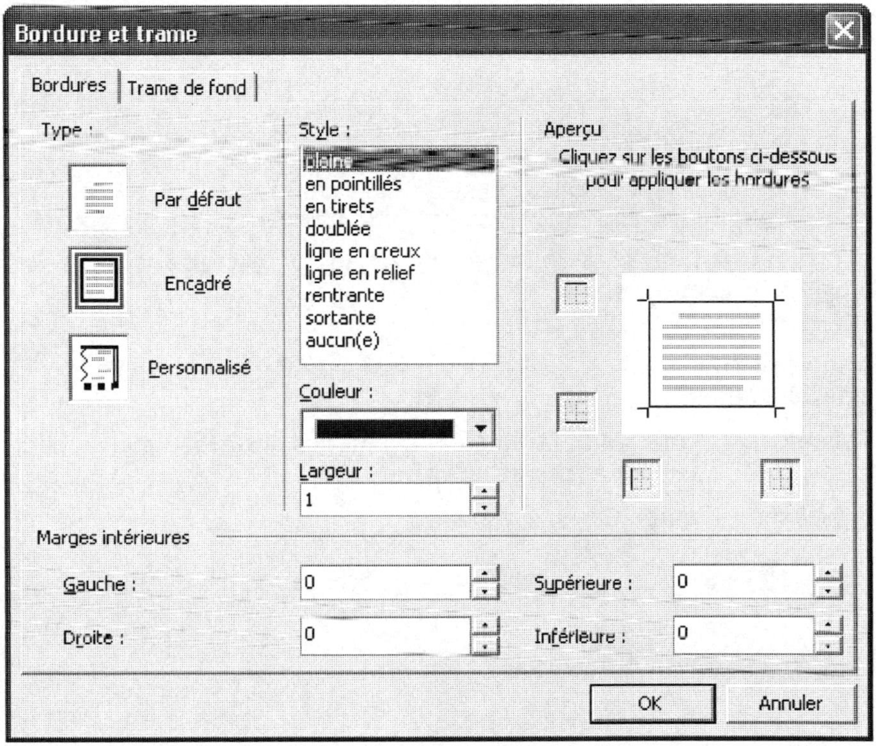
Bordure et trame
Bordures
Trame de fond
Type :
Par défaut
Encadré
Personnalisé
Style :
pleine
en pointillés
en tirets
doublée
ligne en creux
ligne en relief
rentrante
sortante
aucun(e)
Couleur :
Largeur :
1
Aperçu
Cliquez sur les boutons ci-dessous pour appliquer les bordures
Marges intérieures
Gauche :
0
Droite :
0
Supérieure :
0
Inférieure :
0
OK
Annuler

- Choisissez le **Style**, la **Couleur** et/la **Largeur** de la bordure, puis cliquez sur l'outil **Encadré** pour l'appliquer à tout le paragraphe ou sur le(s) bouton(s) 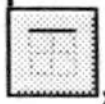, 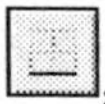,  et/ou 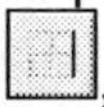, pour l'appliquer à un ou plusieurs côtés.

- Cliquez sur le bouton **OK**.

Vous pouvez aussi utiliser l'outil de la barre d'outils **Mise en forme** pour tracer des bordures autour des paragraphes.

Modifier l'espacement entre le texte et la bordure

Cette manipulation permet de définir l'espace entre le texte et la bordure :

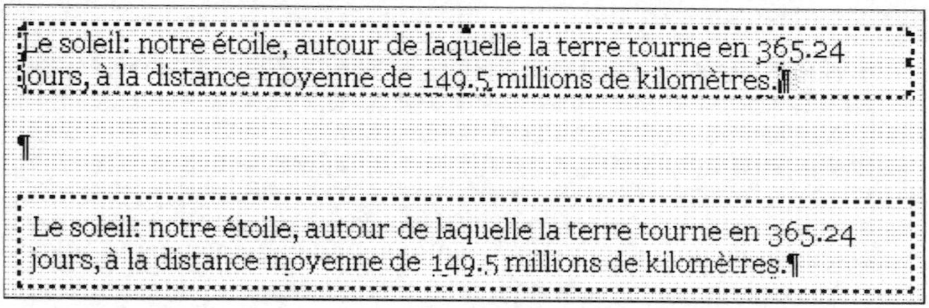
Le soleil: notre étoile, autour de laquelle la terre tourne en 365.24 jours, à la distance moyenne de 149.5 millions de kilomètres.¶
¶
Le soleil: notre étoile, autour de laquelle la terre tourne en 365.24 jours, à la distance moyenne de 149.5 millions de kilomètres.¶

- En mode **Création** de la page, cliquez dans le paragraphe ou sélectionnez les paragraphes concernés.
- **Format**
  Bordure et trame
  onglet **Bordures**
- Saisissez, en pixels (px), la valeur des **Marges intérieures** à appliquer : **Supérieure**, **Inférieure**, à **Gauche** et à **Droite.**
- Cliquez sur le bouton **OK** pour valider.

Présentation des feuilles de style

La création des feuilles de style (nommées parfois CSS, comme dans *Cascading Style Sheets*) répond à la nécessité de séparer le contenu de sa mise en forme. En effet, la séparation des données et de leur mise en forme rend celle-ci plus simple et facilement modifiable. L'aboutissement de cette volonté est la création du format XML qui sépare totalement ces deux aspects, rendant possible la réutilisation des données et leur présentation sous un autre aspect (interopérabilité des données).

Les styles ont un avantage indéniable pour la réduction de la taille des pages. Par exemple, si vous sélectionnez tout le contenu d'une page et changez la police pour Arial, la balise <font face="Arial"> est placée au début de chaque paragraphe.

Si vous choisissez plutôt de modifier le style du texte normal (celui lié à la balise <body>), l'instruction appropriée apparaît simplement une fois au début du code HTML de la page. C'est ce qu'on appelle une feuille de style incorporée.

Et pour répéter ce style dans plusieurs pages du site, il suffit de placer cette instruction dans une feuille de style externe (une page avec l'extension .css) qui est ensuite liée à différentes pages. Dans ce cas, chacune des pages liées ne contient plus d'instructions répétées inutilement pour la mise en forme, seulement un lien vers la feuille de style externe.

Les feuilles de style sont donc de trois catégories :

- soit vous appliquez une mise en forme directement à un élément dans la page, comme une couleur, un alignement ou une police (feuille de style en cascade en ligne),
- soit vous créez un style personnel ou modifiez un style existant pour l'incorporer dans votre page HTML (feuille de style en cascade incorporée),
- soit vous créez vos styles personnels et vous les enregistrez dans un fichier externe. Vous liez ensuite les pages HTML à ce fichier pour que les styles apparaissent dans les pages HTML (feuille de style en cascade externe).

Si vous définissez pour la mise en forme d'un même texte, un style venant d'une feuille de style externe, un style incorporé et une mise en forme en ligne (par exemple avec **Format - Police**), la mise en forme retenue est celle qui est la "plus proche" du texte d'origine, c'est-à-dire :

1. feuille de style en cascade en ligne,
2. feuille de style en cascade incorporée,
3. feuille de style en cascade externe.

Le terme **"en cascade"** sert justement à illustrer cette application progressive des styles.

Vous pouvez insérer des feuilles de style dans les pages où un thème est inséré. Mais, pour modifier le format des textes d'un thème, vous devez modifier le thème (par l'intermédiaire du volet **Thème**) puis l'enregistrer.

Concrètement, la réalité des CSS est assez mouvante : les recommandations du W3C incluent des fonctionnalités qui ne sont pas implémentées dans les navigateurs et ne le seront peut-être jamais et les éditeurs Netscape et Microsoft créent de leur côté des propriétés qui ne sont interprétables que par le navigateur maison. Plus que jamais, vous devez être prudent et vérifier les documents HTML utilisant les styles et les feuilles de style avec plusieurs logiciels de navigation, sur plusieurs plates-formes (PC, Mac...) avant de les mettre en ligne.

Avant d'utiliser les feuilles de style

Vous devez vous assurer que votre page accepte les feuilles CSS 1.0 et 2.0.

- Ouvrez la page concernée en mode **Création**.
- **Outils**
  Options de page
  onglet **Opérations d'auteur**
- Assurez-vous que les options **CSS 1.0** (**mise en forme**) et **CSS 2.0** (**positionnement**) sont cochées.
- Cliquez sur le bouton **OK** pour refermer la boîte de dialogue.

Affecter un style à du texte

- En mode **Création** de la page, sélectionnez le texte auquel vous désirez appliquer un style.
- Ouvrez la liste **Style** de la barre d'outils **Mise en forme**.

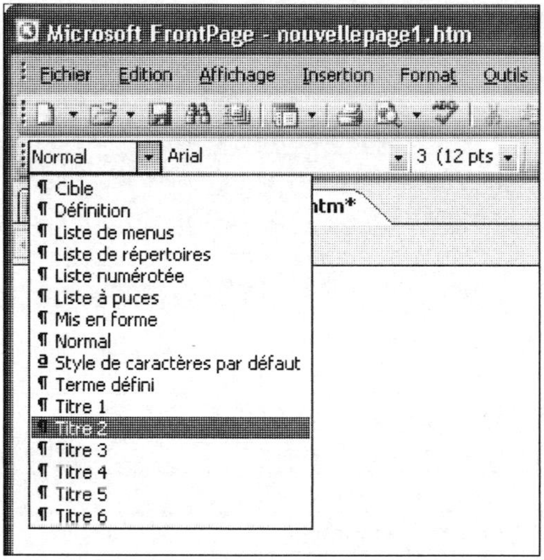
Microsoft FrontPage - nouvellepage1.htm
Fichier Edition Affichage Insertion Format Outils
Normal
Arial
3 (12 pts
¶ Cible
¶ Définition
¶ Liste de menus
¶ Liste de répertoires
¶ Liste numérotée
¶ Liste à puces
¶ Mis en forme
¶ Normal
a Style de caractères par défaut
¶ Terme défini
¶ Titre 1
¶ Titre 2
¶ Titre 3
¶ Titre 4
¶ Titre 5
¶ Titre 6

Les noms des styles de paragraphe sont précédés du symbole ¶ tandis que les noms styles de caractère sont précédés du symbole a.

- Cliquez sur le style à appliquer au texte sélectionné.

Par la suite, les différents styles indépendants créés dans la feuille de style interne ou les différents styles créés dans la feuille de style externe apparaîtront dans cette liste des styles.

Pour appliquer le **Style de caractères par défaut** au texte sélectionné, cliquez sur le style correspondant dans la liste **Style** ; le style **Normal** permet, quant à lui, d'appliquer le style de paragraphe par défaut au(x) paragraphe(s) sélectionné(s).

Modifier un style incorporé

Cette modification modifie la feuille de style incorporée : si, par exemple, vous transformez la balise `h1` *(qui correspond au style Titre 1), tout le texte mis en forme par la balise* `h1` *hérite de la mise en forme que vous avez déclarée.*

Cette méthode peut être utilisée pour intervenir sur les balises HTML des liens ou pour le texte normal de la page.

- Ouvrez la page concernée en mode **Création**.
- **Format**
  Style
- Ouvrez, si besoin est, la liste déroulante **Lister** puis choisissez **Balises HTML.**

Sélectionnez, dans la zone de liste **Styles**, la balise à redéfinir :

Style	Balise	Rôle
Normal	<p>	Format standard des paragraphes
	<body>	Format standard pour toute la page
Titre 1 à Titre 6	<h1> à <h6>	Formats prédéfinis (taille de police...)
Liste numérotée	<ol>	Liste ordonnée avec des numéros
Liste à puces	<ul>	Liste d'éléments précédés de puces
	<a>	Lien hypertexte
	<a:active>	Lien au moment du clic
	<a:hover>	Lien au passage de la souris
	<a:link>	Lien non visité
	<a:visited>	Lien déjà visité
	<hr>	Ligne horizontale
	<table>	Tableau

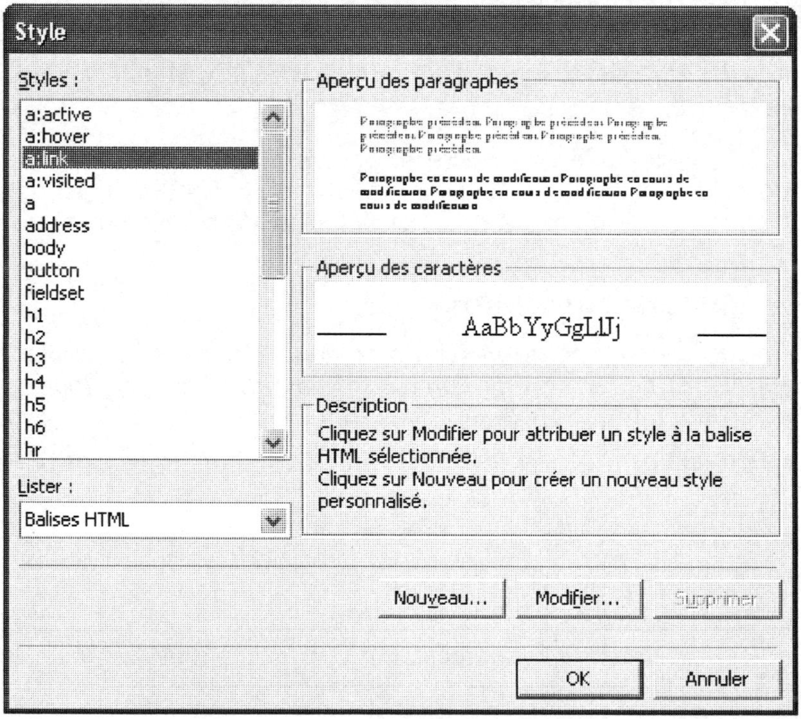
Style
Styles :
a:active
a:hover
a:link
a:visited
a
address
body
button
fieldset
h1
h2
h3
h4
h5
h6
hr
Aperçu des paragraphes
Aperçu des caractères
AaBbYyGgLlJj
Description
Cliquez sur Modifier pour attribuer un style à la balise HTML sélectionnée.
Cliquez sur Nouveau pour créer un nouveau style personnalisé.
Lister :
Balises HTML
Nouveau...
Modifier...
Supprimer
OK
Annuler

- Cliquez sur le bouton **Modifier**.

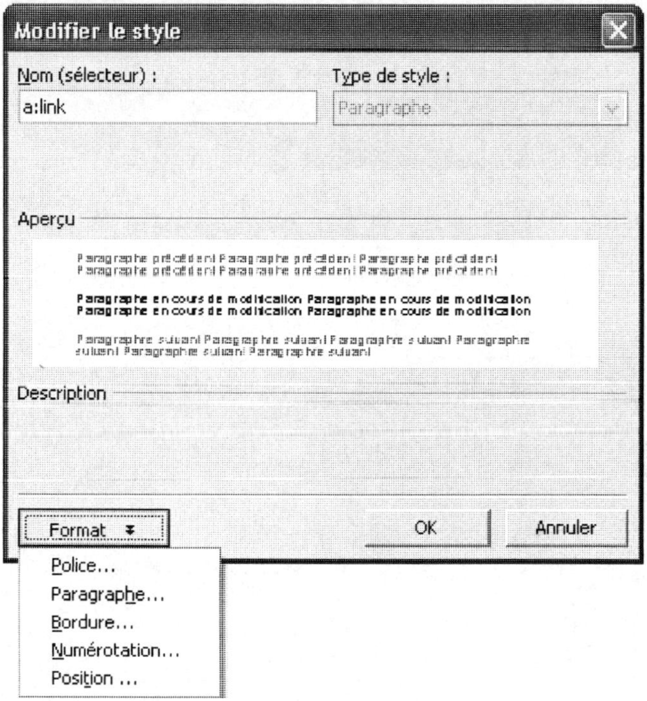
Modifier le style
Nom (sélecteur) :
a:link
Type de style :
Paragraphe
Aperçu
Description
Format
OK
Annuler
Police...
Paragraphe...
Bordure...
Numérotation...
Position ...

- Cliquez sur le bouton **Format** puis choisissez la catégorie d'attributs à mettre en forme : **Police**, **Paragraphe**, **Bordure**, **Numérotation**, **Position**.

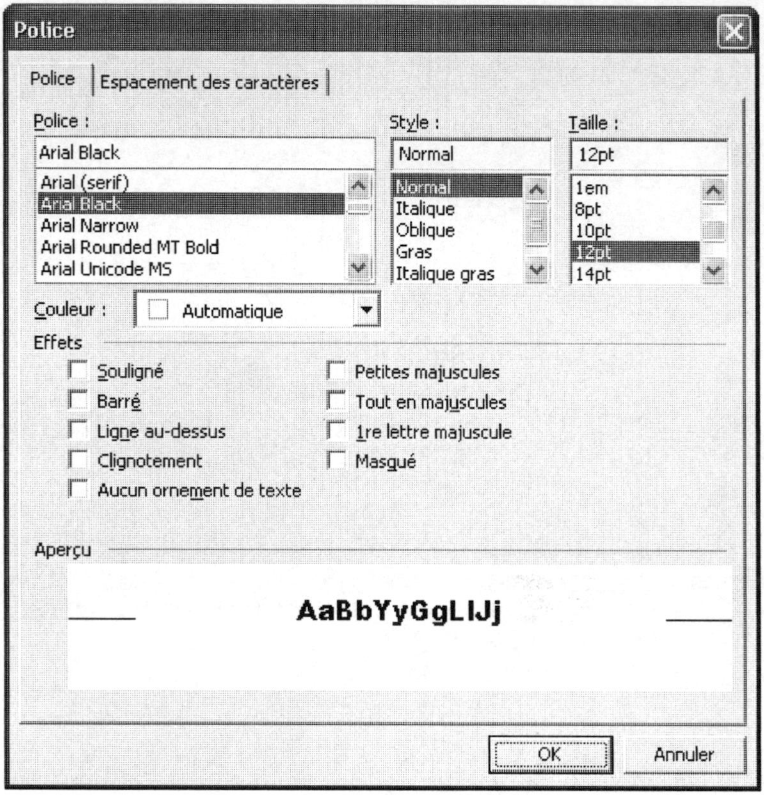
Police
Police
Espacement des caractères
Police :
Arial Black
Arial (serif)
Arial Black
Arial Narrow
Arial Rounded MT Bold
Arial Unicode MS
Style :
Normal
Normal
Italique
Oblique
Gras
Italique gras
Taille :
12pt
1em
8pt
10pt
12pt
14pt
Couleur :
Automatique
Effets
Souligné
Barré
Ligne au-dessus
Clignotement
Aucun ornement de texte
Petites majuscules
Tout en majuscules
1re lettre majuscule
Masqué
Aperçu
AaBbYyGgLlJj
OK
Annuler

La boîte de dialogue varie selon la catégorie activée. Dans cet exemple, il s'agit de la catégorie ***Police****.*

- Par exemple, pour supprimer le soulignement des liens, cochez l'option **Aucun ornement de texte** dans la zone **Effets** de la boîte de dialogue **Police**.
- Si vous voulez paramétrer un retrait et un espacement non standard, dans la boîte de dialogue **Modifier le style**, cliquez sur le bouton **Format** puis sur l'option **Paragraphe**, sélectionnez l'onglet **Retrait et espacement** et paramétrez ces caractéristiques.
- Définissez ainsi les attributs associés au style actif puis cliquez sur le bouton **OK**.
- Cliquez à deux reprises sur le bouton **OK**.

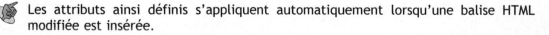

Les attributs ainsi définis s'appliquent automatiquement lorsqu'une balise HTML modifiée est insérée.

Créer un style incorporé

Les styles incorporés vous permettent de créer vos propres styles. Ils apparaîtront dans la liste des styles. La modification d'un paramètre du style entraînera automatiquement la modification du texte sur lequel ce style a été appliqué.

- Ouvrez la page concernée en mode **Création**.
- **Format**
  Style
- Cliquez sur le bouton **Nouveau**.

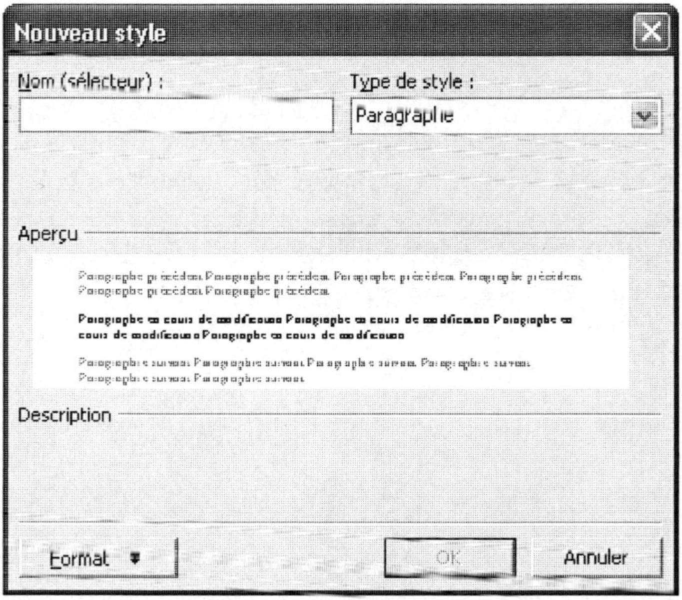
Nouveau style
Nom (sélecteur) :
Type de style :
Paragraphe
Aperçu
Description
Format
OK
Annuler

- Dans le champ **Nom**, saisissez le nom de votre nouveau style.

  Le nom du style ne doit pas contenir d'espace.
- Sélectionnez le **Type de style** que vous souhaitez créer dans la liste correspondante : **Paragraphe** ou **Caractère**.
- Élaborez les caractéristiques de mise en forme du style à l'aide des options du bouton **Format**.
- Cliquez à deux reprises sur le bouton **OK**.

*Dès lors, vous pouvez appliquer le nouveau style à partir de la liste **Style** de la barre d'outils **Mise en forme**.*

Créer une feuille de style externe

Le principal avantage des feuilles de style externes réside dans le fait qu'elles permettent d'appliquer dans une page des styles définis pour une autre page. En attachant un ensemble de pages à une feuille de style, vous pouvez modifier rapidement la mise en forme sur une série de pages, voire sur un site complet. De plus, vous assurez ainsi une cohérence de mise en forme à vos pages, votre site y gagnera en lisibilité et en esthétique.

- **Fichier**
  Nouveau
- Cliquez sur le lien **Autres modèles de pages** situé dans le volet Office **Nouveau**.
- Cliquez sur l'onglet **Feuilles de style** puis sur l'icône **Feuille de style Normal**.

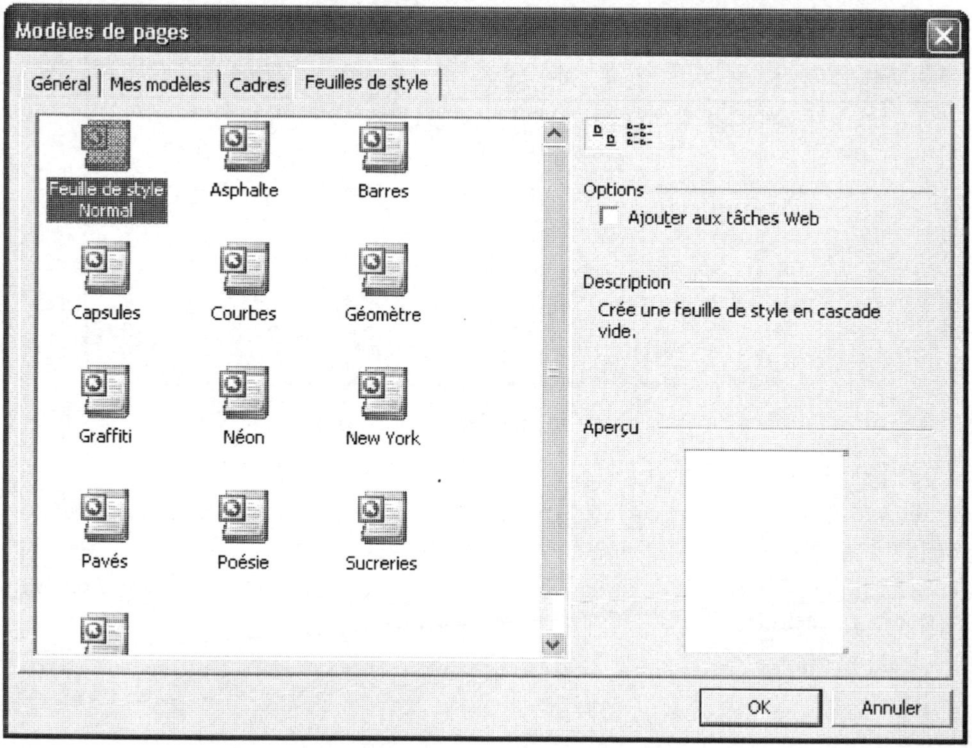
Modèles de pages
Général
Mes modèles
Cadres
Feuilles de style
Feuille de style Normal
Asphalte
Barres
Capsules
Courbes
Géomètre
Graffiti
Néon
New York
Pavés
Poésie
Sucreries
Options
Ajouter aux tâches Web
Description
Crée une feuille de style en cascade vide.
Aperçu
OK
Annuler

- Cliquez sur le bouton **OK**.
- Définissez vos styles, sans taper de texte, comme pour les styles incorporés (menu **Format - Style**).
- Enregistrez la feuille de style en conservant son extension .css (nous vous conseillons de créer un dossier réservé aux feuilles de style) puis fermez-la.

Lier une page à une feuille de style externe

- Activez le mode **Dossiers** puis sélectionnez, si besoin est, la ou les pages que vous souhaitez lier à une feuille de style.
- **Format**
  Liens de feuille de style
- Activez l'option **Pages sélectionnées** si vous désirez lier uniquement les pages sélectionnées ou l'option **Toutes les pages** si vous désirez lier toutes les pages du site.
- Cliquez sur le bouton **Ajouter**.

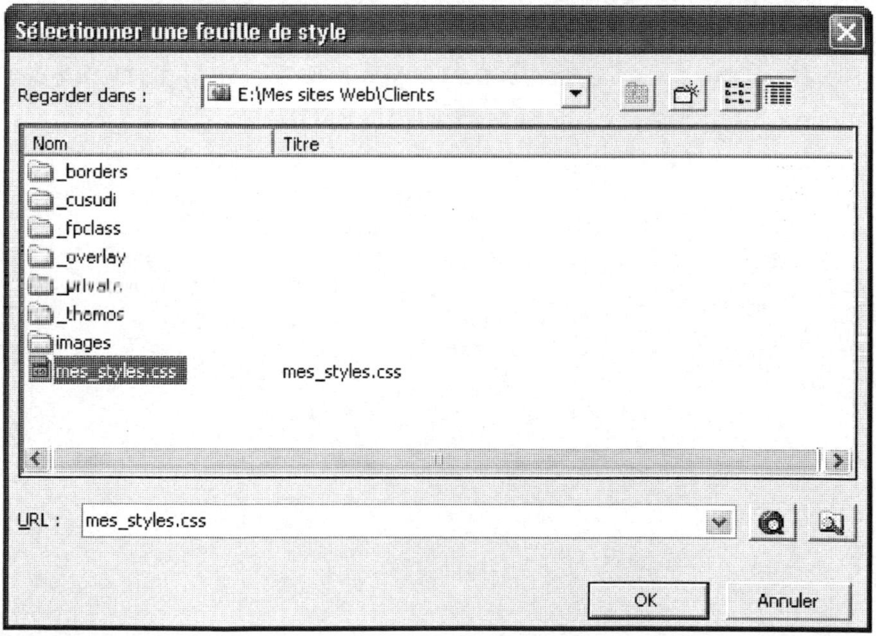
Sélectionner une feuille de style
Regarder dans :
E:\Mes sites Web\Clients
Nom
Titre
_borders
_cusudi
_fpclass
_overlay
_themes
images
mes_styles.css
mes_styles.css
URL :
mes_styles.css
OK
Annuler

*Seuls les fichiers *.css s'affichent.*

- Sélectionnez la feuille de style à lier à(aux) page(s).
- Cliquez sur le bouton **OK**.

  Le nom de la feuille de style est désormais visible dans la zone de liste ***URL*** *de la boîte de dialogue* ***Lier la feuille de style****.*
- Cliquez sur le bouton **OK** de la boîte de dialogue **Lier la feuille de style**.

Il est possible de lier une page à plusieurs feuilles de style externes : tous les styles de ces feuilles de style seront disponibles dans la page liée. Dans la boîte de dialogue **Lier la feuille de style**, vous pouvez "ranger" les feuilles de style à l'aide des boutons **Monter** et **Descendre** : celui placé au bas ayant la priorité pour afficher les styles. Le bouton **Supprimer** permet, quant à lui, de supprimer le lien vers la feuille de style sélectionnée.

Nous vous conseillons d'utiliser les feuilles de style externes pour définir la mise en forme de vos sites Web, cela vous permettra de définir une cohérence de mise en forme. Pour les mises en forme très ponctuelles vous pouvez utiliser les styles incorporés ou, pour être plus rapide, les mises en forme classiques car, comme nous venons de le voir, elles "s'imposeront" sur les feuilles de style.

Les liens

cinquième partie

Qu'est-ce qu'un lien hypertexte ?

Un lien hypertexte, représenté sous la forme d'un texte ou d'une image, sert à établir une connexion d'une page vers une autre destination. Cette destination peut être un emplacement sur une page Web, et peut aussi être une adresse de messagerie, une image, un fichier ou encore un programme.
Dans une page Web, la présence d'un lien hypertexte (image ou texte) est visible par la transformation du pointeur de souris : celui-ci prend l'apparence d'une main lorsqu'il pointe un lien. Un simple clic sur ce lien affiche, ouvre ou exécute la destination du lien, selon son type.

Créer un lien hypertexte

Créer un lien hypertexte de texte

- Ouvrez la page concernée en mode **Création.**
- Positionnez le point d'insertion à l'endroit où doit être insérée la référence du lien ou sélectionnez le texte qui doit servir de lien.
- **Insertion**
  Lien hypertexte Ctrl **K**

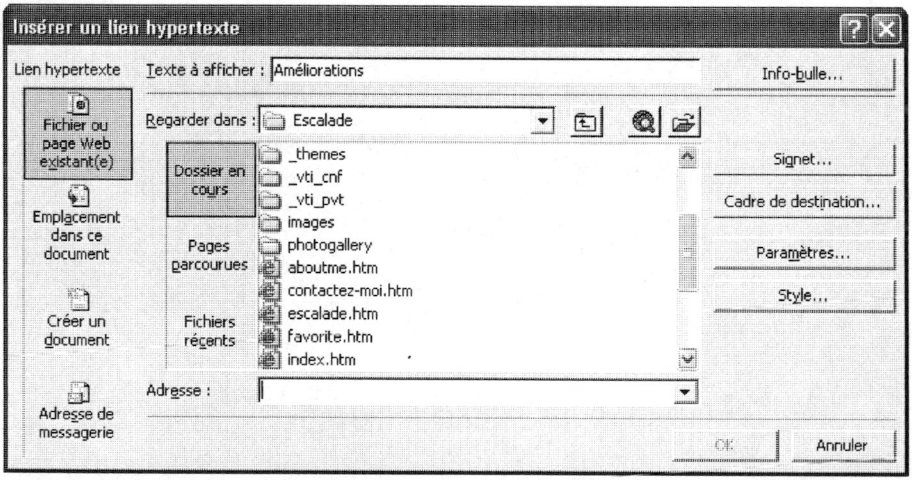
Insérer un lien hypertexte
Lien hypertexte
Texte à afficher :
Améliorations
Info-bulle...
Fichier ou page Web existant(e)
Regarder dans :
Escalade
Dossier en cours
_themes
_vti_cnf
_vti_pvt
images
photogallery
aboutme.htm
contactez-moi.htm
escalade.htm
favorite.htm
index.htm
Signet...
Cadre de destination...
Paramètres...
Style...
Emplacement dans ce document
Pages parcourues
Créer un document
Fichiers récents
Adresse :
Adresse de messagerie
OK
Annuler

- Pour créer un lien vers une page existant dans le dossier actif, cliquez sur le raccourci **Fichier ou page Web existant(e)** puis sur le raccourci **Dossier en cours.** Sélectionnez ensuite le dossier et la page concernée dans la liste proposée : l'**Adresse** de la page sélectionnée apparaît dans la zone correspondante.

- Pour créer un lien vers une autre destination, utilisez un des raccourcis suivants :

Créer un
document

Pour créer une nouvelle page. Renseignez le **Nom du nouveau document** dans la zone correspondante puis choisissez de **Modifier le nouveau document ultérieurement** ou **maintenant** en activant l'option correspondante.

Adresse de
messagerie

Pour créer un lien vers une messagerie électronique. Saisissez l'**Adresse de messagerie** (l'adresse e-mail est précédée de la fonction **mailto**).

Fichier ou
page Web
existant(e)

Pour rechercher un fichier existant sur votre ordinateur (ou votre réseau) utilisez le raccourci **Dossier en cours** ou **Fichiers récents.** Pour créer un lien vers une page Web, sélectionnez-la dans la liste des **Pages parcourues** ou saisissez son **Adresse** complète dans la zone correspondante.

Emplacement
dans ce
document

Pour que le lien se fasse à un endroit précis d'une page, vous devez avoir au préalable créé un signet afin de pouvoir lui associer le lien hypertexte (cf. Créer un signet).

- Dans la zone **Texte à afficher**, saisissez ou modifiez, si besoin est, le texte que vous souhaitez attribuer au lien hypertexte.
- Cliquez sur le bouton **Info-bulle**, saisissez le texte qui s'affichera lorsque le lien sera pointé puis cliquez sur **OK**.
- Cliquez sur le bouton **Cadre de destination**, choisissez d'ouvrir le lien dans un autre cadre ou dans une nouvelle fenêtre puis cliquez sur **OK**.
- Cliquez sur le bouton **OK**.

Pour intervenir sur la couleur des **Liens hypertexte**, utilisez la liste correspondante de la boîte de dialogue **Propriétés de la page** (**Format - Arrière-plan** onglet **Mise en forme**).

Créer un lien hypertexte d'image

- Ouvrez la page concernée en mode **Création**.
- Sélectionnez l'image (celle-ci peut être un bouton).
- **Insertion**
  Lien hypertexte Ctrl **K**
- Procédez comme pour un lien hypertexte de texte.

Créer un signet

Un signet est un emplacement ou un texte sélectionné sur une page, auquel vous avez associé un "repère". Le signet permet d'accéder à un endroit précis d'une page de destination grâce au lien qui y fait référence.

- En mode **Création**, positionnez le point d'insertion à l'endroit où vous souhaitez créer le signet ou sélectionnez le texte auquel vous souhaitez associer le signet.
- **Insertion**
  Signet — Alt Ctrl **G**
- Saisissez le **Nom du signet** dans la zone correspondante.

  Les espaces sont autorisés, mais ne fonctionnent pas dans Internet.
- Cliquez sur le bouton **OK**.

Pour supprimer un signet, en mode **Création**, utilisez le menu **Insertion - Signet**. Sélectionnez le signet à supprimer dans la liste **Autres signets dans cette page**, puis cliquez sur le bouton **Effacer**.

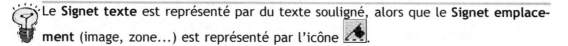

Le **Signet texte** est représenté par du texte souligné, alors que le **Signet emplacement** (image, zone...) est représenté par l'icône .

Créer un lien hypertexte vers un signet

- Positionnez le point d'insertion à l'endroit où doit être insérée la référence du lien ou sélectionnez le texte qui doit servir de lien.
- **Insertion**
  Lien hypertexte  Ctrl **K**
- Vérifiez le contenu de la zone **Texte à afficher** ; ajoutez, si besoin est, une **Info-bulle** et utilisez, au besoin, le bouton **Cadre de destination**.
- Si le lien doit atteindre un signet créé dans la page active, cliquez sur le raccourci **Emplacement dans ce document**.

  Si le lien doit atteindre un signet créé dans une autre page, cliquez sur le raccourci **Fichier ou page Web existant(e)**, sélectionnez le fichier de destination puis cliquez sur le bouton **Signet**.

  La liste des signets disponibles s'affiche.
- Sélectionnez le signet de destination.

- Si besoin est, cliquez sur le bouton **OK** de la boîte de dialogue **Sélectionner un emplacement dans le document**.
- Cliquez sur le bouton **OK** de la boîte de dialogue **Insérer un lien hypertexte**.

  *Dans la zone **Adresse** du navigateur, le nom du signet apparaît précédé d'un dièse (#).*

Créer un bouton interactif

- Ouvrez la page concernée en mode **Création** puis positionnez le point d'insertion à l'endroit où le bouton interactif doit être créé.
- **Insertion**
  Bouton interactif

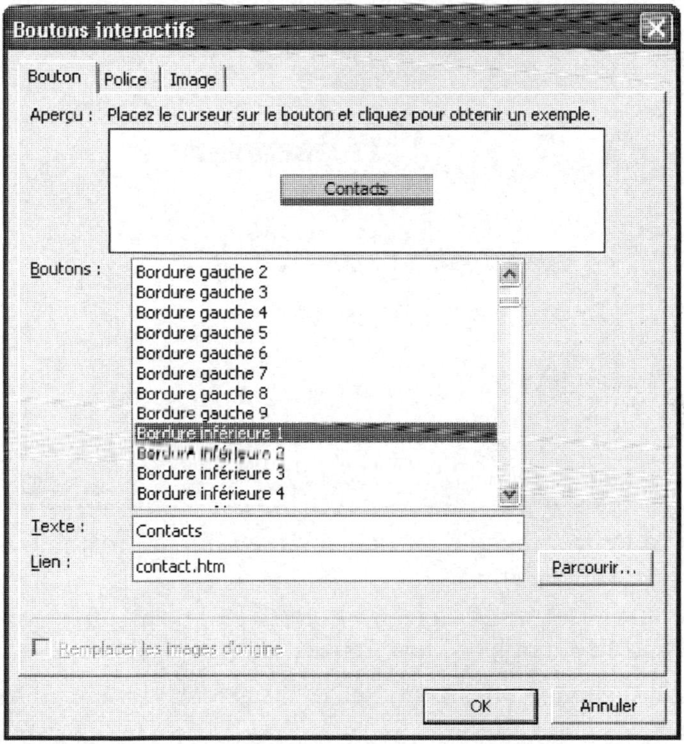
Boutons interactifs
Bouton
Police
Image
Aperçu : Placez le curseur sur le bouton et cliquez pour obtenir un exemple.
Contacts
Boutons :
Bordure gauche 2
Bordure gauche 3
Bordure gauche 4
Bordure gauche 5
Bordure gauche 6
Bordure gauche 7
Bordure gauche 8
Bordure gauche 9
Bordure inférieure 1
Bordure inférieure 2
Bordure inférieure 3
Bordure inférieure 4
Texte :
Contacts
Lien :
contact.htm
Parcourir...
Remplacer les images d'origine
OK
Annuler

- Choisissez un des **Boutons** dans la zone de liste correspondante : vous visualisez son apparence dans la zone **Aperçu**.

- Renseignez le **Texte** du bouton dans la zone correspondante.
- Cliquez sur le bouton **Parcourir** visible à droite de la zone **Lien**, sélectionnez le fichier, l'adresse URL ou l'adresse électronique à associer au bouton puis cliquez sur le bouton **OK** : l'adresse correspondante apparaît dans la zone **Lien**.
- Cliquez sur l'onglet **Police**.

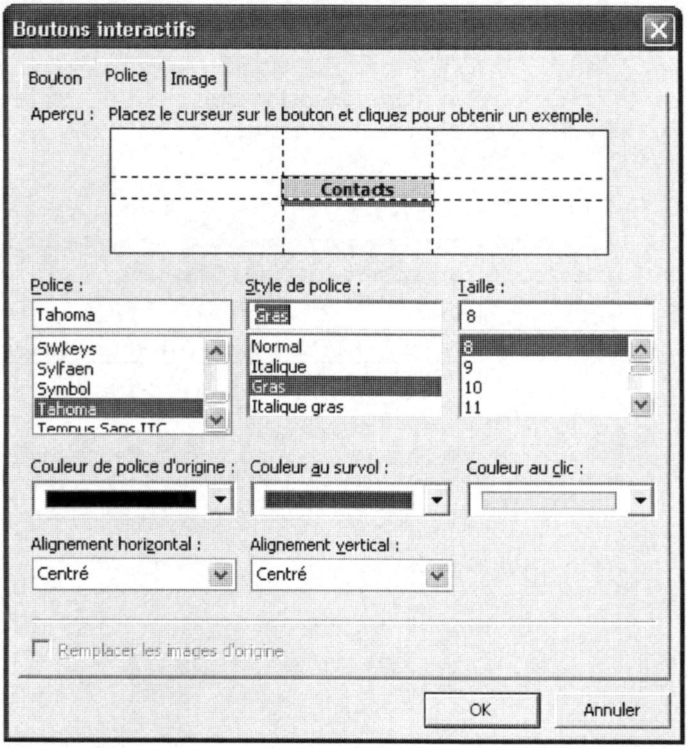
Boutons interactifs
Bouton
Police
Image
Aperçu : Placez le curseur sur le bouton et cliquez pour obtenir un exemple.
Contacts
Police :
Tahoma
SWkeys
Sylfaen
Symbol
Tahoma
Style de police :
Gras
Normal
Italique
Gras
Italique gras
Taille :
8
8
9
10
11
Couleur de police d'origine :
Couleur au survol :
Couleur au clic :
Alignement horizontal :
Centré
Alignement vertical :
Centré
Remplacer les images d'origine
OK
Annuler

- Choisissez la **Police**, le **Style de police** et la **Taille** du texte du bouton à l'aide des zones de liste correspondantes.
- Pour créer un effet visuel lorsque l'utilisateur pointe le bouton, choisissez une **Couleur de police d'origine**, une **Couleur au survol** ainsi qu'une **Couleur au clic**.
- Choisissez l'**Alignement horizontal** et l'**Alignement vertical** du texte sur le bouton.
- Visualisez l'effet en cliquant dans la zone **Aperçu** visible en haut de la boîte de dialogue.
- Cliquez sur l'onglet **Image**.

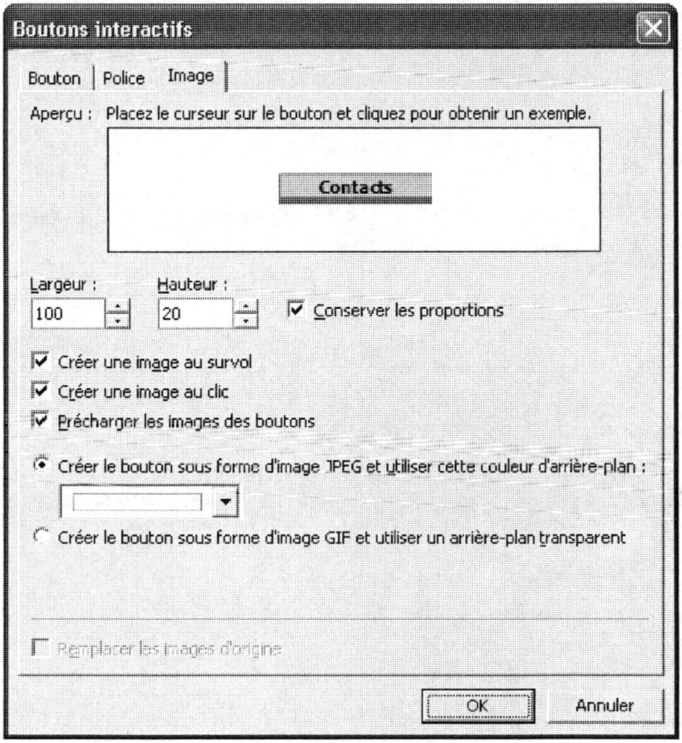
Boutons interactifs
Bouton
Police
Image
Aperçu : Placez le curseur sur le bouton et cliquez pour obtenir un exemple.
Contacts
Largeur :
Hauteur :
100
20
Conserver les proportions
Créer une image au survol
Créer une image au clic
Précharger les images des boutons
Créer le bouton sous forme d'image JPEG et utiliser cette couleur d'arrière-plan :
Créer le bouton sous forme d'image GIF et utiliser un arrière-plan transparent
Remplacer les images d'origine
OK
Annuler

- Déterminez la **Largeur** et la **Hauteur** du bouton en pixels ; pour **Conserver les proportions** du bouton, cochez l'option correspondante.
- Cochez les options **Créer une image au survol** et **Créer une image au clic**.
- Cochez aussi l'option **Précharger les images des boutons** afin d'accéder leur mise en place lors du premier clic.
- Choisissez entre une image JPEG et une image GIF.

  *Avec une image JPEG, vous pouvez aussi choisir une couleur d'arrière-plan, si nécessaire. Avec une image GIF, vous pourrez plus tard enlever une couleur, en utilisant le bouton **Couleur transparente***  *de la barre d'outils **Images**.*
- Cliquez sur le bouton **OK**.
- Enregistrez ensuite la page et les images des boutons.

  *Le résultat peut être testé en mode **Aperçu** ou dans un navigateur.*

Un double clic sur le bouton interactif en mode **Création** ouvre la boîte de dialogue **Boutons interactifs** permettant éventuellement de modifier les choix précédents.

Structurer un site

La structuration du site permet de le représenter schématiquement et de créer des barres de navigation automatiques.

- **Affichage**
  Navigation

  Vous pouvez aussi cliquer sur Site Web *puis sur le bouton* Navigation.

- Affichez le volet **Liste des dossiers**.

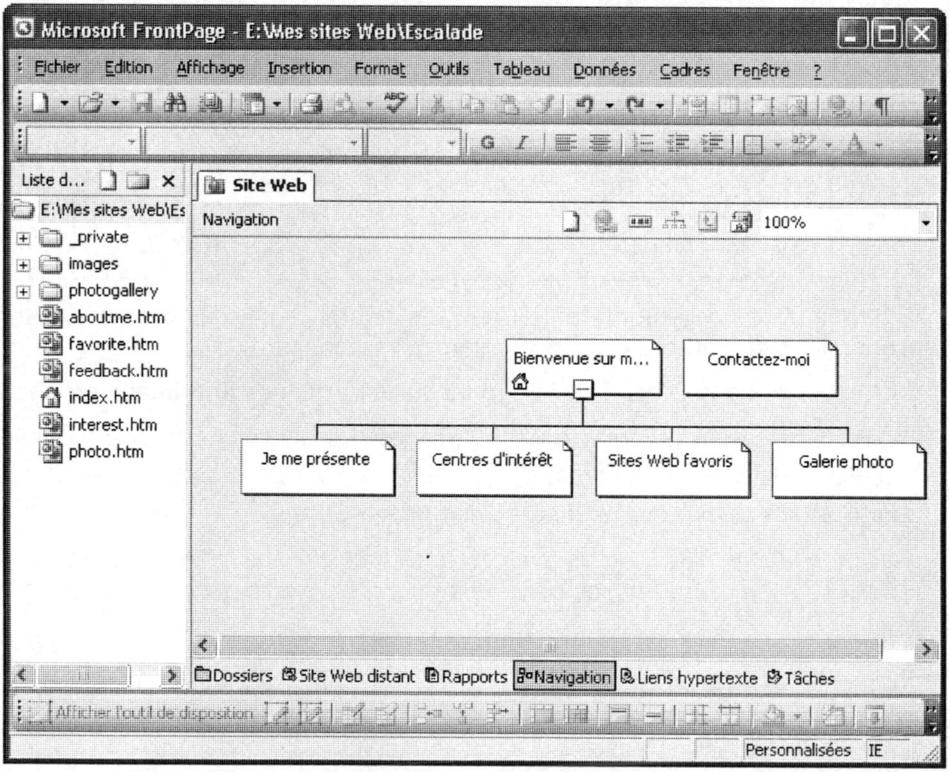
Microsoft FrontPage - E:\Mes sites Web\Escalade
Fichier Edition Affichage Insertion Format Outils Tableau Données Cadres Fenêtre ?
Liste d...
E:\Mes sites Web\Es
_private
images
photogallery
aboutme.htm
favorite.htm
feedback.htm
index.htm
interest.htm
photo.htm
Site Web
Navigation
100%
Bienvenue sur m...
Contactez-moi
Je me présente
Centres d'intérêt
Sites Web favoris
Galerie photo
Dossiers
Site Web distant
Rapports
Navigation
Liens hypertexte
Tâches
Personnalisées
IE

Suite à l'élaboration de la structure, les pages sont dites "enfant" et/ou "parent". Sur cet exemple, la page "Bienvenue sur mon site" est la page parent de "Centres d'intérêts" qui est la page enfant de "Bienvenue sur mon site".

- Pour ajouter des pages existantes dans la structure, faites-les glisser du volet **Liste des dossiers** vers le volet **Navigation** en les plaçant sous la page parent.
- Pour réduire ou développer une branche du volet de navigation, cliquez sur les signes "moins" (-) ou "plus" (+) correspondant.
- Pour supprimer une page de la structure, sélectionnez-la en mode **Navigation** puis appuyez sur la touche [Suppr].

  Le bouton représentant la page est immédiatement retiré du volet de navigation. Toutefois, si une barre de liens basée sur cette structure de navigation a déjà été créée, la suppression doit être confirmée :

Supprimer la page
Que voulez-vous faire ?
Supprimer cette page de la structure de navigation
Supprimer cette page du site Web
OK
Annuler

  Choisissez de **Supprimer cette page de la structure de navigation** ou de **Supprimer cette page du site Web** puis cliquez sur le bouton **OK**.

- Pour renommer une page, cliquez dessus avec le bouton droit de la souris, choisissez l'option **Renommer**, saisissez le nouveau nom puis validez par [Entrée].
- Pour afficher la structure du site en mode paysage ou en mode portrait, cliquez sur l'outil visible au-dessus de l'espace de travail du mode **Navigation**.
- Pour imprimer la structure du site, cliquez sur l'outil.
- Fermez, si besoin est, le volet **Liste des dossiers** en cliquant sur le bouton [×].

Un double clic sur une des pages visibles dans la structure ouvre celle-ci dans un mode **Création**, **Fractionné** ou **Code**, selon le mode de la dernière page ouverte.

Créer une barre de navigation (ou barre de liens)

Une barre de navigation est un ensemble de liens qui permettent de naviguer dans un site Web.

- Pour que FrontPage puisse générer facilement une barre de navigation, il faut structurer votre site à l'aide du mode **Navigation**. FrontPage peut ainsi voir comment les pages sont en relation les unes avec les autres, et peut également repérer quelles sont les pages de premier niveau. FrontPage utilise cette dernière information pour déterminer quels sont les liens hypertexte à placer dans une barre de navigation, ainsi que les titres des pages repris en étiquette de liens.

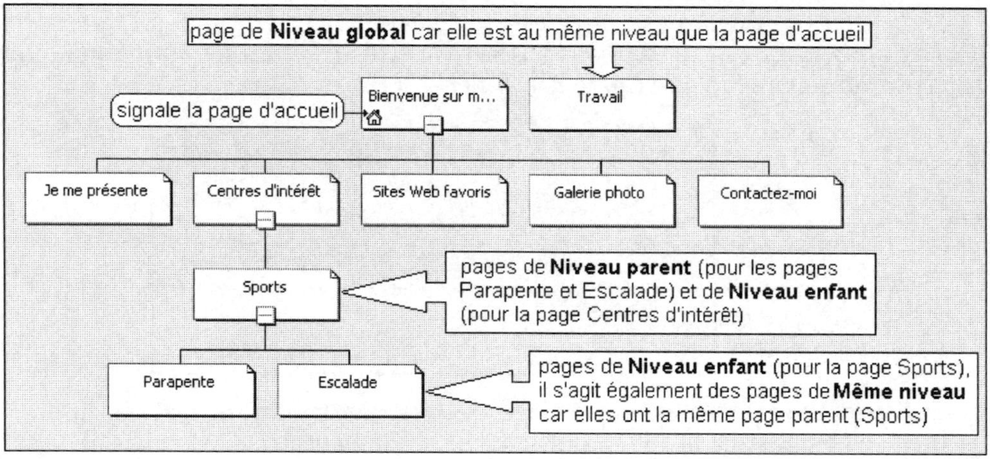
page de **Niveau global** car elle est au même niveau que la page d'accueil
signale la page d'accueil
Bienvenue sur m...
Travail
Je me présente
Centres d'intérêt
Sites Web favoris
Galerie photo
Contactez-moi
Sports
pages de **Niveau parent** (pour les pages Parapente et Escalade) et de **Niveau enfant** (pour la page Centres d'intérêt)
Parapente
Escalade
pages de **Niveau enfant** (pour la page Sports), il s'agit également des pages de **Même niveau** car elles ont la même page parent (Sports)

Exemple de barre de navigation :

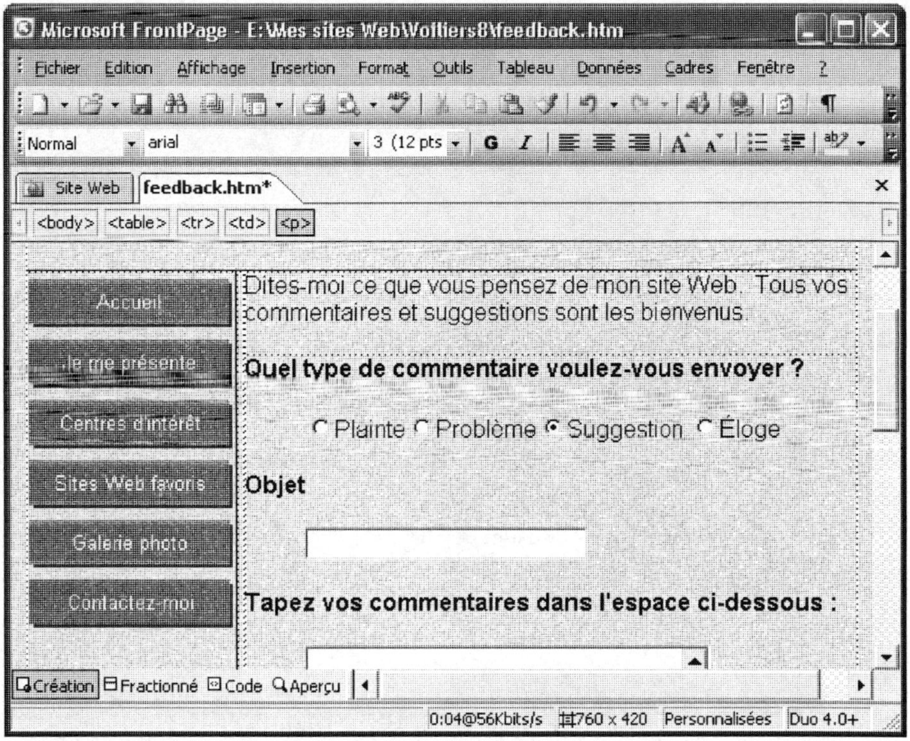
Microsoft FrontPage - E:\Mes sites Web\Volliers8\feedback.htm
Fichier Edition Affichage Insertion Format Outils Tableau Données Cadres Fenêtre ?
Normal
arial
3 (12 pts
Site Web
feedback.htm*
<body> <table> <tr> <td> <p>
Accueil
Je me présente
Centres d'intérêt
Sites Web favoris
Galerie photo
Contactez-moi
Dites-moi ce que vous pensez de mon site Web. Tous vos commentaires et suggestions sont les bienvenus.
Quel type de commentaire voulez-vous envoyer ?
Plainte Problème Suggestion Éloge
Objet
Tapez vos commentaires dans l'espace ci-dessous :
Création Fractionné Code Aperçu
0:04@56Kbits/s 760 x 420 Personnalisées Duo 4.0+

*Dans cet exemple, la page Web contient des liens vers les pages **Je me présente**, **Centres d'intérêt**, **Sites Web favoris**, **Galerie photo**, **Contactez-moi** et vers la **Page d'accueil** (l'aspect des boutons provient du thème **Grès**).*

- Ouvrez la page concernée en mode **Création**.

  *Nous vous rappelons que cette page doit être ajoutée à l'affichage **Navigation**.*

- Positionnez le point d'insertion à l'endroit où sera insérée la barre de navigation.

- **Insertion**
  Navigation

- Sélectionnez l'option **Barres de lien** dans la liste **Type de composant** puis sélectionnez l'option **Barre basée sur la structure de navigation** dans la liste **Choisir un type de barre**.

- Cliquez sur le bouton **Suivant**.

- Choisissez le style graphique de la barre puis cliquez sur le bouton **Suivant**.
- Choisissez l'orientation de la barre (verticale ou horizontale) puis cliquez sur le bouton **Terminer**.
- Cliquez, si besoin est, sur l'onglet **Général**.

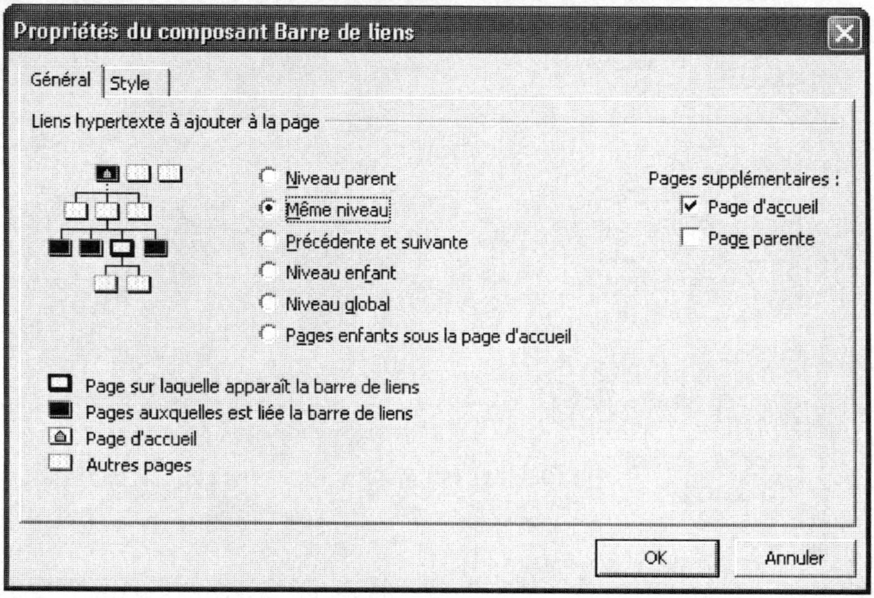
Propriétés du composant Barre de liens
Général
Style
Liens hypertexte à ajouter à la page
Niveau parent
Même niveau
Précédente et suivante
Niveau enfant
Niveau global
Pages enfants sous la page d'accueil
Pages supplémentaires :
Page d'accueil
Page parente
Page sur laquelle apparaît la barre de liens
Pages auxquelles est liée la barre de liens
Page d'accueil
Autres pages
OK
Annuler

- Choisissez le type de **Liens hypertexte à ajouter à la page** :

Niveau parent	pour inclure des liens hypertexte de même niveau que la page parente.
Même niveau	pour inclure des liens hypertexte de même niveau que la page active.
Précédente et suivante	pour inclure des liens hypertexte aux pages adjacentes de même niveau que la page active.
Niveau enfant	pour inclure des liens hypertexte aux pages de niveau inférieur à la page active.
Niveau global	pour inclure des liens hypertexte aux pages de même niveau que la page d'accueil.
Pages enfants sous la page d'accueil	pour inclure des liens vers les pages enfants sous la page d'accueil, ce qui peut s'avérer pratique si le site est divisé en plusieurs sections principales sous la page d'accueil.

- Cochez les options **Page d'accueil** et/ou **Page parente** si vous souhaitez ajouter à la barre de navigation un lien vers la page d'accueil et/ou la page parente de la page active.
- Au besoin, modifiez l'orientation de la nouvelle barre. Pour cela, cliquez sur l'onglet **Style** puis activez l'option **Horizontale** ou **Verticale** du cadre **Orientation et apparence**.
- Cliquez sur le bouton **OK**.

*Chaque bouton reprend le texte du bouton correspondant à la page, visible en mode **Navigation**. Pour modifier le texte d'un bouton, vous devez donc afficher le mode **Navigation** puis cliquer avec le bouton droit sur le bouton d'une page et choisir l'option **Renommer**.*

Le texte des boutons **Accueil**, **Remonter**, **Précédente** et **Suivante** se modifie dans l'onglet **Personnalisation de la barre de navigation** de la boîte de dialogue **Paramètres du site Web** (**Outils - Paramètres du site**).

Créer une barre de liens personnalisés

Une barre de liens personnalisés peut être créée simplement à partir d'une boîte de dialogue.

- En mode **Création** de la page concernée, positionnez le point d'insertion à l'endroit où vous souhaitez insérer la barre de liens.
- **Insertion**
  Navigation
- Dans la zone **Choisir un type de barre**, sélectionnez l'option **Barre de liens personnalisés** puis, cliquez sur le bouton **Suivant**.
- Choisissez un style parmi les modèles de boutons proposés puis cliquez sur le bouton **Suivant**.
- Sélectionnez une orientation (liens disposés verticalement ou horizontalement) puis cliquez sur le bouton **Terminer**.

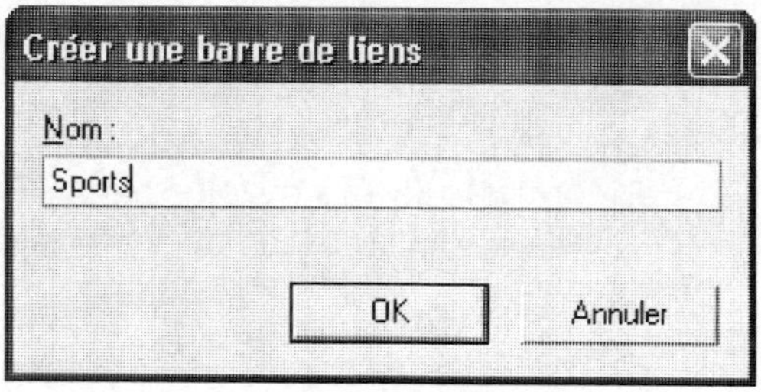
Créer une barre de liens
Nom :
Sports
OK
Annuler

- Renseignez le **Nom** de la barre de liens puis cliquez sur le bouton **OK**.
- Cliquez sur le bouton **Ajouter un lien** de la boîte de dialogue **Propriétés du composant Barre de liens**.

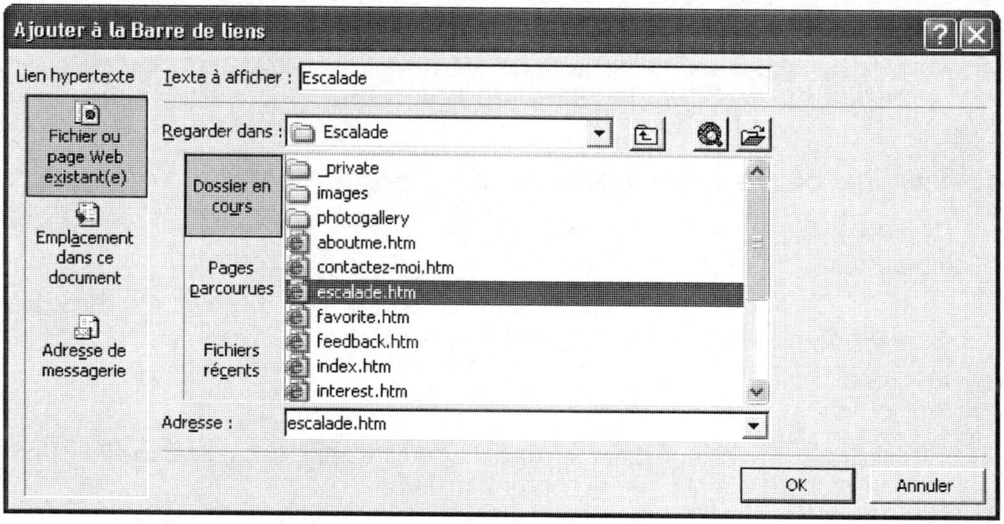
Ajouter à la Barre de liens
Lien hypertexte
Texte à afficher :
Escalade
Fichier ou page Web existant(e)
Emplacement dans ce document
Adresse de messagerie
Regarder dans :
Escalade
Dossier en cours
Pages parcourues
Fichiers récents
_private
images
photogallery
aboutme.htm
contactez-moi.htm
escalade.htm
favorite.htm
feedback.htm
index.htm
interest.htm
Adresse :
escalade.htm
OK
Annuler

- Pour chaque bouton à ajouter à la barre de liens, reprenez l'opération en cliquant sur le bouton **Ajouter un lien**.
- Renseignez le texte du bouton dans la zone **Texte à afficher**, choisissez une page et cliquez sur **OK**.
- Cochez les options **Page d'accueil** et/ou **Page parente** si vous souhaitez ajouter à la barre de liens, un lien vers la page d'accueil et/ou vers la page parente de la page active.

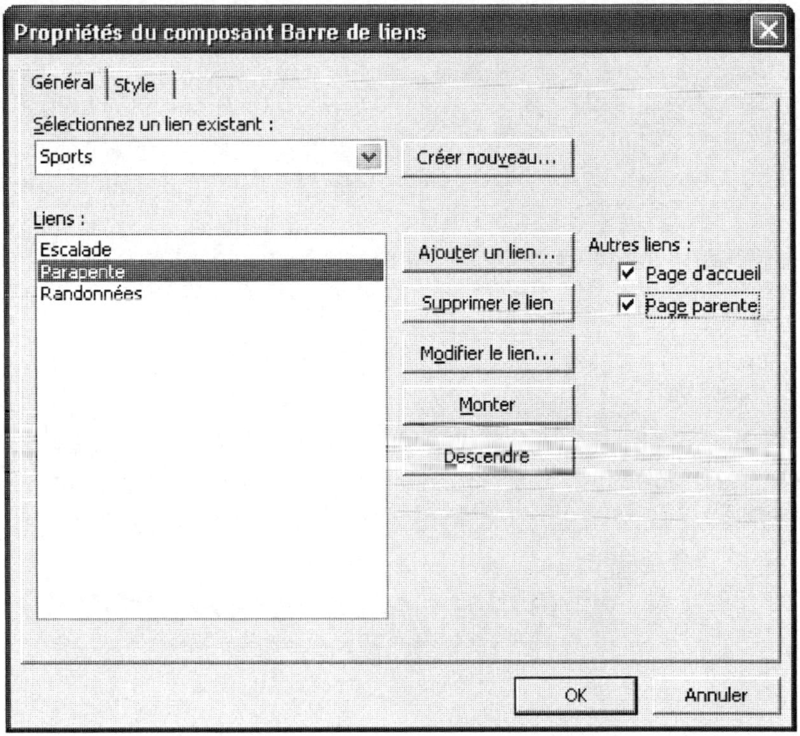
Propriétés du composant Barre de liens
Général
Style
Sélectionnez un lien existant :
Sports
Créer nouveau...
Liens :
Escalade
Parapente
Randonnées
Ajouter un lien...
Supprimer le lien
Modifier le lien...
Monter
Descendre
Autres liens :
Page d'accueil
Page parente
OK
Annuler

Les noms des futurs boutons sont visibles dans la zone ***Liens****.*

- Pour modifier un lien, sélectionnez-le dans la zone **Liens**, cliquez sur le bouton **Modifier le lien**, réalisez les modifications souhaitées puis cliquez sur le bouton **OK**.
- Pour changer l'ordre des boutons dans la zone **Liens**, utilisez les boutons **Monter** et **Descendre**.
- Pour supprimer un lien de la barre de liens, sélectionnez-le dans la zone **Liens** puis cliquez sur le bouton **Supprimer le lien**.
- Cliquez sur le bouton **OK**.

En mode **Création**, le lien **+ ajouter un lien**, visible à droite ou en bas d'une barre de liens, permet d'ajouter un lien à celle-ci.

Pour visualiser et éventuellement modifier les propriétés d'une barre de liens, réalisez un double clic sur celle-ci.

Insérer le sommaire du site

Cette fonction crée le plan de votre site avec des liens hypertexte vers chaque page. Le sommaire d'un site est un composant ne nécessitant pas les extensions du serveur FrontPage.

- En mode **Création** de la page concernée, positionnez le point d'insertion à l'endroit où vous souhaitez le sommaire.

  Vous pouvez créer un sommaire dans une page contenant déjà des informations mais, pour les sites de grande taille, il est préférable de le placer sur une nouvelle page.

- **Insertion**
  Composant Web
- Cliquez sur l'option **Table des matières** visible dans la zone **Type de composant.**
- Cliquez sur l'option **Pour ce site Web** visible dans la zone **Choisir une table des matières.**
- Cliquez sur **Terminer.**

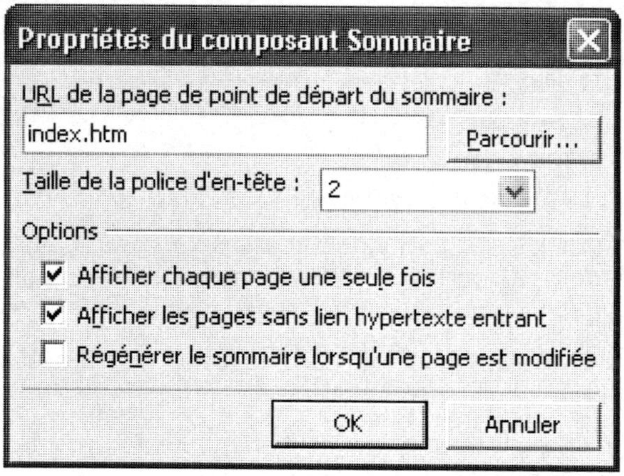
Propriétés du composant Sommaire
URL de la page de point de départ du sommaire :
index.htm
Parcourir...
Taille de la police d'en-tête :
2
Options
Afficher chaque page une seule fois
Afficher les pages sans lien hypertexte entrant
Régénérer le sommaire lorsqu'une page est modifiée
OK
Annuler

- Saisissez l'**URL de la page de point de départ du sommaire** ou utilisez le bouton **Parcourir** pour la sélectionner.
- Dans la liste **Taille de la police d'en-tête**, sélectionnez la taille de la police pour la première entrée du sommaire. Si vous ne souhaitez pas d'en-tête, choisissez l'option **Aucune.**

- Dans le cadre **Options**, cochez la(les) option(s) suivante(s) :

  Afficher chaque page une seule fois pour éviter qu'une même page apparaisse plusieurs fois si plusieurs liens hypertexte pointent vers elle.

  Afficher les pages sans lien hypertexte entrant si vous souhaitez que les pages orphelines (celles qui n'ont aucun lien avec la page d'accueil) apparaissent dans le sommaire.

  Régénérer le sommaire lorsqu'une page est modifiée pour mettre à jour le sommaire à chaque modification de page. Cette procédure constitue un gain de temps si le site Web est important.
  Dans le cas où cette option n'est pas cochée, il est toujours possible de mettre à jour le sommaire en l'ouvrant et enregistrant la page dans laquelle il se trouve.

- Cliquez sur le bouton **OK** pour valider.

  Le sommaire apparaît :

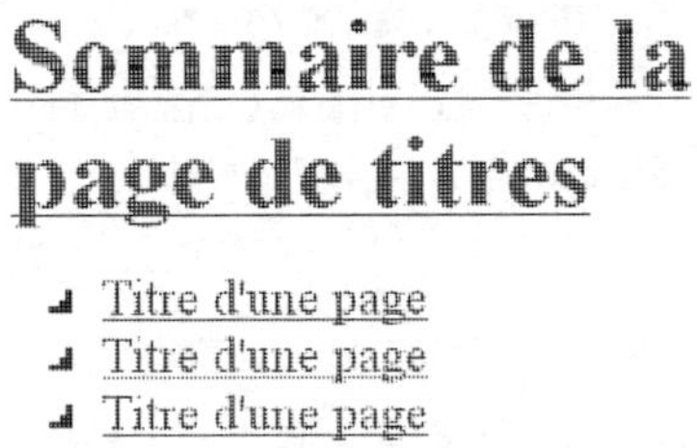
Sommaire de la page de titres
Titre d'une page
Titre d'une page
Titre d'une page

- Utilisez l'option **Afficher dans le navigateur** du menu **Fichier** pour visualiser le résultat final.

Gérer les liens hypertexte

- Pour modifier le libellé d'un lien hypertexte de type texte, sélectionnez-le en mode **Création** puis saisissez le nouveau texte.
- Pour modifier l'adresse URL du lien, cliquez avec le bouton DROIT sur le lien (texte ou image) puis cliquez sur l'option **Propriétés du lien hypertexte**. Modifiez ensuite la zone **Adresse** puis cliquez sur le bouton **OK**.
- Pour supprimer un lien hypertexte, sélectionnez-le en mode **Création**, appuyez sur la touche [Ctrl] **K** ou cliquez sur l'outil puis cliquez sur le bouton **Supprimer le lien**.

Suivre un lien hypertexte

Cette manipulation ouvre la page associée au lien.

- En mode **Création**, faites un [Ctrl] clic sur l'image ou sur le texte du lien.

La page de destination s'affiche à l'écran.

Vérifier les liens hypertexte

Pour une bonne gestion d'un site Web, il est indispensable de vérifier la validité des liens hypertexte.

- Avant de procéder à la vérification des liens hypertexte, nous vous conseillons d'enregistrer toutes les pages ouvertes.
- Cliquez sur l'onglet [Site Web] puis cliquez sur le bouton [Rapports] visible en bas de l'espace de travail.
- Cliquez sur l'outil **Vérifie les liens hypertexte dans le site Web actuel** de la barre d'outils **Rapports**.

*Cette barre d'outils **Rapports** est positionnée au-dessus de l'espace de travail.*

- Activez l'option **Vérifier tous les liens hypertexte**.
- Cliquez sur le bouton **Démarrer**.

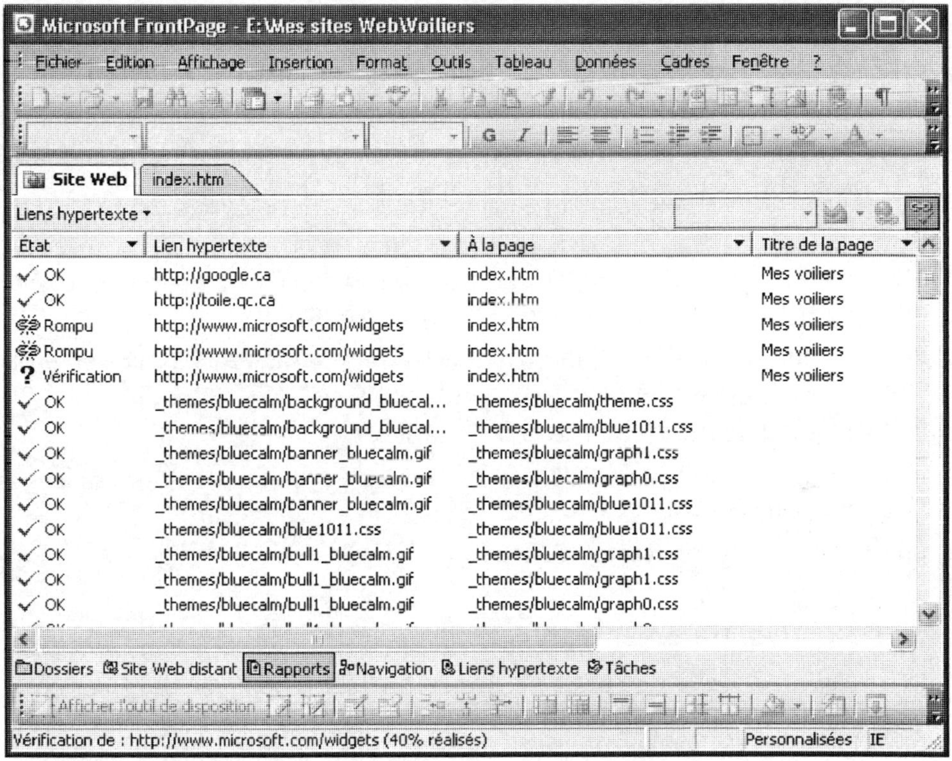
Microsoft FrontPage - E:\Mes sites Web\Voiliers
Fichier Edition Affichage Insertion Format Outils Tableau Données Cadres Fenêtre ?
Site Web
index.htm
Liens hypertexte
État
Lien hypertexte
À la page
Titre de la page
OK http://google.ca index.htm Mes voiliers
OK http://toile.qc.ca index.htm Mes voiliers
Rompu http://www.microsoft.com/widgets index.htm Mes voiliers
Rompu http://www.microsoft.com/widgets index.htm Mes voiliers
Vérification http://www.microsoft.com/widgets index.htm Mes voiliers
OK _themes/bluecalm/background_bluecal... _themes/bluecalm/theme.css
OK _themes/bluecalm/background_bluecal... _themes/bluecalm/blue1011.css
OK _themes/bluecalm/banner_bluecalm.gif _themes/bluecalm/graph1.css
OK _themes/bluecalm/banner_bluecalm.gif _themes/bluecalm/graph0.css
OK _themes/bluecalm/banner_bluecalm.gif _themes/bluecalm/blue1011.css
OK _themes/bluecalm/blue1011.css _themes/bluecalm/blue1011.css
OK _themes/bluecalm/bull1_bluecalm.gif _themes/bluecalm/graph1.css
OK _themes/bluecalm/bull1_bluecalm.gif _themes/bluecalm/graph1.css
OK _themes/bluecalm/bull1_bluecalm.gif _themes/bluecalm/graph0.css
Dossiers Site Web distant Rapports Navigation Liens hypertexte Tâches
Vérification de : http://www.microsoft.com/widgets (40% réalisés)
Personnalisées IE

- Pour visualiser tous les liens hypertexte du site (internes et externes), cliquez avec le bouton droit de la souris dans un espace vide de la fenêtre du rapport puis cochez l'option du menu contextuel **Afficher tous les liens hypertexte internes**.
- Durant et/ou après la vérification, plusieurs états peuvent être décelés :

OK	le lien est correct.
Rompu	le lien est incorrect.
Inconnu	le lien est externe et n'a pas encore été vérifié.
Vérification	le lien est en cours de vérification.

Le menu **Affichage - Rapports - Résumé du site** affiche le résumé de tous les rapports du site. Pour visualiser le contenu d'un de ces rapports, cliquez sur le nom du rapport concerné. On y voit cinq rapports différents pour les liens hypertexte (Tous, non vérifiés, rompus, externes ou internes).

Réparer un lien rompu

- Affichez les liens hypertexte à l'aide de la commande **Affichage - Rapports - Problèmes - Liens hypertexte**.
- Si un message vous propose de vérifier les liens, cliquez sur **Oui** ; sinon, cliquez sur l'outil , activez l'option **Vérifier tous les liens hypertexte** puis cliquez sur le bouton **Démarrer**.
- Cliquez avec le bouton DROIT de la souris sur un lien dont l'état est **Rompu** puis cliquez sur l'option **Modifier le lien hypertexte**.
- Dans la zone **Remplacer le lien hypertexte par**, saisissez l'URL correcte du lien ou cliquez sur le bouton **Parcourir** pour la sélectionner.

  La liste des pages associées à ce lien est affichée.
- Précisez si vous souhaitez **Modifier toutes les pages** ou **Modifier les pages sélectionnées** dans la liste qui suit.
- Cliquez sur le bouton **Remplacer**.

Recalculer les liens

Cette fonction répare tous les liens du site, met à jour les informations pour les composants FrontPage et synchronise les données, les catégories et les informations de bases de données du site.

- **Outils**
  Recalculer les liens hypertexte
- Confirmez votre demande en cliquant sur le bouton **Oui**.

Afficher l'arborescence des liens

- **Affichage**
  Liens hypertexte

  Vous pouvez aussi cliquer sur Site Web *puis sur le bouton* Liens hypertexte.
- Affichez le volet **Liste des dossiers** .
- Cliquez, dans la **Liste des dossiers**, sur un fichier pour visualiser les liens hypertexte liés à celui-ci.

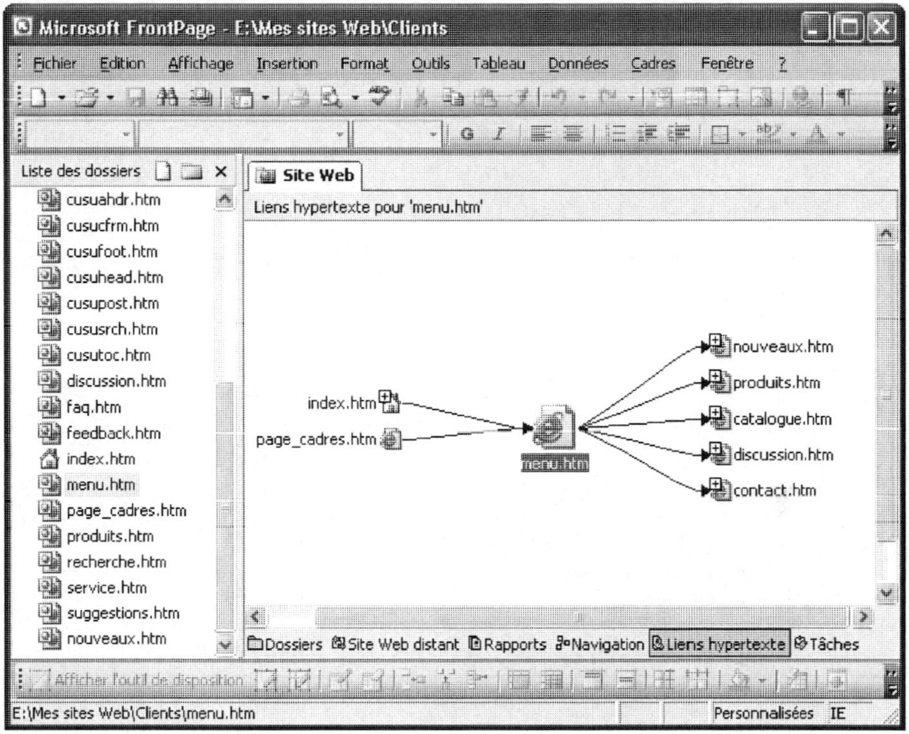
Microsoft FrontPage - E:\Mes sites Web\Clients
Fichier Edition Affichage Insertion Format Outils Tableau Données Cadres Fenêtre ?
Liste des dossiers
cusuahdr.htm
cusucfrm.htm
cusufoot.htm
cusuhead.htm
cusupost.htm
cususrch.htm
cusutoc.htm
discussion.htm
faq.htm
feedback.htm
index.htm
menu.htm
page_cadres.htm
produits.htm
recherche.htm
service.htm
suggestions.htm
nouveaux.htm
Site Web
Liens hypertexte pour 'menu.htm'
index.htm
page_cadres.htm
menu.htm
nouveaux.htm
produits.htm
catalogue.htm
discussion.htm
contact.htm
Dossiers
Site Web distant
Rapports
Navigation
Liens hypertexte
Tâches
E:\Mes sites Web\Clients\menu.htm
Personnalisées
IE

Un signe "plus" (+) sur une icône de page indique que la page comporte des liens vers d'autres pages. Cliquer sur ce signe affiche ces autres pages et transforme le signe "plus" (+) en un signe "moins" (-).
Une flèche rompue symbolise un lien rompu.

- Pour remplacer les noms de fichiers par les titres, cliquez avec le bouton droit dans l'espace de travail puis cochez l'option **Afficher les titres des pages**.
- Pour afficher, en plus, les liens vers les images, cliquez avec le bouton droit dans l'espace de travail puis cochez l'option **Liens hypertexte vers des images**.

Les tableaux

sixième partie

Qu'est-ce qu'un tableau ?

Les tableaux sont la base de la mise en page HTML. La mise en page via la création de tableaux invisibles reste souple et compatible avec tous les navigateurs. Nous vous conseillons, surtout si vous êtes débutant dans la création Web, de mettre en page vos textes, images, éléments multimédia grâce à des tableaux invisibles (bordures d'épaisseur zéro). Un tableau peut être de largeur fixe (en pixels) ou flexible (en pourcentage). Dans ce dernier cas, il s'ajuste selon la taille de l'écran pour utiliser la proportion allouée.

- Un tableau est composé de **lignes** et de **colonnes**.
- Chaque intersection de ligne et de colonne est appelée **cellule**.
- La cellule dans laquelle se trouve le point d'insertion est dite **active**.
- Les cellules peuvent contenir tout ce que vous pouvez insérer sur une page (du texte, des images, des liens hypertexte...).
- Un tableau permet d'afficher du texte en paragraphes côte à côte et de disposer du texte à côté d'images.

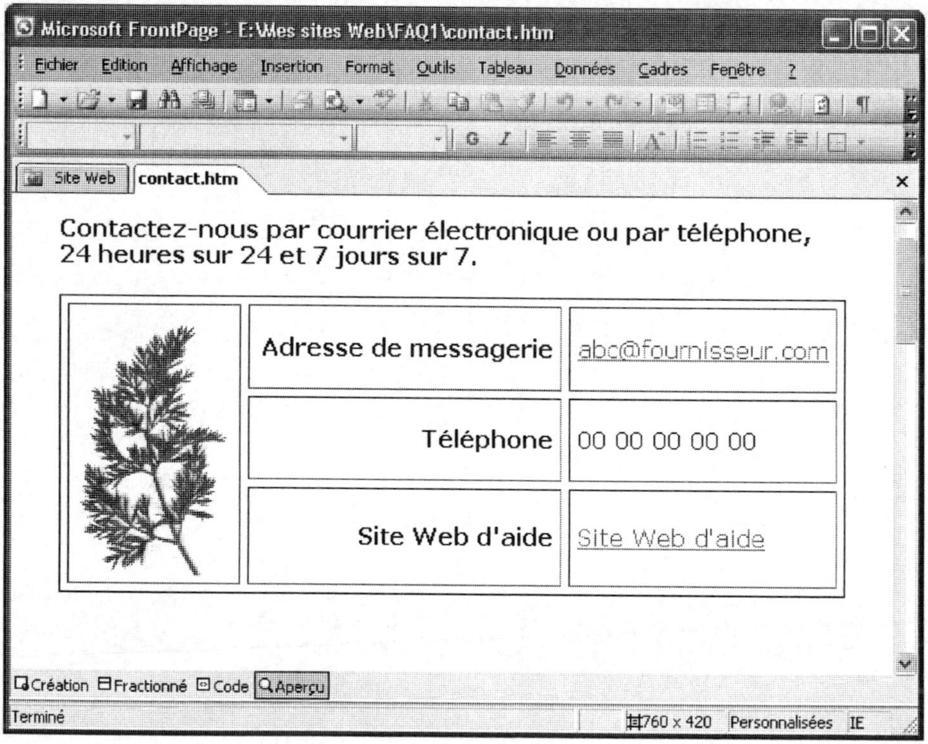
Microsoft FrontPage - E:\Mes sites Web\FAQ1\contact.htm
Fichier Edition Affichage Insertion Format Outils Tableau Données Cadres Fenêtre ?
Site Web
contact.htm
Contactez-nous par courrier électronique ou par téléphone, 24 heures sur 24 et 7 jours sur 7.
Adresse de messagerie
abc@fournisseur.com
Téléphone
00 00 00 00 00
Site Web d'aide
Site Web d'aide
Création Fractionné Code Aperçu
Terminé
760 x 420
Personnalisées
IE

Afficher la barre d'outils Tableaux

- **Affichage**
  Barres d'outils
  Tableaux

Tableaux
Afficher l'outil de disposition
Aucun

Cette barre comporte des boutons qui permettent de tracer et d'effacer des tableaux, d'insérer des lignes et des colonnes et de contrôler l'alignement des éléments du tableau.

Insérer un tableau

- Ouvrez la page concernée en mode **Création** puis sélectionnez le point d'insertion à l'endroit où doit apparaître le tableau.
- **Tableau**
  Insérer
  Tableau
- Cochez l'option **Spécifier la largeur**.
- Pour un tableau de taille fixe, activez l'option **En pixels** et indiquez sa largeur dans la zone correspondante.
- Pour un tableau dont la taille s'ajustera selon la fenêtre du navigateur, activez l'option **En pourcentage** et indiquez la proportion de la fenêtre à couvrir.
- Renseignez le nombre de **Lignes** et de **Colonnes** attendues dans les zones correspondantes.
- Déterminez vos choix de **Disposition**, de **Bordures** et d'**Arrière-plan**.

Ces différentes options sont décrites dans les pages suivantes.

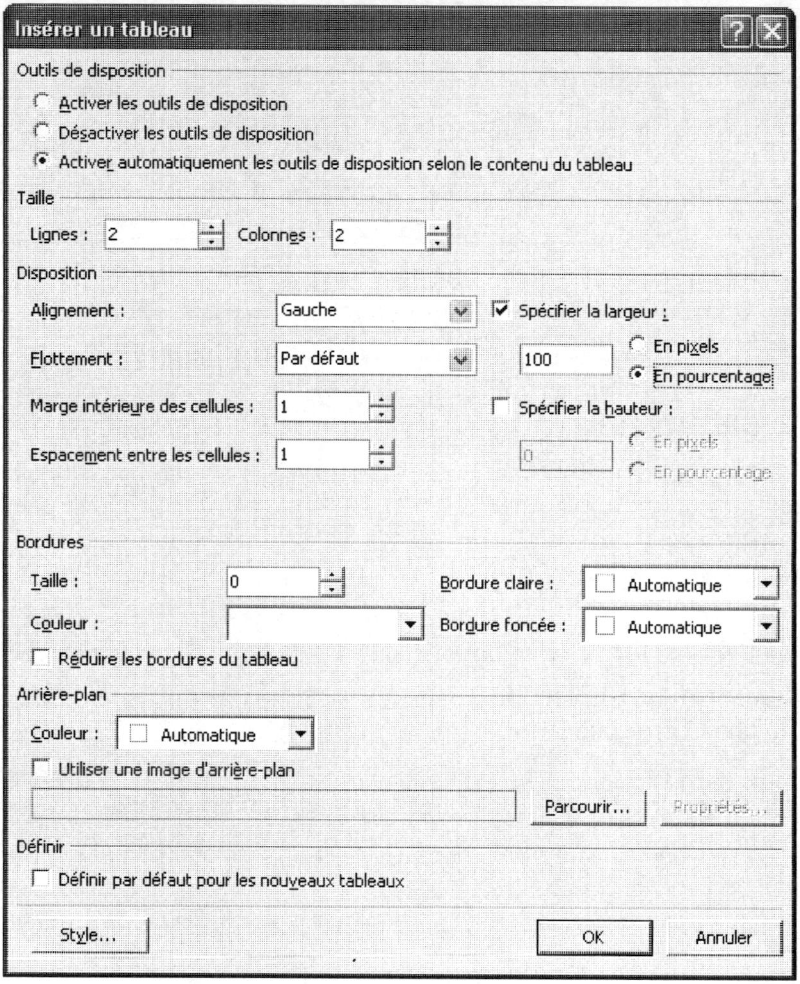
Insérer un tableau
Outils de disposition
Activer les outils de disposition
Désactiver les outils de disposition
Activer automatiquement les outils de disposition selon le contenu du tableau
Taille
Lignes : 2
Colonnes : 2
Disposition
Alignement : Gauche
Spécifier la largeur :
Flottement : Par défaut
100
En pixels
En pourcentage
Marge intérieure des cellules : 1
Spécifier la hauteur :
Espacement entre les cellules : 1
0
En pixels
En pourcentage
Bordures
Taille : 0
Bordure claire : Automatique
Couleur :
Bordure foncée : Automatique
Réduire les bordures du tableau
Arrière-plan
Couleur : Automatique
Utiliser une image d'arrière-plan
Parcourir...
Propriétés...
Définir
Définir par défaut pour les nouveaux tableaux
Style...
OK
Annuler

- Validez par le bouton **OK** (ou par la touche Entrée).

  Le tableau s'affiche et le point d'insertion clignote dans la première cellule.

Vous pouvez également insérer un tableau à l'aide de l'outil  de la barre d'outils **Standard** en sélectionnant, à l'aide d'un cliqué-glissé, le nombre de lignes et de colonnes à créer.

> Pour faciliter des mises en page élaborées, sachez qu'il est possible d'insérer un tableau dans un tableau.

Dessiner un tableau

Cette manipulation permet de créer aisément tout type de tableau :

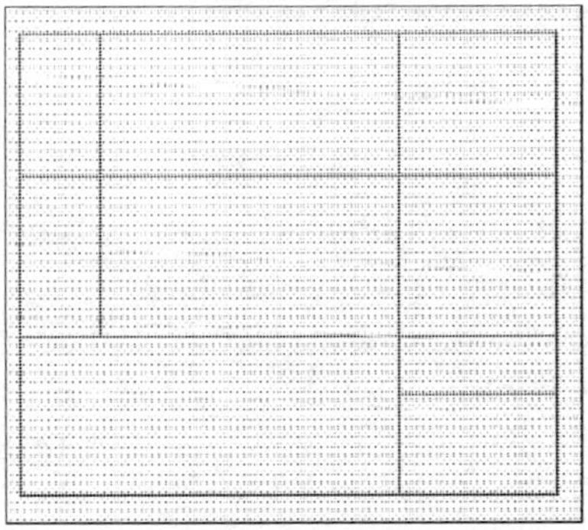

- Ouvrez la page concernée en mode **Création**.
- **Tableau**
  Dessiner un tableau 

  Le pointeur de la souris se transforme en crayon.
- Définissez la bordure extérieure du tableau en faisant glisser le pointeur du coin supérieur gauche jusqu'au coin inférieur droit.

  Au cours de cette manipulation, le crayon est accompagné d'un rectangle en pointillés.
- Tracez ensuite les traits des colonnes et des lignes à l'intérieur de la bordure dessinée.

  Durant ces dessins, une ligne de pointillés s'affiche.
- Mettez fin au traçage par la touche Echap ou en cliquant sur l'outil  pour le désactiver.

Déplacer le point d'insertion et sélectionner dans un tableau

- Ouvrez la page concernée en mode **Création** et cliquez dans le tableau.
- Pour déplacer le point d'insertion à l'aide du clavier, utilisez les touches suivantes :

Tab	cellule suivante
Shift Tab	cellule précédente
↓	cellule suivante vers le bas
↑	cellule suivante vers le haut

- Pour réaliser une sélection, appliquez l'une des techniques spécifiques suivantes :

une cellule	cliquez dans la cellule et faites **Tableau - Sélectionner - Cellule** ou, cliquez sur la balise **<td>** visible dans le **Sélecteur de balise rapide.**
une colonne	positionnez la souris sur le premier trait horizontal de la colonne (elle prend la forme d'une flèche noire orientée vers le bas) puis cliquez.
une ligne	positionnez la souris sur le premier trait vertical de la ligne (elle prend la forme d'une flèche noire orientée vers la droite) puis cliquez ; vous pouvez aussi cliquer sur la balise ***<tr>*** visible dans le **Sélecteur de balise rapide**.
un tableau	faites **Tableau - Sélectionner - Tableau** après avoir cliqué dans une des cellules du tableau concerné ou, cliquez sur la balise **<table>** visible dans le **Sélecteur de balise rapide.**

Vous pouvez également faire des sélections par cliqué-glissé et par des Shift clics.

Renseigner un tableau

Dans un tableau, vous pouvez saisir des textes, insérer des images, créer des liens...

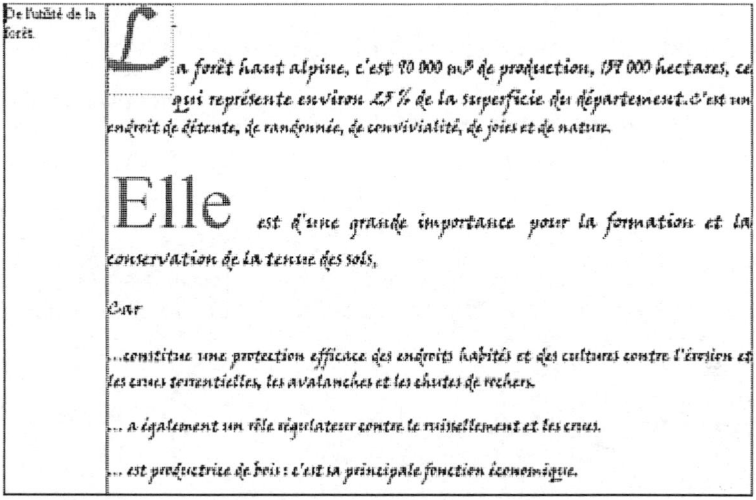
De l'utilité de la forêt
qui représente environ 25 % de la superficie du département. C'est un endroit de détente, de randonnée, de convivialité, de joies et de nature.
Elle est d'une grande importance pour la formation et la conservation de la tenue des sols,
Car
...constitue une protection efficace des endroits habités et des cultures contre l'érosion et les crues torrentielles, les avalanches et les chutes de rochers.
... a également un rôle régulateur contre le ruissellement et les crues.
... est productrice de bois : c'est sa principale fonction économique.

- En mode **Création** de la page, activez la cellule concernée.
- Renseignez le texte de la cellule, insérez les images, créez des liens... comme vous le faites dans une page.

Dans un nouveau tableau dont la dimension est fixée en pourcentage, aucune largeur de cellule n'est encore définie. La taille de chacune s'ajustera au moment de la saisie selon le texte tapé (cf. Redimensionner un tableau dans le chapitre Présentation des tableaux).

Par défaut, le texte saisi dans un tableau est automatiquement renvoyé à la ligne. Si cela ne vous convient pas, cliquez dans la cellule avec le bouton droit et choisissez **Propriétés de la cellule**. Cochez l'option **Pas de renvoi à la ligne** puis veillez à ne pas cocher l'option **Spécifier la largeur**. Cette dernière option ne doit pas être cochée pour les autres cellules de la colonne ni pour le tableau.

Recopier le contenu d'une cellule

Afin de simplifier le remplissage des tableaux, FrontPage propose, comme dans Excel, des fonctions de recopie d'une cellule sur les cellules situées à droite ou en dessous.

- Ouvrez la page concernée en mode **Création**.
- Cliquez dans la cellule dont le contenu doit être copié puis, faites glisser la souris vers la droite ou vers le bas, pour sélectionner les cellules dans lesquelles la copie doit être réalisée.
- **Tableau**
  Remplissage
  A droite (ou **En bas**)

Le contenu de la première cellule est recopié (vers la droite ou vers le bas) dans les cellules sélectionnées.

Insérer la légende d'un tableau

Insérer la légende

- En mode **Création** de la page concernée, cliquez dans une cellule du tableau.
- **Tableau**
  Insérer
  Légende
- Saisissez le contenu de la légende et formatez-la à votre guise.

Dans une légende couvrant plusieurs lignes, vous ne pouvez pas utiliser la touche Entrée*, les espaces étant alors trop grands entre les lignes. Mais, vous pouvez provoquer des sauts de ligne par* ⇧ Shift Entrée.

Choisir la position de la légende

- En mode **Création** de la page concernée, cliquez dans la légende.
- **Tableau**
  Propriétés du tableau
  Légende
- Choisissez de la placer **En haut du tableau** ou **En bas du tableau** en activant l'option correspondante.
- Cliquez sur le bouton **OK**.

Insérer des lignes/des colonnes

Différentes techniques méritent d'être évoquées. Le menu permet d'insérer avant ou après la ligne ou la colonne sélectionnée.

- En mode **Création** de la page concernée, cliquez dans une cellule de la ligne/colonne qui suivra ou précèdera la nouvelle ligne/colonne.
- **Tableau**
  Insérer
  Lignes ou Colonnes

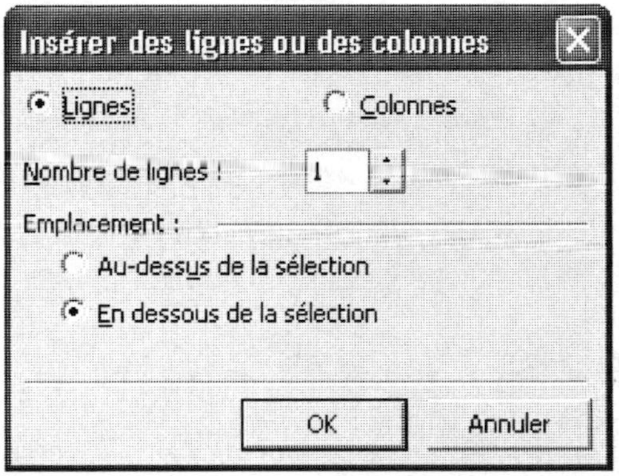

Insérer des lignes ou des colonnes
Lignes
Colonnes
Nombre de lignes :
1
Emplacement :
Au-dessus de la sélection
En dessous de la sélection
OK
Annuler

- Indiquez si vous souhaitez insérer des **Colonnes** ou des **Lignes** en activant l'option correspondante.
- Précisez le **Nombre de lignes** ou de **colonnes** à insérer.
- Définissez l'**Emplacement** de l'insertion :
  - **À gauche de la sélection** ou **À droite de la sélection** pour les colonnes,
  - **Au-dessus de la sélection** ou **En dessous de la sélection** pour les lignes.
- Cliquez sur le bouton **OK** pour valider.

- En mode **Création** de la page concernée, sélectionnez la ligne, la colonne qui suivra la nouvelle.
- Si besoin est, étendez la sélection afin de sélectionner autant de lignes, de colonnes que vous souhaitez en insérer.
- Cliquez sur [icône] pour insérer des lignes et sur [icône] pour insérer des colonnes.

Pour ajouter rapidement une ligne en fin de tableau, cliquez dans la dernière cellule puis du tableau appuyez sur la touche ⇄.

Insérer une cellule

- En mode **Création** de la page page concernée, cliquez dans la cellule qui suivra la nouvelle.
- **Tableau**
  Insérer
  Cellule

  La cellule est insérée à gauche.

Supprimer des cellules/des lignes/des colonnes ou le tableau

- Sélectionnez les cellules, les lignes, les colonnes ou le tableau à supprimer (**Tableau - Sélectionner**).
- **Tableau**
  Supprimer les cellules
  ou **les colonnes** ou **les lignes**

  Faites attention, FrontPage ne demande jamais de confirmer une suppression.

Vous pouvez annuler une suppression malencontreuse par **Edition - Annuler Effacer** ou .

Fusionner des cellules

Cette manipulation sert à regrouper les cellules sélectionnées en une seule cellule.

- En mode **Création** de la page concernée, sélectionnez les cellules à fusionner.

  La fusion peut être verticale ou horizontale.

- **Tableau**
  Fusionner les cellules

  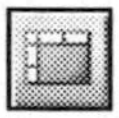

Fractionner des cellules

Cette technique permet, à l'inverse de la fusion, de séparer une cellule en plusieurs.

- En mode **Création** de la page concernée, sélectionnez la ou les cellules à fractionner.
- **Tableau**
  Fractionner les cellules 

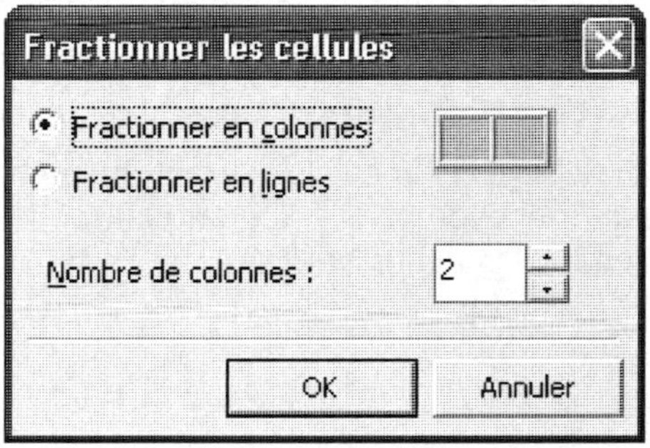
Fractionner les cellules
Fractionner en colonnes
Fractionner en lignes
Nombre de colonnes :
2
OK
Annuler

- Indiquez si vous souhaitez **Fractionner en colonnes** ou **Fractionner en lignes**.
- Renseignez le **Nombre de colonnes** ou le **Nombre de lignes** attendues.
- Cliquez sur le bouton **OK** pour valider.

  Si vous avez sélectionné plusieurs cellules, chaque cellule de la sélection sera fractionnée en X lignes ou en X colonnes.

Gommer une bordure de cellule

- En mode **Création** de la page, cliquez sur l'outil .

  Le pointeur de la souris devient une gomme.
- Faites glisser la gomme le long de la bordure à supprimer.

  La bordure devient rouge au cours du cliqué-glissé.
- Relâchez le bouton de la souris.

  FrontPage supprime la bordure et fusionne les cellules attenantes.

- Pour désactiver l'outil , appuyez sur la touche Echap ou cliquez de nouveau sur l'outil .

Convertir du texte en tableau et vice versa

Convertir un texte en tableau

La conversion du texte en tableau n'est possible que s'il a été délimité, c'est-à-dire séparé en lignes et colonnes par des caractères séparateurs.

- Ouvrez la page concernée en mode **Création**.
- Si le texte n'est pas délimité, tapez des caractères séparateurs (par exemple : une virgule ou une tabulation pour diviser les colonnes, et une marque de paragraphe pour les lignes) à l'endroit où vous souhaitez diviser le texte.
- Sélectionnez le texte à convertir.
- **Tableau**
  Convertir
  Texte en tableau
- Spécifiez le séparateur de colonnes utilisé ou cliquez sur **Aucune** pour créer un tableau d'une seule cellule.
- Lancez la conversion par le bouton **OK**.

Convertir un tableau en texte

- En mode **Création** de la page concernée, cliquez dans une cellule du tableau à convertir.
- **Tableau**
  Convertir
  Tableau en texte

Redimensionner un tableau

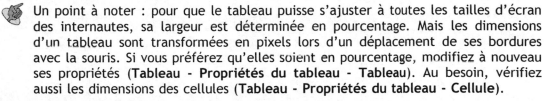

- Ouvrez la page concernée en mode **Création**.
- Pour dimensionner un tableau en largeur, faites glisser son bord droit.
- Pour modifier sa hauteur, faites glisser sa bordure inférieure.

Un point à noter : pour que le tableau puisse s'ajuster à toutes les tailles d'écran des internautes, sa largeur est déterminée en pourcentage. Mais les dimensions d'un tableau sont transformées en pixels lors d'un déplacement de ses bordures avec la souris. Si vous préférez qu'elles soient en pourcentage, modifiez à nouveau ses propriétés (**Tableau - Propriétés du tableau - Tableau**). Au besoin, vérifiez aussi les dimensions des cellules (**Tableau - Propriétés du tableau - Cellule**).

- En mode **Création** de la page, cliquez dans le tableau concerné.
- **Tableau**
  Propriétés du tableau
  Tableau
- Cochez l'option **Spécifier la largeur** et/ou **Spécifier la hauteur**.
- Pour définir une largeur fixe, activez l'option **En pixels** puis précisez la valeur à appliquer dans la zone correspondante.
- Pour que la largeur/hauteur du tableau reste proportionnelle à la largeur/hauteur de la fenêtre du navigateur Web, activez l'option **En pourcentage** puis précisez la valeur du pourcentage dans la zone correspondante.
- Cliquez sur le bouton **OK** (ou appuyez sur Entrée).

Normalement, la hauteur s'ajuste selon le contenu du tableau. Il n'est donc pas nécessaire de la définir.

Positionner un tableau dans la largeur de la page

Suite à la diminution de la largeur totale d'un tableau, ce dernier apparaît à gauche de la page mais vous pouvez la placer à droite ou au centre de la page.

- En mode **Création** de la page, cliquez dans le tableau concerné.
- **Tableau**
  Propriétés du tableau
  Tableau

- Ouvrez la liste **Alignement** de la zone **Disposition**.
- Cliquez sur l'option **Gauche**, **Droite** ou **Centré** en fonction de l'alignement souhaité.
- Cliquez sur le bouton **OK**.

Présenter un texte à côté d'un tableau

Autoriser un texte flottant permet de réaliser une présentation comme celle-ci :

Tarif de location d'une motoneige
(hors essence et accessoires)*

Location à la journée	A la semaine	Au mois
51 €	250 €	700 €

- En mode **Création** de la page concernée, diminuez la largeur totale du tableau afin qu'il n'occupe pas la largeur complète de la page.
- Saisissez le texte voulu dans le paragraphe qui suit le tableau.
- Cliquez dans le tableau.
- **Tableau**
  Propriétés du tableau
  Tableau
- Ouvrez la liste **Flottement** de la zone **Disposition**.
- Choisissez l'une des options suivantes :

  Gauche pour positionner le tableau contre la marge de gauche et donc afficher le texte entre le tableau et la marge de droite.

  Droite pour positionner le tableau contre la marge de droite et donc afficher le texte entre la marge de gauche et le tableau.

  *L'option **Par défaut** n'autorise pas le texte à flotter à côté du tableau.*
- Cliquez sur le bouton **OK** pour valider.

Modifier les bordures d'un tableau/des cellules

*La taille de la bordure extérieure du tableau se fixe dans les **Propriétés du tableau**, tout comme ses couleurs. Toutefois, chaque cellule peut avoir une mince bordure de couleur différente.*

- Ouvrez la page concernée en mode **Création**.
- Si tout le tableau est concerné, cliquez dans une cellule puis faites **Tableau - Propriétés du tableau - Tableau**.
  S'il s'agit de cellules, sélectionnez-les et faites **Tableau - Propriétés du tableau - Cellule** (ou [Alt][Entrée] si plusieurs cellules ont été sélectionnées).

Modifier la taille des bordures du tableau

- Pour modifier l'épaisseur des bordures extérieures, entrez la valeur de votre choix dans la zone de saisie **Taille** de la zone **Bordures**.
- Pour supprimer l'encadrement du tableau, tapez **0** dans la zone **Taille**.

  L'éditeur FrontPage continuera à afficher des pointillés afin de vous montrer la disposition des cellules mais elles seront invisibles dans un navigateur.
- Cliquez sur le bouton **OK**.

Modifier la couleur des bordures

- Pour intervenir sur la couleur des traits d'encadrement, utilisez les listes déroulantes **Couleur**, **Bordure claire** et **Bordure foncée** de la zone **Bordures**.

  *Si ces options ne sont pas disponibles, vérifiez que l'option **Uniquement Microsoft Internet Explorer** est bien active dans les **Options de page** (**Outils - Options de page** - onglet **Opérations d'auteur**).*
- Cliquez sur le bouton **OK** pour valider.

Modifier les bordures de cellules

*Vous pouvez modifier les bordures d'une cellule en utilisant la barre d'outils **Bordures**.*

- Pour afficher la barre d'outils **Bordures**, ouvrez la liste associée à l'outil 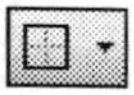 visible dans la barre d'outils **Mise en forme**.

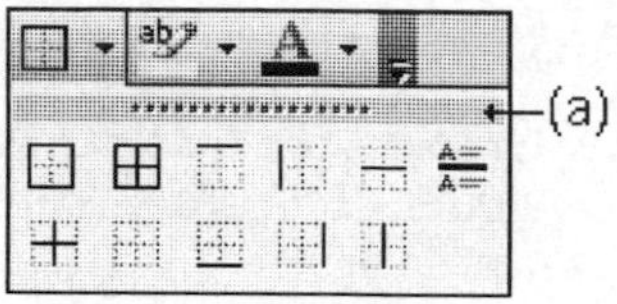
(a)

Pointez la ligne pointillée (a), cliquez puis faites-la glisser dans la fenêtre : la barre d'outils **Bordures** devient "flottante", son nom est désormais visible dans sa barre de titre.

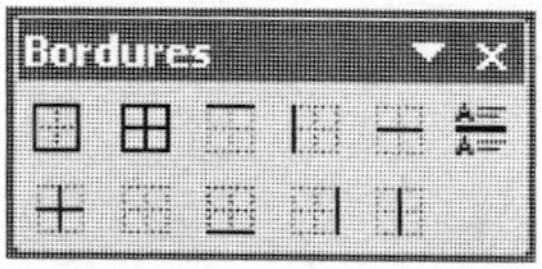
Bordures

- Si besoin est, déplacez la barre d'outils **Bordures** par un cliqué-glissé sur son titre.
- Cliquez dans la cellule à encadrer ou, si plusieurs cellules sont concernées, sélectionnez-les.
- Cliquez sur le bouton correspondant au type de bordure à réaliser :

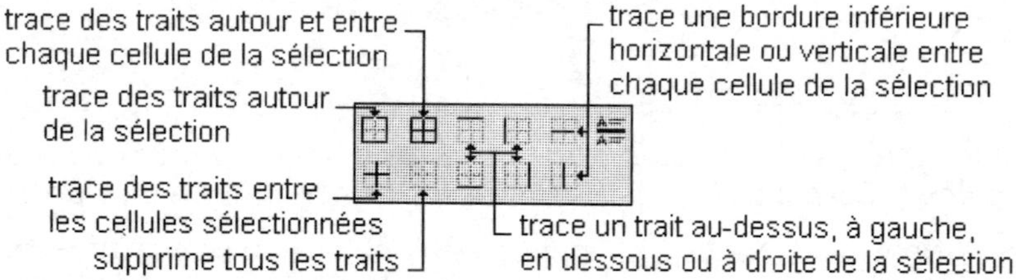
trace des traits autour et entre chaque cellule de la sélection
trace des traits autour de la sélection
trace des traits entre les cellules sélectionnées
supprime tous les traits
trace une bordure inférieure horizontale ou verticale entre chaque cellule de la sélection
trace un trait au-dessus, à gauche, en dessous ou à droite de la sélection

*Bien que disponible dans la barre d'outils **Bordures**, le bouton sert plutôt à tracer une ligne horizontale.*

Définir le fond d'un tableau/des cellules

Sauf intervention, les tableaux sont transparents. Dans un tableau, les paramètres d'une cellule sont prédominants sur les paramètres du tableau. Ainsi, la couleur d'arrière-plan d'une cellule prédominera sur la couleur d'arrière-plan du tableau.

- Ouvrez la page concernée en mode **Création**.
- Si tout le tableau est concerné, cliquez dans une cellule et faites **Tableau - Propriétés du tableau - Tableau.**
  Si seules des cellules sont concernées, sélectionnez-les et faites **Tableau - Propriétés du tableau - Cellule** (ou [Alt][Entrée] si plusieurs cellules ont été sélectionnées).

- Pour insérer une image d'arrière-plan, cochez l'option **Utiliser une image d'arrière-plan**, saisissez l'adresse de l'image ou utilisez le bouton **Parcourir** pour la sélectionner.

  L'image sera organisée en mosaïque, en arrière-plan des cellules.

  *Si l'option **Utiliser une image d'arrière-plan** n'est pas disponible, activez l'option **Uniquement Microsoft Internet Explorer** dans les **Options de page (Outils - Options de page** - onglet **Opérations d'auteur**).*

- Pour appliquer une couleur, sélectionnez-la dans la liste **Couleur** de la zone **Arrière-plan**.
- Cliquez sur le bouton **OK**.

  *Vous pouvez ensuite modifier les propriétés de l'image d'arrière-plan en cliquant sur le bouton **Propriétés** de la boîte de dialogue **Propriétés du tableau**.*

L'outil de la barre d'outils Tableaux, permet d'intervenir sur la couleur d'arrière-plan des cellules sélectionnées.

Définir la marge interne des cellules

Définir cette marge permet de déterminer l'espacement entre le contenu des cellules et leurs bords internes. Cette fonctionnalité s'applique à toutes les cellules du tableau.

- En mode **Création** de la page, cliquez dans le tableau concerné.
- **Tableau**
  Propriétés du tableau
  Tableau
- Spécifiez la valeur de la marge (en pixels) dans la zone **Marge intérieure des cellules.**
- Cliquez sur le bouton **OK**.

Espacer les cellules

Cette manipulation permet de présenter les tableaux ainsi :

Location à la journée	A la semaine	Au mois
51 €	250 €	700 €

Cette fonctionnalité s'applique à toutes les cellules du tableau.

- En mode **Création** de la page, cliquez dans le tableau concerné.
- **Tableau**
  Propriétés du tableau
  Tableau
- Spécifiez la valeur de l'espacement (en pixels) dans la zone **Espacement entre les cellules.**

  La valeur par défaut est 2.
- Cliquez sur le bouton **OK**.

Modifier la largeur des colonnes/la hauteur des lignes

Une colonne/une ligne

- Ouvrez la page concernée en mode **Création**.
- Pour modifier la largeur d'une colonne, pointez le trait vertical situé à droite de la colonne à modifier.

  Pour modifier la hauteur d'une ligne, pointez le trait horizontal situé sous la ligne concernée.
- Réalisez un cliqué-glissé vers la gauche ou vers la droite pour une colonne ou, vers le haut ou vers le bas pour une ligne.

Plusieurs colonnes/lignes

- Ouvrez la page concernée en mode **Création**.
- Sélectionnez les colonnes/les lignes concernées.
- **Tableau**
  Propriétés du tableau
  Cellule
- Pour modifier la largeur des colonnes, cochez l'option **Spécifier la largeur** puis activez l'option **En pixels** ou **En pourcentage** selon que vous souhaitez une largeur en pixels ou en pourcentage de la taille de la fenêtre de votre navigateur Web.

  Pour modifier la hauteur des lignes, cochez l'option **Spécifier la hauteur** puis activez l'option **En pixels** ou **En pourcentage** selon que vous souhaitez une largeur en pixels ou en pourcentage de la taille de la fenêtre de votre navigateur Web.
- Spécifiez la largeur/la hauteur des colonnes/des lignes en pixels ou en pourcentage dans la zone de saisie correspondante.

- Cliquez sur le bouton **OK**.

Uniformiser la largeur de colonnes/la hauteur de lignes

- En mode **Création** de la page, sélectionnez les colonnes ou les lignes concernées par une taille identique.
- Pour uniformiser la largeur des colonnes, faites :

  Tableau
  Uniformiser la largeur des colonnes

- Pour uniformiser la hauteur des lignes, faites :

  Tableau
  Uniformiser la hauteur des lignes

Aligner le contenu des cellules

L'alignement horizontal détermine la position du contenu par rapport à la largeur des cellules, l'alignement vertical détermine la position du contenu par rapport à la hauteur des cellules.

- En mode **Création** de la page, sélectionnez les cellules concernées.
- **Tableau**
  Propriétés du tableau
  Cellule — Alt Entrée
- Spécifiez l'**Alignement horizontal** et/ou l'**Alignement vertical** à appliquer à l'aide des listes correspondantes.
- Cliquez sur le bouton **OK**.

- En mode **Création** de la page, sélectionnez les cellules concernées.
- Définissez l'alignement horizontal à l'aide des outils suivants de la barre d'outils **Mise en forme** :

  Aligne à gauche de la cellule

  Aligne au centre de la cellule

  Aligne à droite de la cellule

  Justifie

- Définissez l'alignement vertical à l'aide de ces outils de la barre d'outils **Tableaux** :

 Aligne en haut de la cellule

 Aligne verticalement au centre de la cellule

 Aligne en bas de la cellule

Appliquer une mise en forme automatique

Vous pouvez appliquer une mise en forme automatique à un tableau.

- En mode **Création** de la page, cliquez dans le tableau à mettre en forme.
- **Tableau**
  Tableau : Format automatique

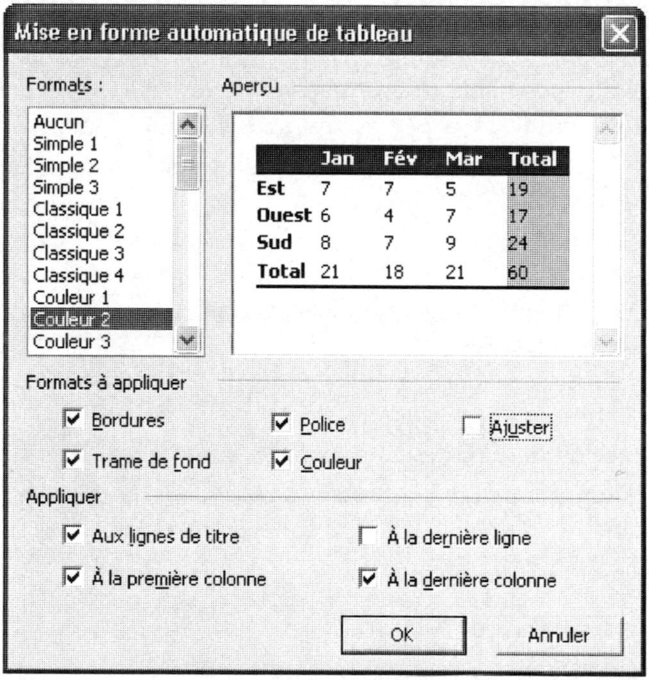
Mise en forme automatique de tableau
Formats :
Aperçu
Aucun
Simple 1
Simple 2
Simple 3
Classique 1
Classique 2
Classique 3
Classique 4
Couleur 1
Couleur 2
Couleur 3
Jan Fév Mar Total
Est 7 7 5 19
Ouest 6 4 7 17
Sud 8 7 9 24
Total 21 18 21 60
Formats à appliquer
Bordures
Police
Ajuster
Trame de fond
Couleur
Appliquer
Aux lignes de titre
À la dernière ligne
À la première colonne
À la dernière colonne
OK
Annuler

- Choisissez une mise en forme à appliquer dans la zone de liste **Formats.**
- Cochez les options correspondant aux **Formats à appliquer** dans la zone correspondante.

- Si le format ne doit pas s'appliquer à certains éléments du tableau, décochez les options correspondantes de la zone **Appliquer**.
- Cliquez sur le bouton **OK**.

Créer un tableau de disposition

Pour choisir facilement l'allure générale d'une page, un volet Office présente différents modèles de tableaux, pouvant ensuite être modifiés directement avec la souris. Les tableaux de disposition permettent de tracer rapidement une structure très visuelle pour placer les éléments de la page Web.

- Créez une nouvelle page.
- **Tableau**
  Tableaux et cellules de disposition
- Dans le volet Office **Tableaux et cellules de disposition**, cliquez sur un des modèles proposés dans la zone **Disposition de tableau**.

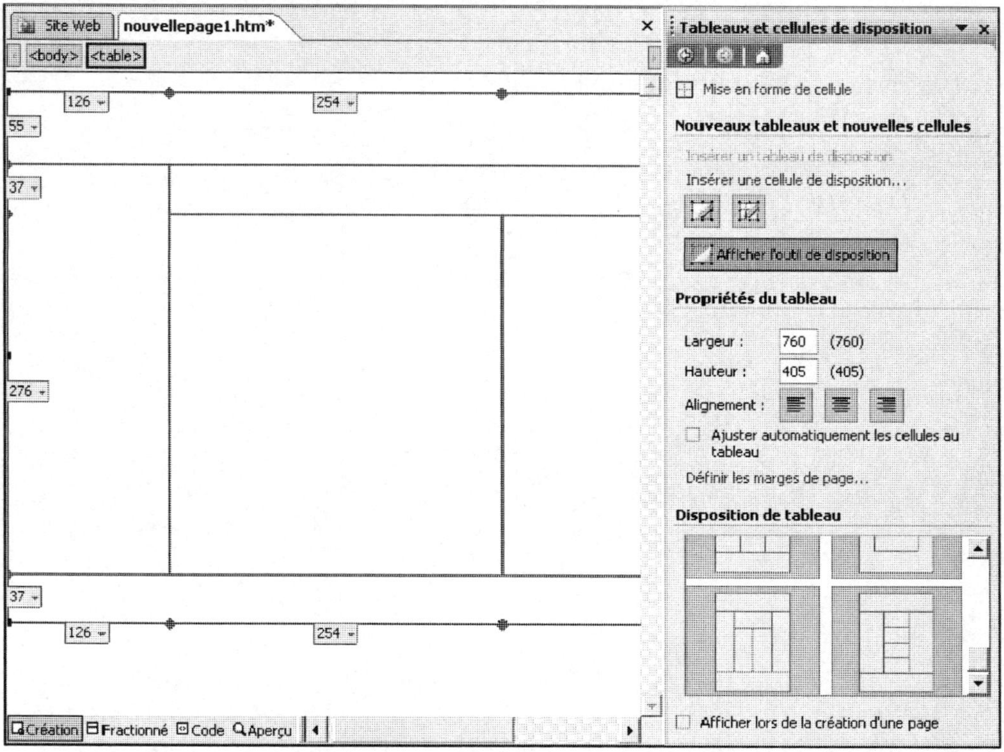
Site Web
nouvellepage1.htm*
<body>
<table>
126
254
55
37
276
37
126
254
Création
Fractionné
Code
Aperçu
Tableaux et cellules de disposition
Mise en forme de cellule
Nouveaux tableaux et nouvelles cellules
Insérer un tableau de disposition
Insérer une cellule de disposition...
Afficher l'outil de disposition
Propriétés du tableau
Largeur :
760
(760)
Hauteur :
405
(405)
Alignement :
Ajuster automatiquement les cellules au tableau
Définir les marges de page...
Disposition de tableau
Afficher lors de la création d'une page

Le tableau de disposition couvre la page entière. Des losanges verts visibles dans la bordure du tableau indiquent les lignes et les colonnes. Les dimensions des cellules sont inscrites en bordure du tableau.

Pour afficher automatiquement le volet **Tableaux et cellules de disposition** à la création de chaque nouvelle page, cochez l'option **Afficher lors de la création d'une page**, au bas du volet.

Dessiner un tableau de disposition personnalisé

- Ouvrez la page concernée en mode **Création**.
- **Tableau**
  Tableaux et cellules de disposition

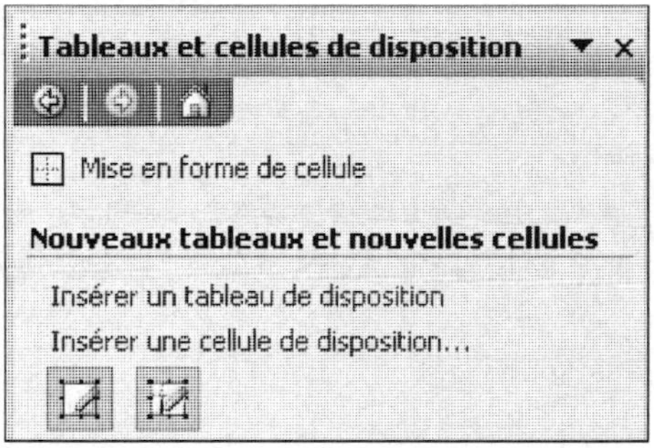
Tableaux et cellules de disposition
Mise en forme de cellule
Nouveaux tableaux et nouvelles cellules
Insérer un tableau de disposition
Insérer une cellule de disposition...

- Pour dessiner un tableau de disposition, cliquez sur le bouton **Dessiner un tableau de disposition** puis tracez le tableau dans la page Web, en faisant glisser la souris de la gauche de la page vers le bas du tableau à droite.
- Pour lui ajouter une cellule, cliquez sur le bouton **Dessiner une cellule de disposition** puis tracez la cellule dans le tableau de disposition par un cliqué-glissé.

  Pour pouvoir ajouter immédiatement plusieurs cellules, maintenez la touche Ctrl enfoncée pendant le cliqué-glissé.

  Dans le tableau, l'espace pour la cellule apparaît en blanc. Les zones voisines, en beige, ne sont pas encore définies comme étant des cellules. Elles seront transformées en cellules au moment où vous y inscrirez du texte ou si vous retracez leur contour à l'aide du bouton .

Activer/désactiver les outils de disposition

En général, un tableau de disposition couvre une page entière. Toutefois, les mêmes outils pourraient s'appliquer à un tableau plus petit.

- Cliquez dans un tableau déjà existant à l'intérieur d'une page.
- Au besoin, affichez le volet en choisissant l'option **Tableaux et cellules de disposition** du menu **Tableau.**
- Dans ce volet, cliquez une ou deux fois sur le bouton **Afficher l'outil de disposition.**

Vous pouvez ensuite modifier le tableau directement avec la souris.

- Ou, cliquez avec le bouton droit de la souris dans un tableau existant et choisissez **Propriétés du tableau.**

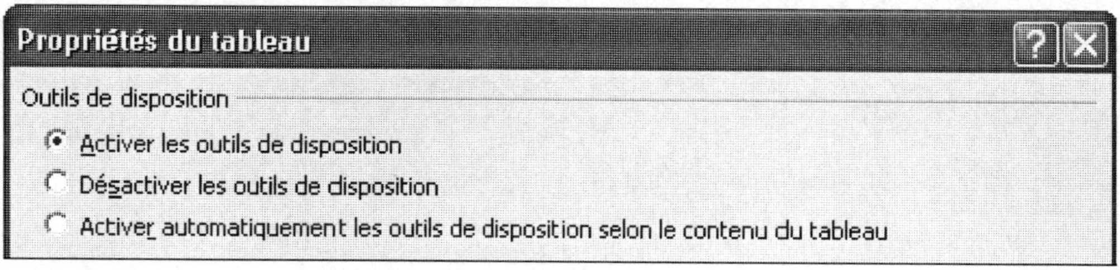
Propriétés du tableau
Outils de disposition
Activer les outils de disposition
Désactiver les outils de disposition
Activer automatiquement les outils de disposition selon le contenu du tableau

Sélectionnez l'option **Activer les outils de disposition.**
Cliquez sur le bouton **OK.**

- Cliquez sur la bordure du tableau pour afficher ces outils.

Les outils de disposition peuvent être désactivés au même endroit, dans les **Propriétés du tableau.**

Sélectionner une cellule ou un tableau de disposition

- Cliquez sur la bordure d'une cellule pour la sélectionner (des carreaux bleus dans sa bordure indiquent la sélection).

Une cellule non définie (de couleur beige) ne peut pas être sélectionnée.

- Sélectionnez à nouveau l'ensemble du tableau en cliquant sur le bouton **Afficher l'outil de disposition** dans le volet **Tableaux et cellules de disposition** ou dans la barre d'outils **Tableaux.** Cliquez une deuxième fois sur le même bouton pour installer les outils de disposition.

Redimensionner un tableau ou une cellule de disposition

- Pour redimensionner une cellule, sélectionnez le tableau et activez les outils de disposition. Puis déplacez une bordure de cellule en faisant glisser le losange correspondant visible dans la bordure du tableau.
- Ou, déroulez la liste à droite de l'étiquette d'une dimension :

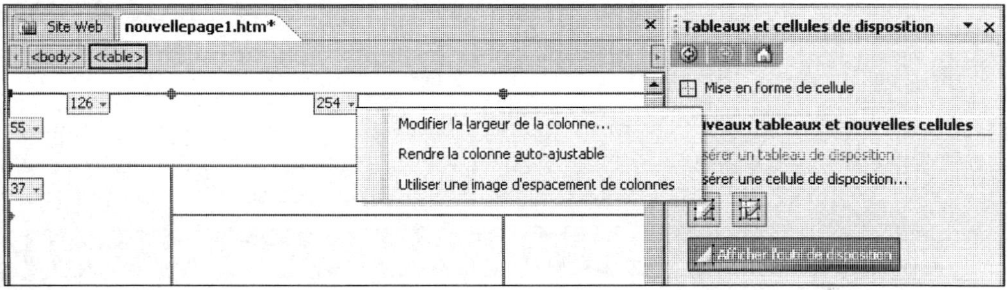
Site Web
nouvellepage1.htm*
<body>
<table>
126
254
55
37
Modifier la largeur de la colonne...
Rendre la colonne auto-ajustable
Utiliser une image d'espacement de colonnes
Tableaux et cellules de disposition
Mise en forme de cellule
iveaux tableaux et nouvelles cellules
sérer une cellule de disposition...

- Cliquez sur l'option :

  Modifier la largeur de la colonne (ou **Modifier la hauteur de la ligne**) : pour définir sa nouvelle dimension en pixels.

  Rendre la colonne (la ligne) auto-ajustable : pour permettre au tableau de s'ajuster automatiquement à la taille de la fenêtre du navigateur.

  Quand une cellule est déclarée auto-ajustable, les propriétés du tableau indiquent une largeur (ou une hauteur) à 100%, tandis que celle des cellules voisines devient fixe, en pixels.

  Utiliser une image d'espacement de colonnes : pour fixer une largeur minimale à la colonne. FrontPage ajoute alors au bas de la colonne une petite image GIF transparente, ce qui empêche la largeur de la colonne d'être réduite même quand elle est vide.

- Pour fractionner une cellule, sélectionnez-la en cliquant sur sa bordure. Immobilisez la souris sur un carreau bleu de sa bordure, puis glissez-la vers l'intérieur.

  Si la cellule est entourée d'autres cellules, elle est alors fractionnée. Mais si l'espace autour d'elle est encore beige (cellules non définies), la bordure de la cellule est simplement déplacée.

Définir les propriétés d'un tableau de disposition

- Cliquez dans le tableau et, au besoin, affichez le volet Office **Tableaux et cellules de disposition**.
- Sous la zone **Propriétés du tableau**, indiquez de nouvelles dimensions en pixels dans les zones **Largeur** et/ou **Hauteur** puis appuyez sur la touche [Entrée].
- Dans la zone **Alignement**, choisissez l'emplacement du tableau dans la largeur de la page, en cliquant sur un des boutons **Aligner à gauche**, **Alignement centré** ou **Aligner à droite**.
- Pour établir une distance entre le tableau et les bords de la page, cliquez sur le lien **Définir les marges de page** puis, dans l'onglet **Avancé** de la boîte de dialogue **Propriétés de la page**, indiquez les valeurs appropriées sous la zone **Marges**.

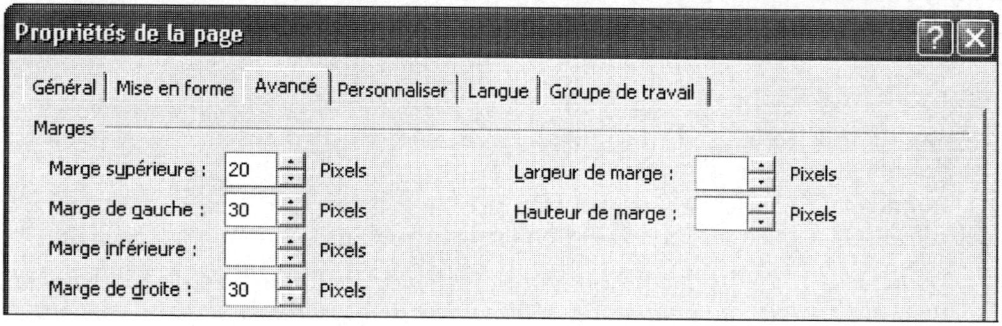
Propriétés de la page
Général
Mise en forme
Avancé
Personnaliser
Langue
Groupe de travail
Marges
Marge supérieure : 20 Pixels
Marge de gauche : 30 Pixels
Marge inférieure : Pixels
Marge de droite : 30 Pixels
Largeur de marge : Pixels
Hauteur de marge : Pixels

Modifier les propriétés d'une cellule

*Les outils de disposition permettent aussi de modifier directement les propriétés des cellules dans le volet Office **Mise en forme de cellule**.*

- Dans le volet Office **Tableaux et cellules de disposition**, cliquez sur le lien **Mise en forme de cellule** pour ouvrir le volet approprié.

*Remarquez le premier lien en haut du volet Office **Mise en forme de cellule** qui permet de retourner au volet **Tableaux et cellules de disposition**. Les trois liens suivants permettent de changer le contenu du volet pour atteindre les propriétés de la cellule, pour réserver un espace d'en-tête ou pour ajouter des bordures ombrées.*

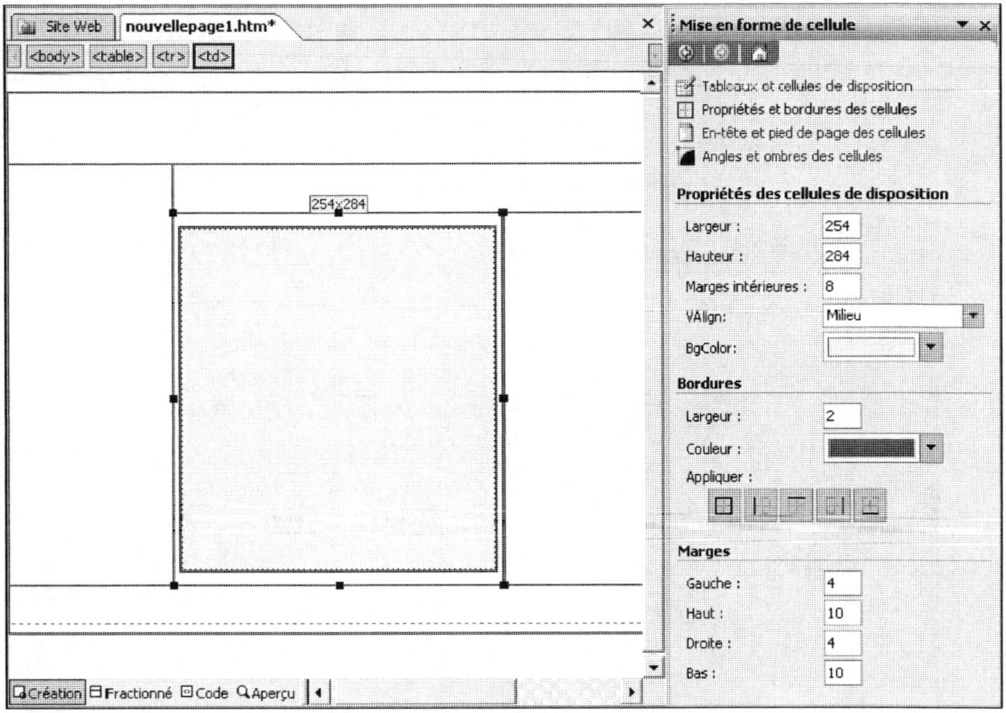
Site Web
nouvellepage1.htm*
<body> <table> <tr> <td>
254x284
Création Fractionné Code Aperçu
Mise en forme de cellule
Tableaux et cellules de disposition
Propriétés et bordures des cellules
En-tête et pied de page des cellules
Angles et ombres des cellules
Propriétés des cellules de disposition
Largeur : 254
Hauteur : 284
Marges intérieures : 8
VAlign: Milieu
BgColor:
Bordures
Largeur : 2
Couleur :
Appliquer :
Marges
Gauche : 4
Haut : 10
Droite : 4
Bas : 10

- Dans un tableau de disposition, sélectionnez la cellule voulue.
- Cliquez sur le lien **Propriétés et bordures des cellules**, en haut du volet Office.
- Modifiez la taille de la cellule, en pixels, dans les zones **Largeur** et **Hauteur**.
- Indiquez les **Marges intérieures** des cellules.
- Dans la liste **VAlign**, choisissez le type d'alignement vertical du contenu de la cellule (**Haut**, **Milieu** ou **Bas**).
- Dans la liste **BgColor**, vous pouvez choisir une couleur pour l'arrière-plan de la cellule.
- Sous la zone **Bordures**, choisissez une **Largeur** et une **Couleur** de bordure.
- Cliquez sur l'un des boutons de la zone **Appliquer** pour dessiner la bordure correspondante.
- Sous la zone **Marges**, fixez la distance entre la cellule et ses voisines.

Ajouter un en-tête et un pied de page à une cellule

- Dans le volet Office **Mise en forme de cellule**, cliquez sur le lien **En-tête et pied de page des cellules.**
- Sélectionnez une cellule en cliquant sur sa bordure.

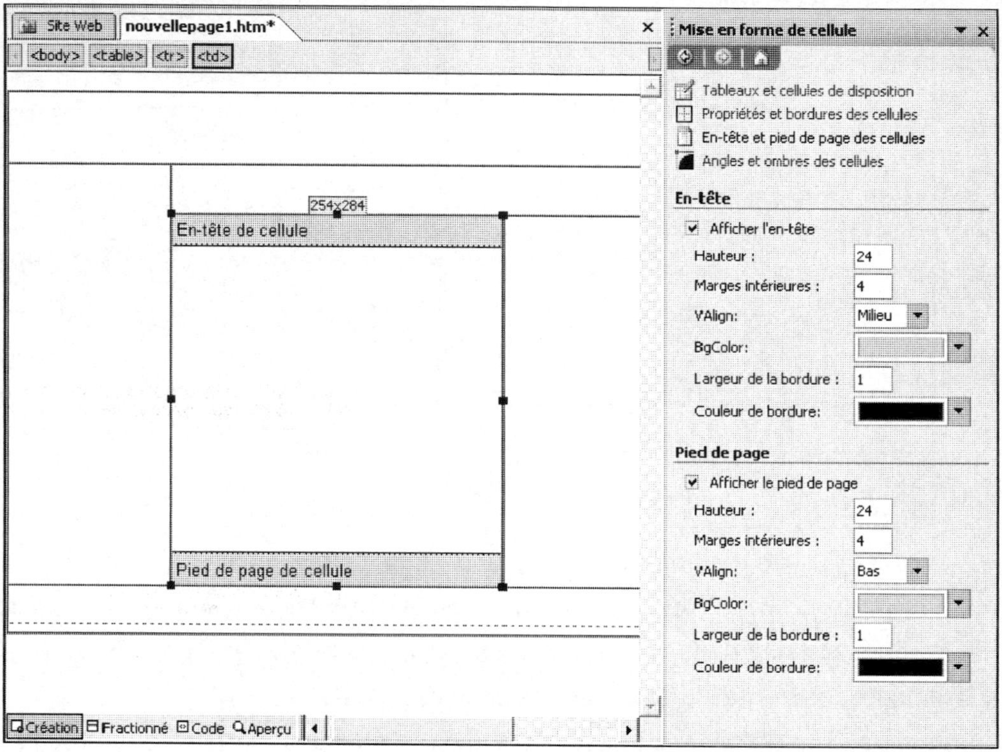
Site Web
nouvellepage1.htm*
<body> <table> <tr> <td>
254x284
En-tête de cellule
Pied de page de cellule
Création
Fractionné
Code
Aperçu
Mise en forme de cellule
Tableaux et cellules de disposition
Propriétés et bordures des cellules
En-tête et pied de page des cellules
Angles et ombres des cellules
En-tête
Afficher l'en-tête
Hauteur :
24
Marges intérieures :
4
VAlign:
Milieu
BgColor:
Largeur de la bordure :
1
Couleur de bordure:
Pied de page
Afficher le pied de page
Hauteur :
24
Marges intérieures :
4
VAlign:
Bas
BgColor:
Largeur de la bordure :
1
Couleur de bordure:

- Cochez l'une des options **Afficher l'en-tête** et/ou **Afficher le pied de page.**
- Dans les zones correspondantes, indiquez la **Hauteur** et les **Marges intérieures**, en pixels.
- Dans la liste **VAlign**, choisissez l'alignement vertical du contenu de l'en-tête ou du pied de page (**Haut**, **Milieu** ou **Bas**).
- Dans la liste **BgColor**, choisissez une couleur d'arrière-plan pour les zones d'en-tête ou de pied de page.
- Ajoutez une bordure en inscrivant sa taille dans la zone **Largeur de la bordure** et sa couleur dans la zone **Couleur de bordure**.

Ajouter une bordure ombrée ou arrondie

- Cliquez sur la bordure d'une cellule pour la sélectionner.
- Dans le volet Office **Mise en forme de cellule**, cliquez sur le lien **Angles et ombres des cellules.**

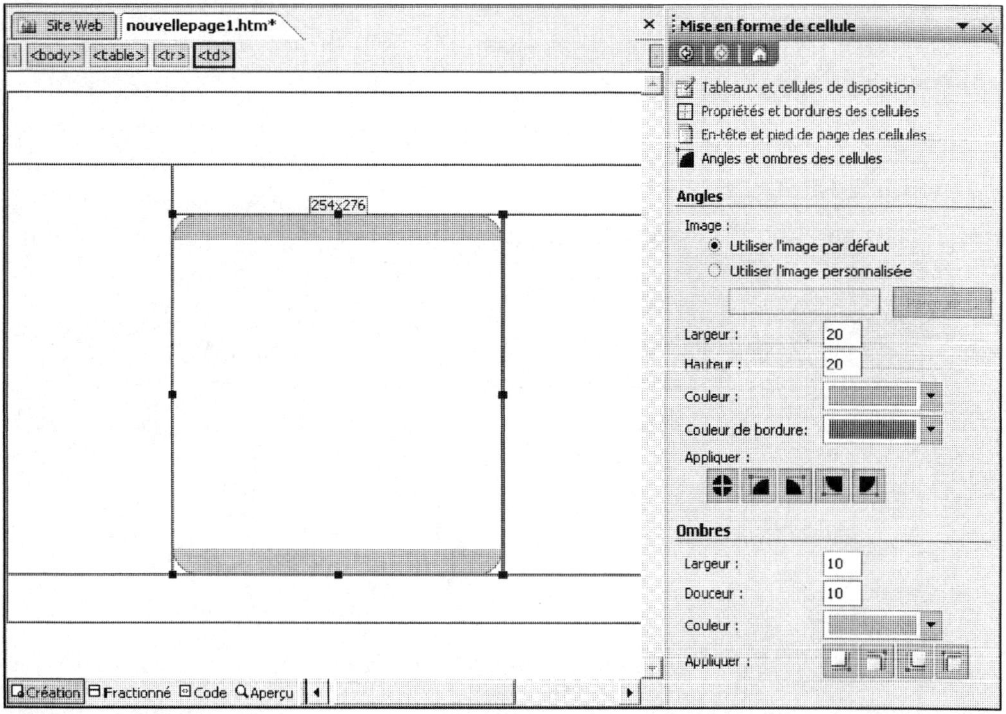
Site Web
nouvellepage1.htm*
<body>
<table>
<tr>
<td>
254x276
Création
Fractionné
Code
Aperçu
Mise en forme de cellule
Tableaux et cellules de disposition
Propriétés et bordures des cellules
En-tête et pied de page des cellules
Angles et ombres des cellules
Angles
Image :
Utiliser l'image par défaut
Utiliser l'image personnalisée
Largeur :
20
Hauteur :
20
Couleur :
Couleur de bordure:
Appliquer :
Ombres
Largeur :
10
Douceur :
10
Couleur :
Appliquer :

*Le volet Office présente alors deux façons d'ajouter des bordures à la cellule. La zone **Angles** permet de dessiner de larges bordures en haut et en bas, tandis que la zone **Ombres** permet d'appliquer des bordures sur deux côtés contigus.*

- Pour obtenir des bordures en haut et en bas, modifiez les informations de la zone **Angles** : la **Largeur** et la **Hauteur** des angles de bordures, ainsi que leur **Couleur**.
- Dans la zone **Couleur de bordure**, déterminez la couleur d'un trait marquant la limite d'une zone arrondie dans les coins de bordures.
- Dans la zone **Appliquer**, cliquez sur le bouton  pour appliquer les bordures, puis cliquez une deuxième fois pour arrondir les angles de ces bordures.

Cliquez sur l'un ou l'autre des boutons  pour modifier seulement un des coins.

- Au besoin, une image peut même être placée dans chacun des coins de la cellule. Pour ce faire, activez l'option **Utiliser l'image personnalisée**, puis cliquez sur le bouton **Parcourir** pour sélectionner une image.
- Cliquez à nouveau sur l'un des boutons  de la zone **Appliquer** pour définir le coin concerné.
- Pour obtenir plutôt une ombre portée, c'est-à-dire une ombre sur deux côtés avec un dégradé, sous la zone **Ombres**, précisez la **Largeur** de l'ombre, sa **Douceur** (son intensité) et sa **Couleur**.
- Cliquez sur l'un des boutons de la zone **Appliquer**  pour définir les bordures concernées.

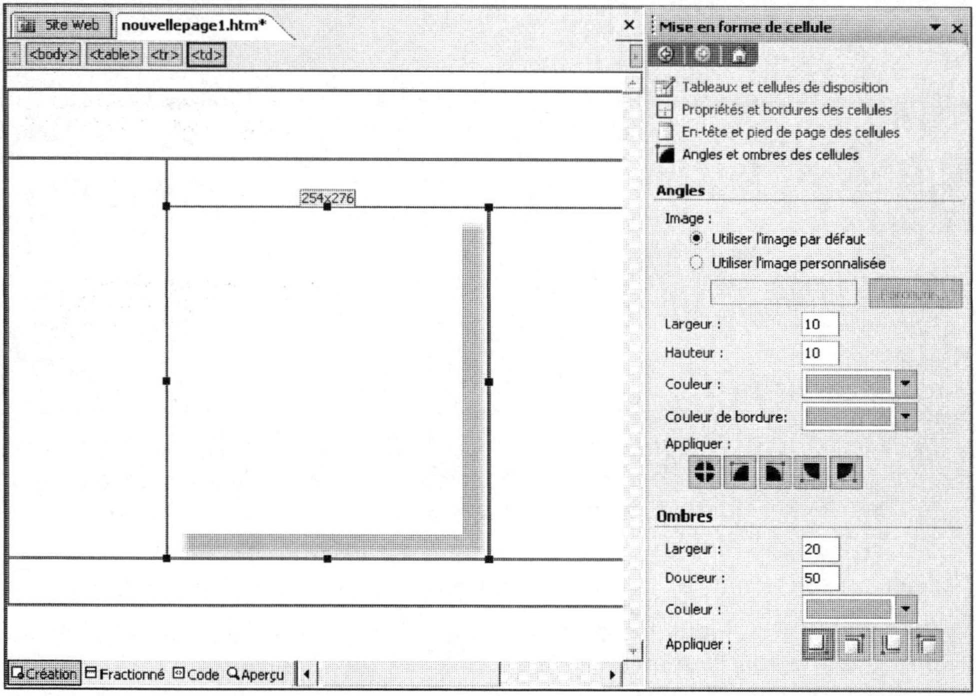
Site Web
nouvellepage1.htm*
<body>
<table>
<tr>
<td>
254x276
Création
Fractionné
Code
Aperçu
Mise en forme de cellule
Tableaux et cellules de disposition
Propriétés et bordures des cellules
En-tête et pied de page des cellules
Angles et ombres des cellules
Angles
Image :
Utiliser l'image par défaut
Utiliser l'image personnalisée
Largeur :
10
Hauteur :
10
Couleur :
Couleur de bordure:
Appliquer :
Ombres
Largeur :
20
Douceur :
50
Couleur :
Appliquer :

Si vous cliquez à nouveau sur l'un de ces boutons pour enlever l'ombre portée, vous verrez qu'elle était placée dans de nouvelles cellules bordant la cellule initiale.

Supprimer une cellule ou un tableau de disposition

- Activez les outils de disposition pour le tableau.
- Sélectionnez la cellule ou le tableau à supprimer.
- Appuyez sur la touche Suppr.

Images, son et vidéo

septième partie

Insérer une image ClipArt

Rechercher et insérer une image, un son ou une vidéo

- En mode **Création** de la page concernée, utilisez la commande **Insertion - Image - Images clipart** pour afficher le volet Office **Images clipart**.
- Saisissez un ou plusieurs mots clés dans la zone **Rechercher**.
- Pour limiter l'emplacement de la recherche, développez la liste **Rechercher dans**, effectuez votre choix en suivant ces instructions : le signe plus (+) permet de développer l'arborescence tandis que le signe moins (-) permet de la réduire ; un clic dans une case à cocher permet de sélectionner ou de désélectionner la catégorie correspondante alors qu'un double clic permet de sélectionner ou de désélectionner la catégorie correspondante ainsi que les sous-catégories.

  *La catégorie **Collections Office** (et ses sous-catégories) correspond aux différents éléments (images, sons et vidéos) installés avec Office. La catégorie **Collections Web** correspond aux éléments recherchés sur le Web, plus précisément sur le site Microsoft ; FrontPage tient compte de cet emplacement uniquement si vous avez une connexion Internet active.*

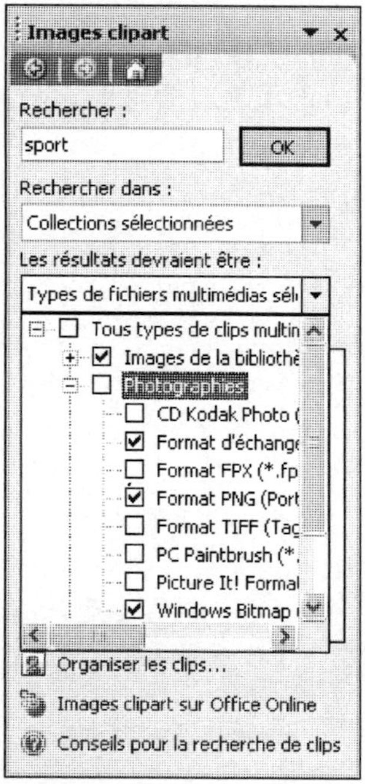
Images clipart
Rechercher :
sport
OK
Rechercher dans :
Collections sélectionnées
Les résultats devraient être :
Types de fichiers multimédias séle
Tous types de clips multin
Images de la bibliothè
Photographies
CD Kodak Photo (
Format d'échange
Format FPX (*.fp
Format PNG (Port
Format TIFF (Tag
PC Paintbrush (*.
Picture It! Format
Windows Bitmap
Organiser les clips...
Images clipart sur Office Online
Conseils pour la recherche de clips

- Pour limiter le type d'éléments recherchés (**Images de la bibliothèque**, **Photographies**, **Films** ou **Sons**), dans la liste **Les résultats devraient être**, décochez celui ou ceux ne correspondant pas à votre recherche. Vous pouvez également limiter votre recherche à certains types de fichiers, pour cela cliquez sur le signe plus (+) du type d'élément concerné puis décochez les types de fichiers ne correspondant pas à votre recherche.
- Fermez la liste **Les résultats devraient être** puis cliquez sur le bouton **OK** pour lancer la recherche.

Les éléments correspondant à la recherche sont désormais visibles dans la partie centrale du volet Office ***Images clipart****.*

Images clipart
Rechercher :
sport
OK
Rechercher dans :
Toutes les collections
Les résultats devraient être :
Types de fichiers multimédias sélec
Organiser les clips...
Images clipart sur Office Online
Conseils pour la recherche de clips

Si vous avez inclus la recherche sur le Web en cochant l'option ***Collections Web*** *dans la liste* ***Rechercher dans*** *et si votre connexion Internet est active, l'icône en bas à gauche de l'élément vous indique que l'élément a été trouvé sur le Web.*

Lorsque vous pointez un élément trouvé, son nom, sa taille ainsi que sa résolution s'affichent dans une info-bulle.

- Pour insérer un des éléments trouvé dans la page active, positionnez le curseur à l'endroit où l'élément doit être inséré puis cliquez sur ce dernier dans le volet Office **Images clipart**.

Lorsque vous pointez un élément dans le volet Office **Images clipart**, vous visualisez une flèche à droite de celui-ci. Si vous cliquez sur cette flèche, vous ouvrez une liste contenant des options vous permettant d'**Insérer** l'élément, de le **Copier**, de le **Supprimer de la Bibliothèque multimédia**, de **Copier** l'élément **dans la collection** de votre choix, de **Modifier les mots clés** qui lui sont associés, de **Rechercher un style similaire** à l'élément trouvé ou d'obtenir l'**Aperçu** et les **propriétés** de l'élément.

Utilisez le lien **Images clipart sur Office Online** du volet Office afin d'effectuer des recherches directement sur le site Microsoft.

Utiliser la Bibliothèque multimédia

- Si besoin, utilisez la commande **Insertion - Image - Images clipart** pour afficher le volet Office **Images clipart**.
- Cliquez sur le lien **Organiser les clips** situé au bas du volet Office.

Il est possible que la boîte de dialogue ***Ajout de clips dans la Bibliothèque multimédia*** *apparaisse à l'écran.*

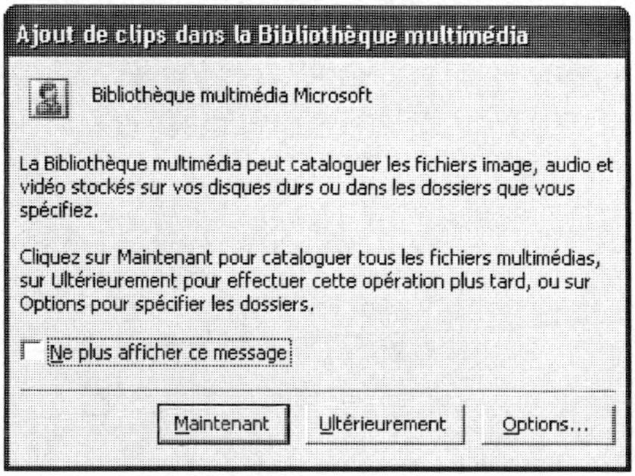
Ajout de clips dans la Bibliothèque multimédia
Bibliothèque multimédia Microsoft
La Bibliothèque multimédia peut cataloguer les fichiers image, audio et vidéo stockés sur vos disques durs ou dans les dossiers que vous spécifiez.
Cliquez sur Maintenant pour cataloguer tous les fichiers multimédias, sur Ultérieurement pour effectuer cette opération plus tard, ou sur Options pour spécifier les dossiers.
Ne plus afficher ce message
Maintenant
Ultérieurement
Options...

- Dans ce cas, cliquez sur le bouton **Maintenant** si vous souhaitez ajouter les fichiers image, audio et vidéo de votre disque dur dans la bibliothèque multimédia. Si vous ne souhaitez pas effectuer cette opération maintenant, cliquez sur le bouton **Ultérieurement**.
- Pour parcourir les collections d'éléments (images, sons et vidéos) d'Office, développez (en cliquant sur le signe +) la collection **Collections Office** puis cliquez sur la sous-collection de votre choix pour afficher son contenu dans le volet de droite.

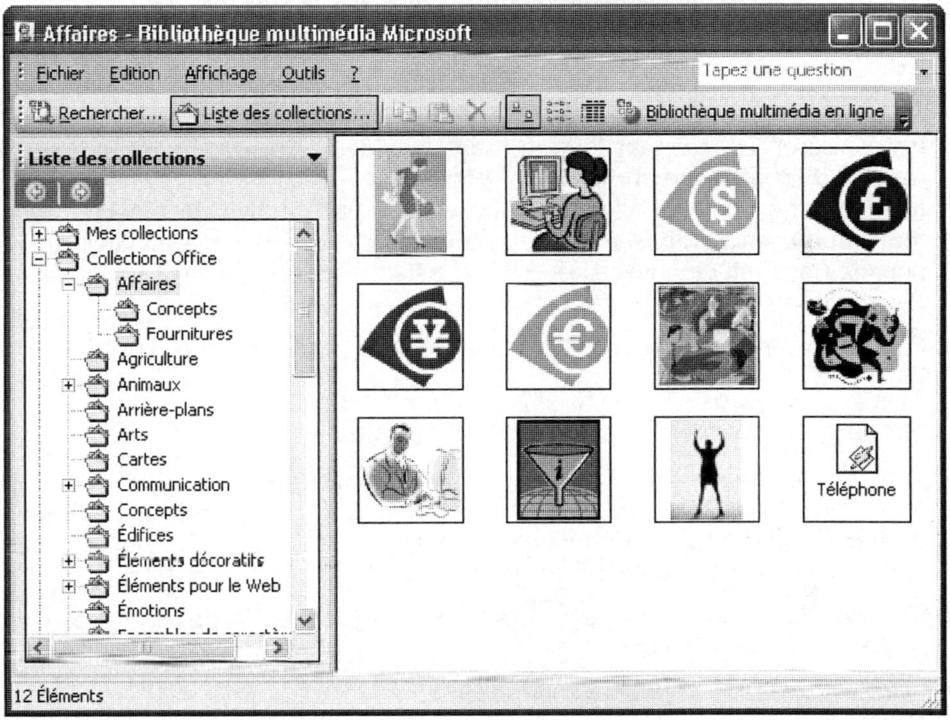
Affaires - Bibliothèque multimédia Microsoft
Fichier
Edition
Affichage
Outils
?
Tapez une question
Rechercher...
Liste des collections...
Bibliothèque multimédia en ligne
Liste des collections
Mes collections
Collections Office
Affaires
Concepts
Fournitures
Agriculture
Animaux
Arrière-plans
Arts
Cartes
Communication
Concepts
Édifices
Éléments décoratifs
Éléments pour le Web
Émotions
Téléphone
12 Éléments

- La collection **Mes collections** vous donne la possibilité de créer et de gérer des sous-collections personnalisées :
  - Pour créer une nouvelle collection dans **Mes collections**, sélectionnez cette dernière puis activez la commande **Fichier - Nouvelle collection**, saisissez son **Nom**, sélectionnez l'emplacement de la collection en cliquant sur le dossier ou sous-dossier de votre choix puis cliquez sur le bouton **OK**.

- Pour copier un élément (image, son ou vidéo) vers une sous-collection de **Mes collections**, recherchez l'élément à partir des **Collections Office** ou des **Collections Web** (si vous êtes connecté à Internet) puis effectuez un cliqué-glissé de l'élément du cadre de droite vers la sous-collection désirée visible dans le volet de gauche.
- Pour renommer une sous-collection créée dans **Mes collections**, sélectionnez la sous-collection concernée, utilisez la commande **Edition - Renommer la collection**, saisissez le nouveau nom puis appuyez sur la touche [Entrée].
- Pour supprimer une sous-collection créée dans **Mes collections**, sélectionnez la sous-collection concernée, appuyez sur la touche [Suppr] puis cliquez sur le bouton **Oui** pour confirmer la suppression.

- Pour insérer un élément (image, son ou vidéo) dans votre page à partir de la fenêtre **Bibliothèque multimédia Microsoft**, effectuez un cliqué-glissé de l'élément affiché dans le cadre de droite vers la page active (la fenêtre **Bibliothèque multimédia Microsoft** n'est plus visible mais reste ouverte en arrière-plan, vous pouvez l'activer de nouveau en cliquant sur le bouton correspondant dans la barre des tâches).
- Fermez la **Bibliothèque multimédia** en cliquant sur le bouton .

Insérer une image à partir d'un fichier

Vous pouvez insérer des images ayant les formats suivants : GIF, JPG, JPEG, PNG, BMP, DIB et WMF. Si vous insérez une image qui a un format autre que PNG, GIF ou JPEG, elle est automatiquement convertie au format GIF ou au format JPEG (ces formats compressent les images).

- En mode **Création** de la page concernée, positionnez le point d'insertion où vous souhaitez insérer l'image.
- **Insertion**
  Image
  À partir du fichier

- Grâce à la liste **Regarder dans**, modifiez si besoin est, l'unité et/ou le dossier dans lequel se trouve l'image.
- Si nécessaire, dans la partie centrale de la boîte de dialogue, faites un double clic sur le dossier dans lequel se trouve l'image.
- Sélectionnez l'image puis cliquez sur le bouton **Insérer**.

- Enregistrez la nouvelle image, simplement en enregsitrant la page Web : (cf. Enregistrer une page contenant images, sons, vidéos dans le chapitre Création de pages).

Lors de la conception de vos pages, n'oubliez pas que l'insertion d'images trop volumineuses peut ralentir le chargement de la page et décourager les utilisateurs à découvrir votre site.

Changer le format d'une image

- En mode **Création** de la page concernée, cliquez sur l'image à convertir afin de la sélectionner.
- **Format**
  Propriétés
  onglet **Général**
- Cliquez sur le bouton **Type de fichier image**.

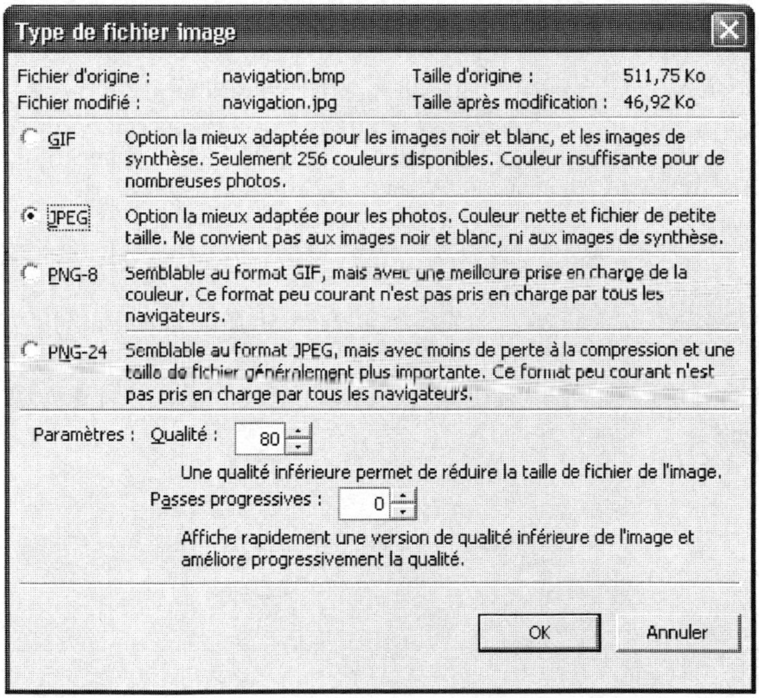

Type de fichier image
Fichier d'origine : navigation.bmp
Taille d'origine : 511,75 Ko
Fichier modifié : navigation.jpg
Taille après modification : 46,92 Ko
GIF
Option la mieux adaptée pour les images noir et blanc, et les images de synthèse. Seulement 256 couleurs disponibles. Couleur insuffisante pour de nombreuses photos.
JPEG
Option la mieux adaptée pour les photos. Couleur nette et fichier de petite taille. Ne convient pas aux images noir et blanc, ni aux images de synthèse.
PNG-8
Semblable au format GIF, mais avec une meilleure prise en charge de la couleur. Ce format peu courant n'est pas pris en charge par tous les navigateurs.
PNG-24
Semblable au format JPEG, mais avec moins de perte à la compression et une taille de fichier généralement plus importante. Ce format peu courant n'est pas pris en charge par tous les navigateurs.
Paramètres : Qualité : 80
Une qualité inférieure permet de réduire la taille de fichier de l'image.
Passes progressives : 0
Affiche rapidement une version de qualité inférieure de l'image et améliore progressivement la qualité.
OK
Annuler

- Pour réaliser une conversion au format GIF, activez le type **GIF**.
- Pour réaliser une conversion au format JPEG, activez le type **JPEG**.

*Observez, dans le haut de la boîte de dialogue, la **Taille d'origine** et la **Taille après modification**. Cette information peut vous aider à choisir entre un fichier GIF ou JPEG, une taille plus petite permettant un affichage plus rapide de l'image sur Internet.*

- Si vous avez choisi le format JPEG, au besoin, intervenez sur la **Qualité** de l'image : plus la valeur est importante, plus la qualité de l'image est bonne mais plus la taille du fichier est importante (valeur entre 1 et 100).

  Pour afficher l'image normalement, tapez **0** dans la zone **Passes progressives**. À l'inverse, pour afficher progressivement, en montrant des versions de plus en plus détaillées de l'image, tapez un nombre supérieur à 0.
- Si vous avez choisi le format GIF, cochez l'option **Entrelacé** si vous souhaitez que l'image s'affiche progressivement dans les navigateurs Web.
- Cliquez à deux reprises sur le bouton **OK.**
- Enregistrez la page contenant l'image.

Le changement de format pourrait aussi se faire lors de l'enregistrement de la page, dans la fenêtre **Enregistrer les fichiers incorporés**, en cliquant sur le bouton **Type de fichier image** (cf. Enregistrer une page contenant images, sons, vidéos dans le chapitre Création de pages).

Afficher la barre d'outils Images

*Il est possible que la barre d'outils **Images** s'affiche dès qu'une image est sélectionnée, mais si ce n'est pas le cas, vous devez l'afficher.*

- En mode **Création** de la page, cliquez sur l'image concernée pour la sélectionner.
- **Affichage**
  Barres d'outils
  Images

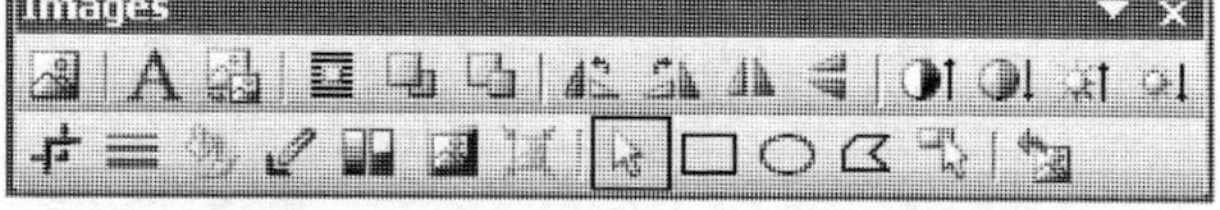
Images

*Vous pouvez aussi faire un clic avec le bouton droit de la souris sur une image puis cliquer sur l'option **Afficher la barre d'outils Images**.*

Insérer une ligne horizontale

Si un thème est rattaché à la page, la ligne horizontale hérite de l'aspect et des propriétés du thème appliqué.

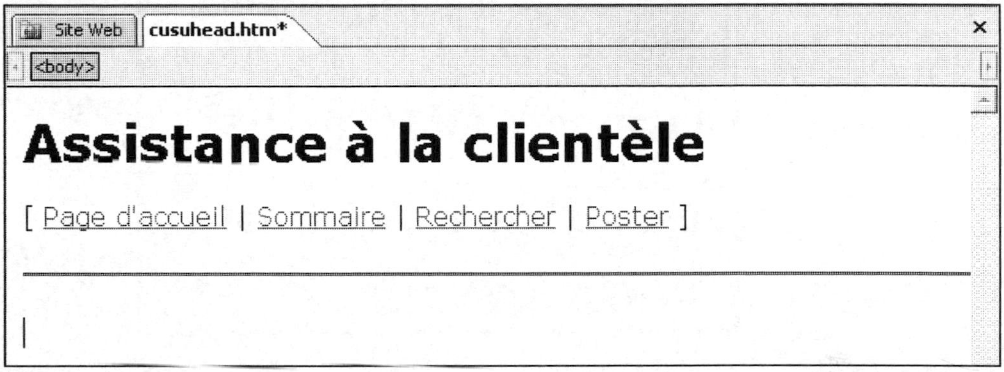
Site Web
cusuhead.htm*
<body>
Assistance à la clientèle
[Page d'accueil | Sommaire | Rechercher | Poster]

- En mode **Création** de la page concernée, positionnez le point d'insertion à l'endroit souhaité.
- **Insertion**
  Trait horizontal

Instantanément, la ligne s'affiche à la position du curseur.

Pour supprimer une ligne horizontale, il suffit de cliquer dessus puis d'appuyer sur la touche Suppr.

Changer l'aspect d'une ligne horizontale

- En mode **Création** de la page concernée, cliquez sur la ligne pour la sélectionner.
- **Format** Alt Entrée
  Propriétés

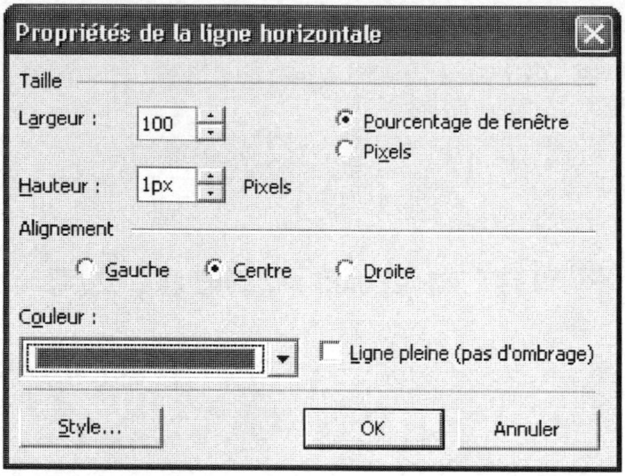
Propriétés de la ligne horizontale
Taille
Largeur :
100
Pourcentage de fenêtre
Pixels
Hauteur :
1px
Pixels
Alignement
Gauche
Centre
Droite
Couleur :
Ligne pleine (pas d'ombrage)
Style...
OK
Annuler

- Définissez les différentes propriétés de la ligne : sa **Largeur** (en pourcentage ou en pixels) et sa **Hauteur**, son **Alignement** dans la largeur de la page ainsi que sa **Couleur**.
- Cliquez sur le bouton **OK** pour valider.

Insérer une vidéo

- En mode **Création** de la page, positionnez le point d'insertion où doit apparaître la vidéo.
- **Insertion**
  Image
  Vidéo

  *Si l'option **Vidéo** n'est pas disponible, activez l'option **Uniquement Microsoft Internet Explorer** dans les **Options de page** (**Outils** - **Options de page** - onglet **Opérations d'auteur**).*
- Dans la boîte de dialogue **Vidéo**, choisissez le **Type de fichiers : Tous les fichiers vidéo (*.avi ; *.asf ; *.ram ; *.ra)**.
- Sélectionnez le clip vidéo à insérer.

  Comme une image, le clip peut être inséré à partir du site Web en cours, à partir du World Wide Web ou à partir d'un document.
- Cliquez sur le bouton **Ouvrir** pour valider.

La première image du clip (ou une icône) s'affiche dans la page.

Les fichiers de vidéo sont :

.avi	vidéo pour Windows.
.mpeg	vidéo haute-qualité compressée multi-plate-forme.
.ra ou .ram	Real Audio, format pour diffusion via Internet (format le plus utilisé et le plus fluide)
.asf	format multimédia de vidéo Windows
.wmp	fichiers Windows Media audio/vidéo : format Microsoft pour la diffusion sur Internet.

Personnaliser l'affichage d'un clip vidéo

- En mode **Création** de la page, sélectionnez le clip concerné.
- **Format** Alt Entrée
  Propriétés
- Au besoin, activez l'onglet **Vidéo**.

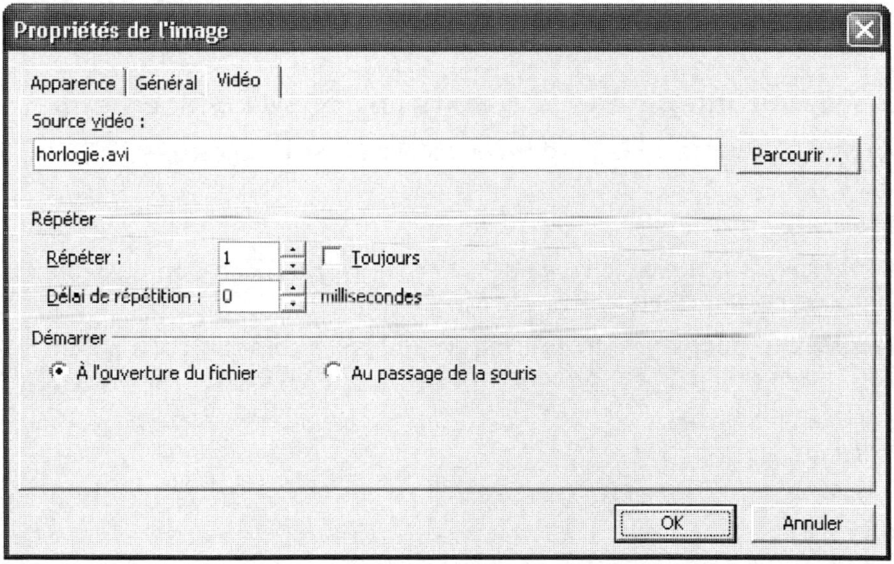
Propriétés de l'image
Apparence
Général
Vidéo
Source vidéo :
horlogie.avi
Parcourir...
Répéter
Répéter :
1
Toujours
Délai de répétition :
0
millisecondes
Démarrer
À l'ouverture du fichier
Au passage de la souris
OK
Annuler

- Spécifiez le nombre de répétitions du clip dans la zone **Répéter** ou, cochez l'option **Toujours** pour une exécution en continu.

- Précisez le **Délai de répétition** à respecter entre deux diffusions du clip.
- Dans la zone **Démarrer**, activez l'option correspondant à événement que doit déclencher la diffusion du clip : **À l'ouverture du fichier** ou **Au passage de la souris.**
- Cliquez sur le bouton **OK**.

Créer un texte de remplacement

Les images ralentissent le chargement des pages. C'est pourquoi, certains utilisateurs désactivent les capacités d'affichage d'images de leur navigateur. Il est donc souhaitable de prévoir un texte de remplacement.

- En mode **Création** de la page, cliquez sur l'image concernée.
- **Format**
  Propriétés [Alt][Entrée]
- Activez l'onglet **Général**.
- Dans le cadre **Représentations de remplacement**, saisissez le **Texte** de remplacement dans la zone correspondante.
- Cliquez sur le bouton **OK**.

Prévoir une image basse résolution de remplacement

- En mode **Création** de la page, sélectionnez l'image concernée.
- **Format**
  Propriétés [Alt][Entrée]
- Dans l'onglet **Général**, cliquez dans la zone **Basse résolution** du cadre **Représentations de remplacement.**
- Saisissez le nom complet de l'image à basse résolution qui s'affichera à la place de l'image originale ou, sélectionnez-la à l'aide du bouton **Parcourir**.

  Certains navigateurs affichent cette image pendant le téléchargement de l'image originale.
- Cliquez sur le bouton **OK**.

Associer un fond sonore à une page

Vous pouvez insérer des fichiers .wav, .mid, .ram, .ra, .aif, .aiff, aifc, .au, .snd, mais tous les navigateurs Web ne les prennent pas en charge. De plus, faites attention à ce que le fichier sonore apporte un réel plus à votre page, car il ralentira fortement son affichage.

- Ouvrez la page concernée en mode **Création**.
- **Fichier**
  Propriétés
  onglet **Général**
- Saisissez le nom du fichier sonore dans le champ **Emplacement**, situé dans le cadre **Fond sonore** ou, cliquez sur le bouton **Parcourir** pour le sélectionner.
- Cochez l'option **Toujours** pour que le fond sonore soit émis continuellement lorsque la page est affichée, sinon, décochez l'option et, dans la zone **Répéter**, indiquez combien de fois le fond sonore doit être répété.
- Cliquez sur le bouton **OK**.

Insérer un dessin

FrontPage vous permet de dessiner directement dans une page. FrontPage utilise le VML (Vector Markup Language) qui est un langage basé sur le XML. Seuls Internet Explorer 5 et les versions supérieures interprètent le VML. Si vous désirez une compatibilité parfaite avec les autres navigateurs, vous pouvez transformer les dessins VML en images au format GIF.

<u>Afficher la barre d'outils Dessin</u>

- **Affichage**
  Barres d'outils
  Dessin

*La barre d'outils **Dessin** apparaît dans la partie inférieure de la fenêtre.*

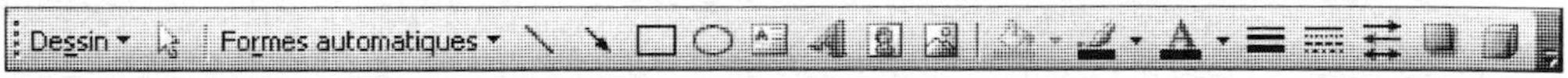
Dessin
Formes automatiques

- Pour dessiner une forme en utilisant un motif prédéfini, cliquez sur l'un des outils 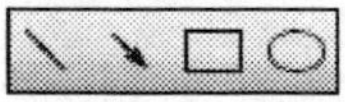 ou ouvrez la liste déroulante **Formes automatiques**, pointez la catégorie contenant la forme à dessiner puis cliquez sur le symbole correspondant.
- Faites un cliqué-glissé sur la page.

- Modifiez, éventuellement, la forme en déplaçant les poignées de redimensionnement (les points visibles dans sa bordure lorsqu'elle est sélectionnée).

Autoriser les dessins

Si la plupart des options de la barre d'outils ***Dessin*** *sont grisées, cela signifie que les graphismes VML n'ont pas encore été autorisés.*

- **Outils**
  Options de page
- Cliquez sur l'onglet **Opérations d'auteur**.
- Cochez les options **Graphismes VML** et **Fichier image de bas niveau**.
- Cliquez sur le bouton **OK**.

Transformer le dessin en image

- En mode **Création** de la page, faites le dessin voulu puis appuyez sur la touche [Impr écran].
- Dans une page, collez la capture d'écran à l'aide des touches [Ctrl] **V** puis, sélectionnez-la.
- Activez l'outil de la barre d'outils **Images** ; si vous ne la visualisez pas, utilisez la commande **Affichage - Barres d'outils - Images**.
- Faites glisser les poignées du cadre de rognage de manière à ne conserver que la partie du dessin que vous souhaitez transformer en image.
- Cliquez sur l'outil pour le désactiver et ainsi supprimer la partie non incluse dans le cadre de rognage.

  Seul le dessin visible dans le cadre de rognage est désormais visible à l'écran.
- Enregistrez la page ainsi que la nouvelle image.

  L'image est enregistrée sous le format GIF ou JPEG et tous les visiteurs pourront la visualiser.

Créer une image miniature

Une image miniature est une version miniaturisée d'une image dans une page. La miniature contient un lien hypertexte vers la version grandeur normale de la même image.

- Ouvrez la page concernée en mode **Création**.
- Insérez l'image à miniaturiser puis cliquez dessus pour la sélectionner.
- Dans la barre d'outils **Images**, cliquez sur l'outil **Miniature automatique** .

FrontPage crée une image miniature et un lien hypertexte vers l'image dans ses dimensions d'origine.

visiter la région:

Sur cet exemple, seules les personnes intéressées par l'agrandissement de cette photo cliqueront sur l'image pour le visualiser. Bien que déjà visible dans la page, l'image miniature sera ajoutée aux autres fichiers du site Web lors de l'enregistrement de la page.

Les dimensions des images miniatures sont définies auparavant dans l'onglet **Créer une miniature** du menu **Outils - Options de page**.

Ajouter une zone réactive à un graphisme

Une zone réactive est une zone (invisible à l'écran) d'un graphisme qui sert de lien hypertexte.
Il est possible de créer plusieurs zones réactives sur une même image.
*Tout graphisme comportant une ou plusieurs zones réactives est appelé **Image interactive**.*

- En mode **Création** de la page, cliquez sur l'image afin de la sélectionner.
- Dans la barre d'outils **Images**, cliquez sur l'un des outils suivants :

 pour créer une zone réactive rectangulaire.

 pour créer une zone réactive circulaire.

 pour créer une zone réactive polygonale.

De retour au-dessus de l'image, le pointeur de la souris adopte la forme d'un crayon.

- Pour une zone réactive rectangulaire et circulaire, tracez la zone par un cliqué-glissé. La zone réactive circulaire se trace à partir de son centre et la zone réactive rectangulaire à partir de l'un des angles.

Pour une zone réactive polygonale, cliquez sur chaque point du polygone puis faites un double clic pour la terminer.

La boîte de dialogue ***Insérer un lien hypertexte*** *apparaît dès que la zone réactive est tracée.*

- Procédez comme pour la création d'un lien hypertexte de texte ou d'image (cf. Créer un lien hypertexte dans le chapitre Création de liens).

Pour afficher uniquement les zones réactives de l'image, cliquez sur l'outil de la barre d'outils **Images**.

Lorsque vous êtes en sélection d'une zone réactive, pour vous déplacer vers d'autres zones réactives, faites ⇄ et ⇧ Shift ⇄.

Pour ajouter une zone réactive textuelle à un graphisme, sélectionnez-le, cliquez sur l'outil A de la barre d'outils **Images** puis tapez le texte souhaité dans la zone qui vient de s'insérer. Ensuite, déplacez et/ou redimensionnez éventuellement la zone de texte, double cliquez sur la bordure puis sélectionnez le fichier vers lequel vous souhaitez créer le lien.

Pour supprimer une zone réactive, sélectionnez-la puis appuyez sur la touche Suppr.

Insérer une galerie de photographies

FrontPage permet de construire très rapidement des galeries photographiques. La problématique des galeries de photos est la suivante : comment présenter un grand nombre de photos sans que la page soit trop longue à charger ? La réponse est simple : en construisant une page contenant des photos miniatures et en isolant chaque photo entière sur une page différente. L'inconvénient d'un tel système, c'est qu'il nécessite de construire de nombreuses pages. Pour cette raison, FrontPage automatise la génération de miniatures.

- Ouvrez la page concernée en mode **Création**.
- **Insertion**
  Composant Web

- Sélectionnez **Galerie photo** dans la zone **Type de composant**.
- Sélectionnez, dans la zone **Choisir une option de galerie photo**, l'un des quatre modèles de galerie.

  Une description du modèle sélectionné apparaît dans la partie inférieure de la boîte de dialogue.

  Sachez que vous pourrez changer de modèle à tout moment.
- Cliquez sur le bouton **Terminer**.

  La fenêtre suivante apparaît :

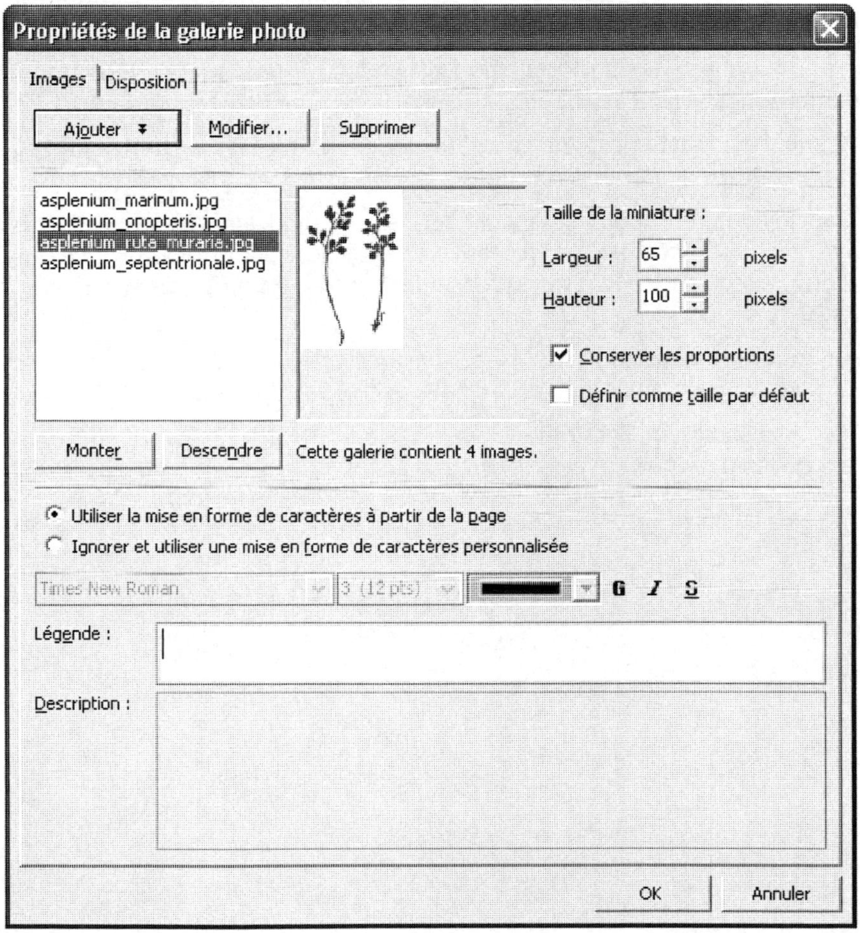
Propriétés de la galerie photo
Images
Disposition
Ajouter
Modifier...
Supprimer
asplenium_marinum.jpg
asplenium_onopteris.jpg
asplenium_ruta_muraria.jpg
asplenium_septentrionale.jpg
Taille de la miniature :
Largeur :
65
pixels
Hauteur :
100
pixels
Conserver les proportions
Définir comme taille par défaut
Monter
Descendre
Cette galerie contient 4 images.
Utiliser la mise en forme de caractères à partir de la page
Ignorer et utiliser une mise en forme de caractères personnalisée
Times New Roman
3 (12 pts)
Légende :
Description :
OK
Annuler

- Pour ajouter des images à la galerie, cliquez sur le bouton **Ajouter**.

  Choisissez, selon le cas, l'option **Images depuis des fichiers** ou **Images depuis des scanneurs ou appareils photo** puis poursuivez la procédure d'ajout d'images, en les sélectionnant et en cliquant sur le bouton **Ouvrir**.

- Pour modifier la position d'une image, sélectionnez-la dans la liste puis utilisez les boutons **Monter** et **Descendre**.

- Pour modifier la **Taille de la miniature**, redéfinissez ses **Largeur** et **Hauteur** dans les zones correspondantes.

Attention, ne cochez pas l'option **Définir comme taille par défaut** car ceci annule l'option **Conserver les proportions** pour toutes les images de la galerie photo.

- Pour ajouter une **Légende** et une **Description** à une image, sélectionnez-la dans la liste puis saisissez le texte souhaité dans les zones correspondantes.

  La zone ***Description*** *est indisponible pour la* ***Disposition photomontage***.

- Pour personnaliser la présentation du texte de **Légende** et/ou de **Description** d'une image, sélectionnez-la puis activez l'option **Ignorer et utiliser une mise en forme de caractères personnalisée**. Ensuite, pour chaque texte à mettre en forme, sélectionnez-le puis utilisez les outils visibles au-dessus de la zone **Légende**.

- Pour modifier le style et la disposition des photos, cliquez sur l'onglet **Disposition** puis sélectionnez l'une des quatre dispositions proposées.

- Pour la disposition horizontale et verticale, modifiez éventuellement le **Nombre d'images par ligne**.

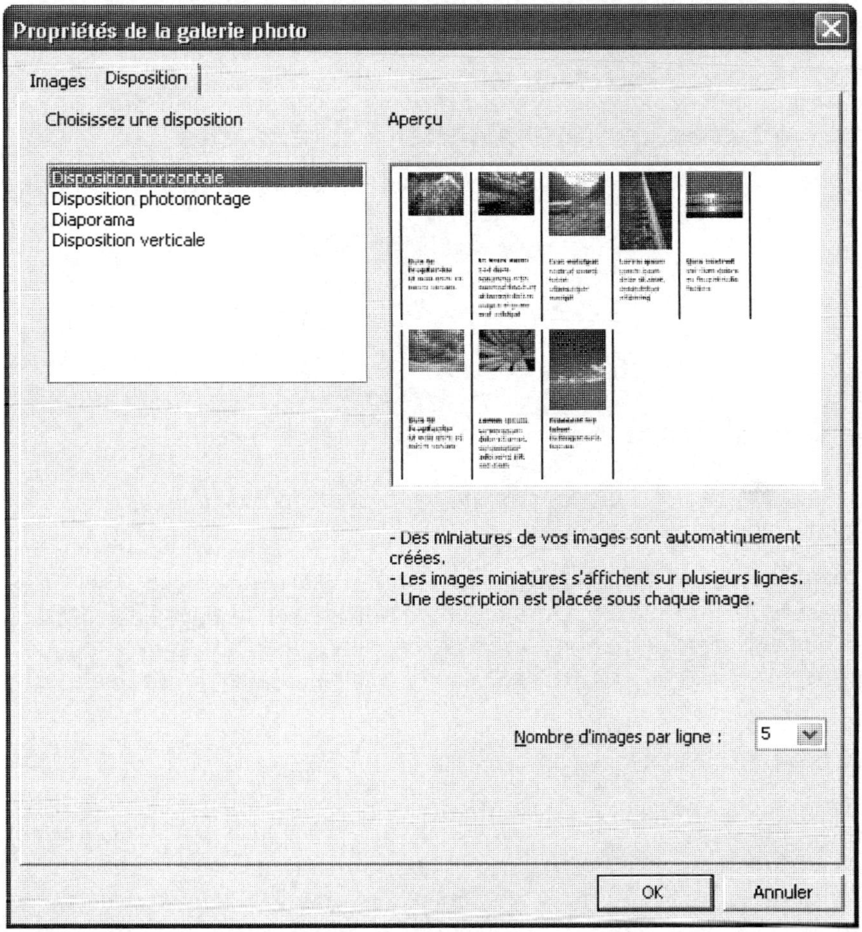
Propriétés de la galerie photo
Images
Disposition
Choisissez une disposition
Aperçu
Disposition horizontale
Disposition photomontage
Diaporama
Disposition verticale
- Des miniatures de vos images sont automatiquement créées.
- Les images miniatures s'affichent sur plusieurs lignes.
- Une description est placée sous chaque image.
Nombre d'images par ligne :
5
OK
Annuler

- Cliquez sur le bouton **OK**.

Les fonctionnalités évoquées dans ce chapitre ne sont pas toutes disponibles pour tous les formats d'images.

Donner un effet tridimensionnel à une image

Donner du relief à une image permet de lui donner un aspect de bouton :

- En mode **Création** de la page, cliquez sur l'image concernée.
- Cliquez sur l'outil **Plaque**  de la barre d'outils **Images** pour activer l'effet tridimensionnel.

Cet effet modifie le fichier de l'image. Si vous voulez conserver l'image originale sans bordures de plaque, au moment d'enregistrer la page, dans la boîte de dialogue **Enregistrer les fichiers incorporés**, renommez l'image ou cliquez sur le bouton **Définir l'action** et choisissez de **Ne pas remplacer le fichier existant.**

Faire pivoter une image

Voici quelques exemples de rotation :

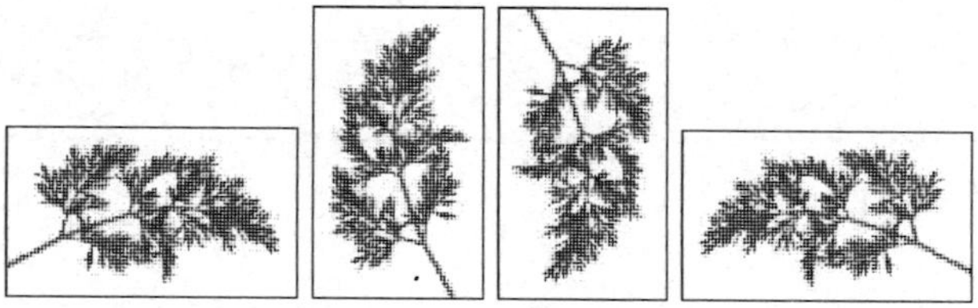

- En mode **Création** de la page, cliquez sur l'image concernée.
- Utilisez les boutons suivants de la barre d'outils **Images** :

 pour faire pivoter l'image vers la gauche

 pour faire pivoter l'image vers la droite

pour appliquer une symétrie par rapport à un axe vertical

pour appliquer une symétrie par rapport à un axe horizontal

Ajouter du texte dans une image

Dans l'exemple ci-dessous nous avons inséré un texte dans une image :

L'EAU

- En mode **Création** de la page, sélectionnez l'image concernée.
- Cliquez sur l'outil [A] de la barre d'outils **Images**.
- En fonction du format de l'image, FrontPage peut vous demander de la convertir au format GIF. Dans ce cas, cliquez sur le bouton **OK**.

  Une zone de texte s'insère sur l'image dans laquelle clignote le point d'insertion.
- Saisissez le texte attendu ; pour aller à la ligne, appuyez sur la touche [Entrée].

  Le rectangle s'agrandit en fonction de la saisie, dans la limite de l'image.
- Réalisez les formatages de caractères souhaités.
- Pour modifier la taille de la zone de texte, faites glisser ses poignées de dimensionnement.
- Pour déplacer une zone de texte, sélectionnez-la puis faites-la glisser vers son nouvel emplacement.
- Pour modifier du texte saisi, cliquez sur le texte pour afficher son cadre, puis cliquez sur le texte pour faire apparaître le point d'insertion et réalisez les modifications souhaitées.
- Pour supprimer une zone de texte, sélectionnez-la puis appuyez sur la touche [Suppr].

Régler la luminosité/le contraste d'une image

- En mode **Création** de la page, sélectionnez l'image concernée.
- Pour intervenir sur le contraste, utilisez les outils suivants de la barre d'outils **Images** :

   pour augmenter le contraste

   pour diminuer le contraste
- Pour modifier la luminosité, utilisez les outils suivants de la barre d'outils **Images** :

   pour augmenter la luminosité

   pour diminuer la luminosité

Modifier les couleurs d'une image

- En mode **Création** de la page, sélectionnez l'image concernée.
- Cliquez sur l'outil **Couleur**  de la barre d'outils **Images**.

  Un menu apparaît.
- Pour transformer l'image en un dégradé de gris (équivalent d'une photo en noir et blanc), cliquez sur l'option **Nuances de gris**.
- Pour rendre l'image très pâle, cliquez sur l'option **Filigrane**.

  Les changements de couleurs sont appliqués immédiatement à l'image. Lors de l'enregistrement, l'image originale peut être conservée ou écrasée.
- Enregistrez la page et l'image avec l'outil . Dans la boîte de dialogue **Enregistrer les fichiers incorporés**, vous pouvez cliquer sur le bouton **Renommer** (pour attribuer un autre nom au fichier et ainsi créer une nouvelle image) ou sur le bouton **Définir l'action** (pour annuler le changement de couleurs en activant l'option **Ne pas remplacer le fichier existant. La page se réfère au fichier existant**, puis en cliquant sur **OK**.
- Cliquez sur le bouton **OK**.

Rendre transparente une couleur

Quand vous rendez une couleur transparente, l'arrière-plan de la page devient visible aux endroits que remplissait cette couleur :

- En mode **Création** de la page, cliquez sur l'image concernée.
- Activez l'outil **Couleur transparente**  de la barre d'outils **Images**.
- Si besoin est, cliquez sur le bouton **OK** du message vous demandant de transformer l'image au format GIF.

  De retour dans l'image, le pointeur de la souris change de forme.
- Cliquez sur la couleur à rendre transparente.

Rogner une image

Quand vous rognez une image, toutes les parties situées en dehors d'une zone rectangulaire sont exclues :

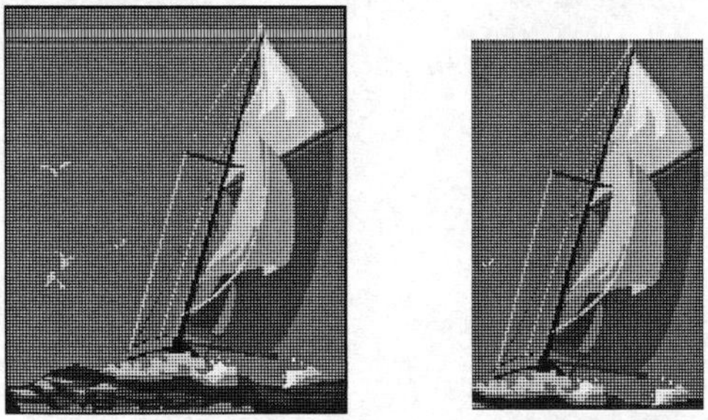

- En mode **Création** de la page, sélectionnez l'image à rogner.

- Cliquez sur l'outil **Rogner** de la barre d'outils **Images**.

  Un rectangle se superpose à l'image.

- Dimensionnez le rectangle afin d'entourer la partie à conserver.

- Cliquez de nouveau sur l'outil **Rogner** pour supprimer la partie située hors du cadre de rognage.

Redimensionner une image

- En mode **Création** de la page, cliquez sur l'image à redimensionner.

  Des poignées apparaissent autour de l'image.

- Pour redimensionner l'image en conservant ses proportions d'origine, faites glisser l'une des poignées d'angle.

- Pour redimensionner l'image en la déformant, faites glisser une des poignées médianes.

- En mode **Création** de la page, sélectionnez l'image concernée.

- **Format**
  Propriétés Alt Entrée

- Activez l'onglet **Apparence**.

- Veillez à ce que l'option **Spécifier la taille** soit cochée.

- Pour que les proportions de l'image soient respectées, cochez l'option **Conserver les proportions**. À l'inverse, si l'image doit être déformée, décochez-la.

- Précisez si les valeurs sont **en pixels** ou **en pourcentage**.

- Indiquez la nouvelle **Largeur** et/ou la nouvelle **Hauteur**.

  Si les proportions doivent être conservées, une seule valeur est attendue.

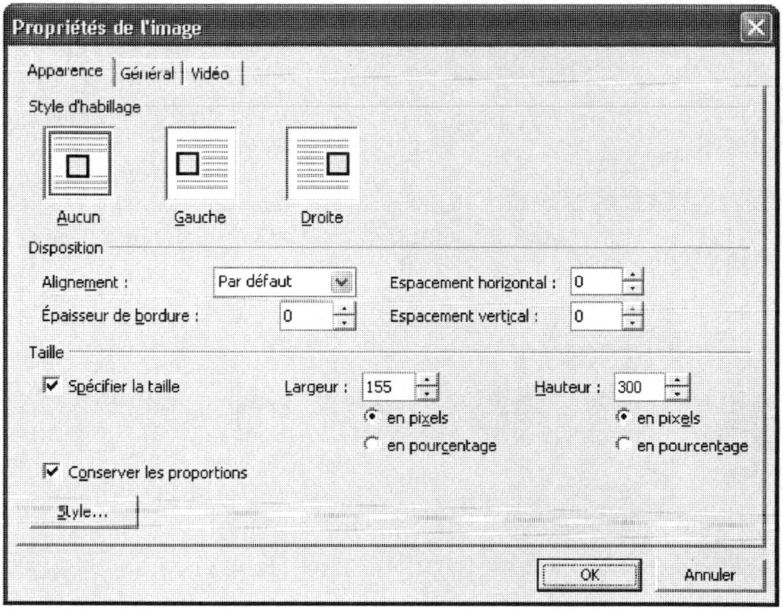
Propriétés de l'image
Apparence
Général
Vidéo
Style d'habillage
Aucun
Gauche
Droite
Disposition
Alignement :
Par défaut
Espacement horizontal :
0
Épaisseur de bordure :
0
Espacement vertical :
0
Taille
Spécifier la taille
Largeur :
155
Hauteur :
300
en pixels
en pourcentage
en pixels
en pourcentage
Conserver les proportions
Style...
OK
Annuler

- Cliquez sur le bouton **OK**.

Le fait de redimensionner une image modifie les balises HTML qui indiquent au navigateur Web comment afficher l'image dans la page, mais ne modifie en rien la taille du fichier image. Pour agir sur la taille du fichier, il faut rééchantillonner l'image (cf. titre suivant).

Rééchantillonner une image

Le rééchantillonnage d'une image consiste à changer la taille de ses pixels afin de la faire correspondre à la taille de l'affichage en cours.

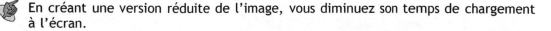

- En mode **Création** de la page, redimensionnez l'image concernée pour pouvoir la rééchantillonner.
- Sélectionnez l'image que vous venez de redimensionner.
- Cliquez sur l'outil **Échantillon** de la barre d'outils **Images**.

En créant une version réduite de l'image, vous diminuez son temps de chargement à l'écran.

Définir l'alignement d'une image par rapport au texte

- En mode **Création** de la page, sélectionnez l'image concernée.
- **Format** Alt Entrée
  Propriétés
- Activez l'onglet **Apparence**.
- Ouvrez la liste **Alignement** et sélectionnez l'alignement de l'image par rapport au texte de la page. Cliquez sur le bouton **OK**.

Encadrer une image

- En mode **Création** de la page, sélectionnez l'image concernée.
- **Format** Alt Entrée
  Propriétés
- Activez l'onglet **Apparence**.
- Renseignez l'**Épaisseur de bordure** attendue en pixels. Cliquez sur le bouton **OK**.

Spécifier l'espace à laisser autour d'une image

- En mode **Création** de la page, sélectionnez l'image concernée.
- **Format** Alt Entrée
  Propriétés
- Activez l'onglet **Apparence**.
- Indiquez (en pixels) l'**Espacement horizontal** et/ou l'**Espacement vertical** à laisser autour de l'image. Cliquez sur le bouton **OK**.

Revenir à l'image d'origine

Restaurer une image annule toutes les commandes de modification depuis son dernier enregistrement.

- En mode **Création** de la page, sélectionnez l'image concernée.
- Cliquez sur l'outil **Restaurer**  de la barre d'outils **Images**.

Gestion des pages

huitième partie

Choisir un thème

Un thème FrontPage comprend des éléments graphiques et des combinaisons de couleurs homogènes pour les puces, les polices, les images, les barres de navigation et autres éléments de page.
Certaines fonctions de FrontPage ne sont disponibles qu'avec les thèmes. Par exemple, les bannières de page s'affichent sous forme de simple texte si vous n'utilisez pas de thème, alors qu'avec un thème, elles s'affichent sous forme de graphismes.

- Ouvrez la page concernée en mode **Création** ou en mode **Dossiers**.
- Sélectionnez les pages concernées.
- **Format**
  Thème
- Dans le volet **Thème**, cochez les options suivantes au besoin :

Couleurs vives	Pour appliquer un jeu de couleurs plus lumineuses.
Graphismes animés	Pour appliquer un ensemble animé de bannières, de boutons, de puces et autres éléments graphiques.
Image d'arrière-plan	Pour obtenir un arrière-plan de page avec motif.

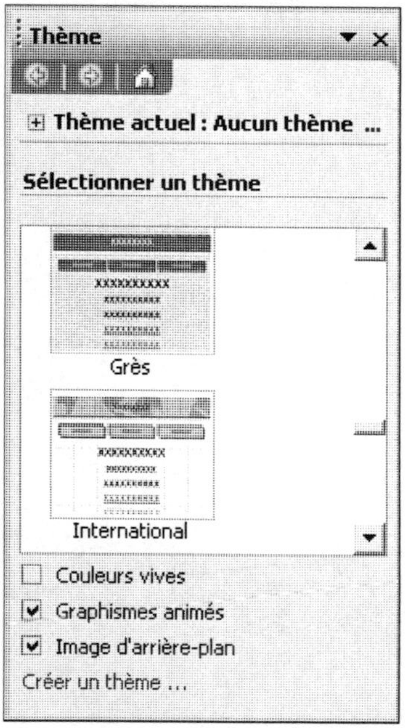
Thème
Thème actuel : Aucun thème ...
Sélectionner un thème
Grès
International
Couleurs vives
Graphismes animés
Image d'arrière-plan
Créer un thème ...

- Cliquez avec le bouton droit de la souris sur la miniature correspondant au thème à appliquer puis choisissez une des options suivantes :

Appliquer en tant que thème par défaut	Pour appliquer le thème choisi au site Web entier. Le thème s'appliquera automatiquement à toutes les nouvelles pages ajoutées au site.
Appliquer aux pages sélectionnées	Pour appliquer le thème choisi à la page ou aux pages sélectionnées au préalable. Le thème choisi n'est donc plus le thème par défaut.

Attention, si vous modifiez le thème par défaut appliqué au site Web, les pages pour lesquelles un thème a déjà été appliqué à l'aide de l'option ***Appliquer aux pages sélectionnées*** *ne seront pas affectées.*

Dans le volet **Thème**, un simple clic sur la miniature d'un thème, applique celui-ci à la page ou aux pages sélectionnées.

Enlever un thème

- Ouvrez la page concernée en mode **Création** ou, si nécessaire, sélectionnez les pages concernées en mode **Dossiers**.
- **Format**
  Thème
- Dans le volet **Thème**, cliquez, avec le bouton DROIT de la souris, sur la miniature **Aucun thème**.
- Choisissez de l'**Appliquer aux pages sélectionnées** ou de l'**Appliquer en tant que thème par défaut** en cliquant sur l'option correspondante.

Modifier un élément du thème

Un thème est formé par une série d'images pour les boutons, l'arrière-plan, les puces... avec un choix approprié de polices et de couleurs. Chacun de ces éléments peut être transformé.

- Ouvrez le volet **Thème** à l'aide de la commande menu **Format - Thème**.
- Cliquez avec le bouton droit de la souris sur la miniature du thème à modifier puis cliquez sur l'option **Personnaliser**.

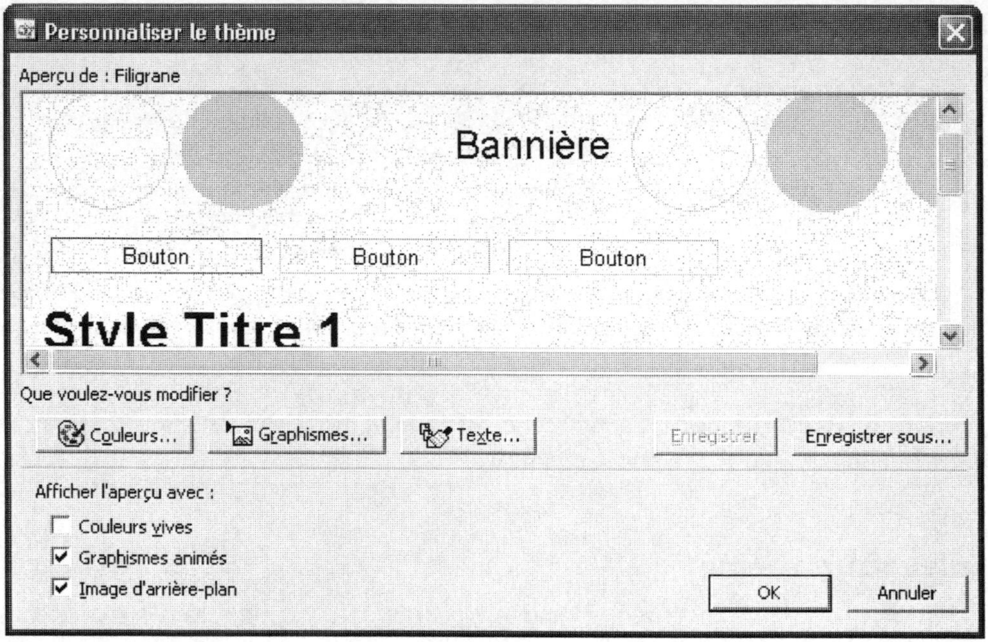
Personnaliser le thème
Aperçu de : Filigrane
Bannière
Bouton
Bouton
Bouton
Style Titre 1
Que voulez-vous modifier ?
Couleurs...
Graphismes...
Texte...
Enregistrer
Enregistrer sous...
Afficher l'aperçu avec :
Couleurs vives
Graphismes animés
Image d'arrière-plan
OK
Annuler

- Cochez ou non les options **Couleurs vives**, **Graphismes animés** et/ou **Image d'arrière-plan** visibles en bas de la boîte de dialogue.
- Cliquez sur l'un des boutons suivants puis réalisez les modifications souhaitées :

Couleurs	l'onglet **Jeux de couleur** permet de changer les couleurs générales du thème, l'onglet **Roue chromatique** permet de choisir une nouvelle combinaison de couleurs et de luminosité, l'onglet **Personnaliser** permet de changer la couleur d'un élément.
Graphismes	l'onglet **Image** permet de changer l'image utilisée pour la bannière, les puces, l'arrière-plan ou pour un bouton, l'onglet **Police** permet d'ajuster la police servant à écrire le texte au-dessus des boutons et de la bannière.
Texte	permet de choisir la police utilisée pour le **Corps de texte** ou pour un autre style.

Exemple de modification de présentation du bouton Accueil

- Dans la boîte de dialogue **Personnaliser le thème**, cliquez sur le bouton **Graphismes.**
- Dans la liste **Élément**, choisissez l'option **Bouton Accueil.**
- Pour modifier l'apparence du mot **Accueil**, cliquez sur l'onglet **Police** puis choisissez une **Police**, un **Style**, une **Taille** de police et un **Alignement horizontal** et **vertical**.

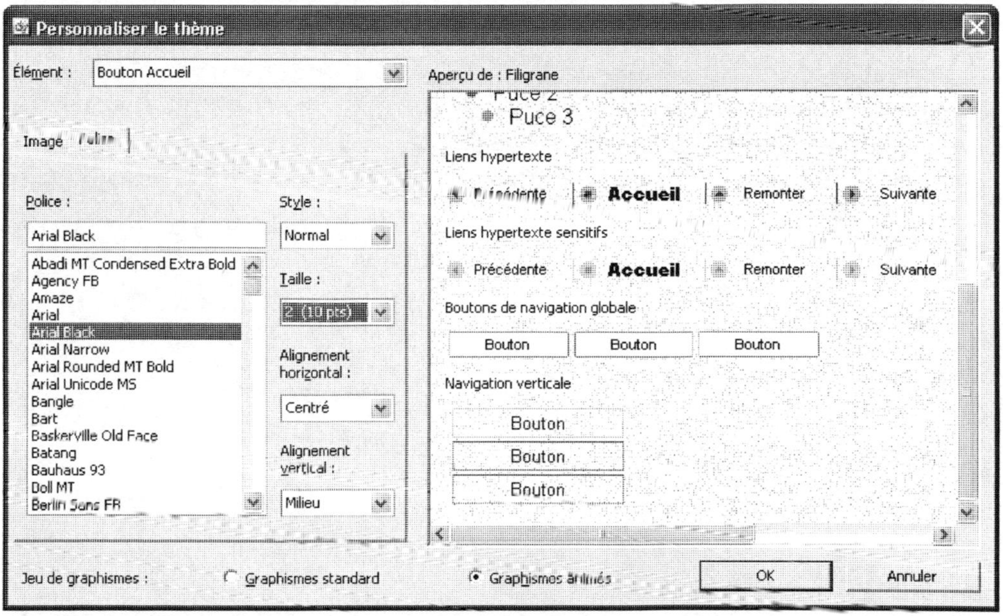

Les changements apportés aux différents éléments graphiques sont illustrés dans la zone ***Aperçu****.*

- Pour changer l'image du bouton **Accueil**, cliquez sur l'onglet **Image** puis sélectionnez la nouvelle image à l'aide du bouton **Parcourir** associé à l'option **Image** ; si l'option **Graphismes animés** est active, vous pouvez aussi choisir une autre image à l'aide du bouton **Parcourir** associé à l'option **Image survolée.**
- Cliquez à deux reprises sur le bouton **OK.**
- Cliquez sur le bouton **Oui** du message vous proposant d'enregistrer les modifications apportées au thème.
- Précisez le nom du nouveau thème puis cliquez sur le bouton **OK.**

- Fermez, si besoin est, le volet Office **Thème**.

Pour supprimer un thème, faites un clic avec le bouton droit de la souris sur la miniature correspondante dans le volet **Thème**, cliquez sur l'option **Supprimer** puis confirmez la suppression en cliquant sur le bouton **Oui**.

Définir l'arrière-plan et les couleurs

Cette fonctionnalité est indisponible si la page en cours utilise un thème.

- Ouvrez la page concernée en mode **Création**.
- **Format**
  Arrière-plan

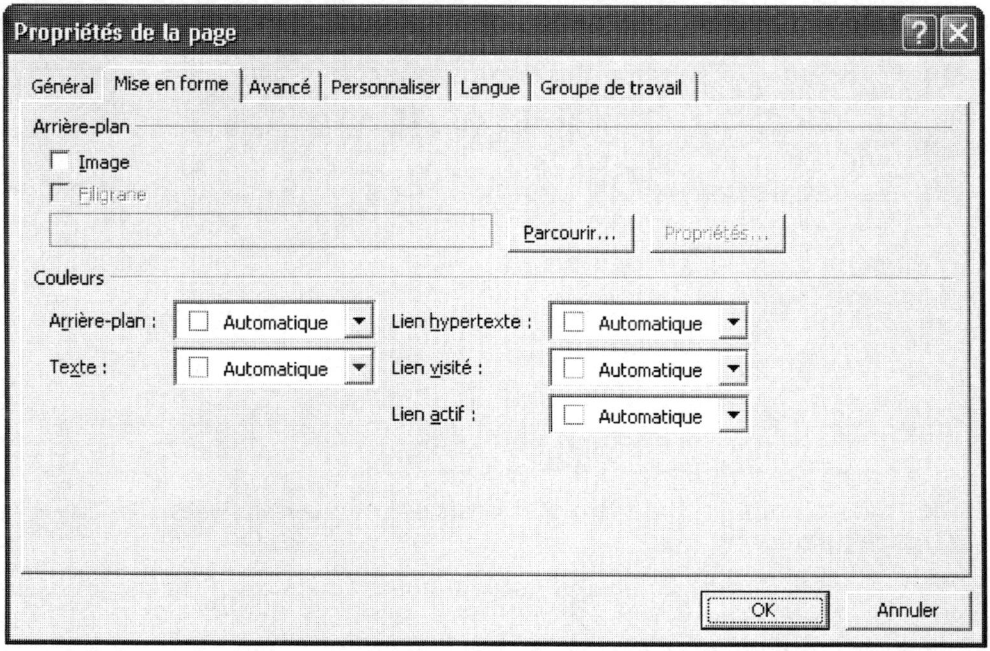
Propriétés de la page
Général
Mise en forme
Avancé
Personnaliser
Langue
Groupe de travail
Arrière-plan
Image
Filigrane
Parcourir...
Propriétés...
Couleurs
Arrière-plan :
Automatique
Texte :
Automatique
Lien hypertexte :
Automatique
Lien visité :
Automatique
Lien actif :
Automatique
OK
Annuler

*La boîte de dialogue **Propriétés de la page** s'affiche et l'onglet **Mise en forme** est activé.*

- Pour ajouter une image :
  – cochez l'option **Image** dans la zone **Arrière-plan**,
  – saisissez l'adresse de l'image ou utilisez le bouton **Parcourir** pour la sélectionner.

- Vous pouvez modifier les couleurs des différents éléments de la page en utilisant les listes **Arrière-plan**, **Texte**, **Lien hypertexte**, **Lien visité**, **Lien actif** de la zone **Couleurs** (cf. Créer des couleurs personnalisées dans le chapitre Configuration).
- Cliquez sur le bouton **OK** pour valider.

Au besoin, l'image d'arrière-plan peut être modifiée comme une autre image en utilisant les boutons de la barre d'outils ***Images****. Lorsqu'aucune image n'est sélectionnée, le changement s'applique automatiquement à l'arrière-plan.*

- Par exemple, pour obtenir une image d'arrière-plan très pâle, affichez la barre d'outils **Images** puis cliquez dans la page sans rien sélectionner. cliquez sur le bouton **Couleur**  de la barre d'outils **Images** puis sélectionnez l'option **Filigrane** (cf. Modifier les couleurs d'une image dans le chapitre Modification des images).

Spécifier les marges

Vous pouvez définir une marge du haut et une marge du bas afin d'éloigner le contenu de la page des bords de la fenêtre du navigateur.

- Ouvrez la page concernée en mode **Création**.
- **Fichier**
  Propriétés
- Activez l'onglet **Avancé**.
- Indiquez la valeur, en **Pixels**, de chaque marge dans les zones correspondantes de la zone **Marges**.
- Cliquez sur le bouton **OK** pour valider.

Choisir un effet de transition

Une transition de page est comme un effet cinématographique qui se produit lors d'une action.

- Ouvrez la page concernée en mode **Création**.
- **Format**
  Transition de page

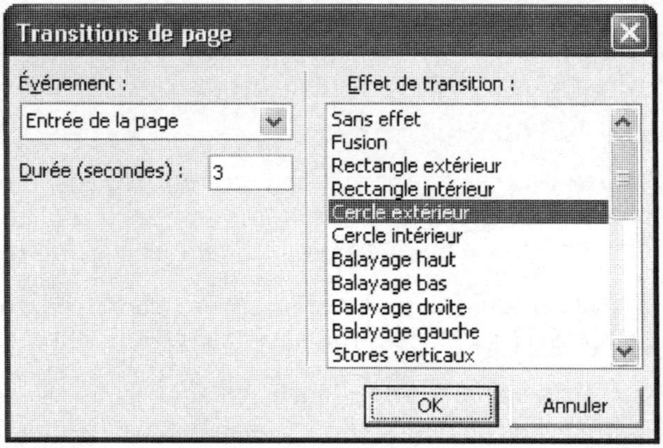
Transitions de page
Événement :
Entrée de la page
Durée (secondes) :
3
Effet de transition :
Sans effet
Fusion
Rectangle extérieur
Rectangle intérieur
Cercle extérieur
Cercle intérieur
Balayage haut
Balayage bas
Balayage droite
Balayage gauche
Stores verticaux
OK
Annuler

- Sélectionnez, dans la liste déroulante correspondante, l'**Événement** qui provoque la transition de page.
- Renseignez la **Durée** (en **secondes**) de l'effet.
- Sélectionnez l'**Effet de transition** à produire dans la liste correspondante.
- Cliquez sur le bouton **OK**.

La visualisation d'un effet de transition n'est possible qu'avec les navigateurs Web qui supportent l'HTML dynamique (DHTML).

Utiliser les bordures partagées

Une bordure partagée est une zone commune à une ou plusieurs pages d'un site Web. La bordure partagée peut comporter, par exemple, un logo ou des barres de navigation...

- Ouvrez le site en mode **Dossiers**.
- Veillez à ce que l'option **Bordures partagées** de la boîte de dialogue **Options de page** (**Outils** - **Options de page** - onglet **Opérations d'auteur**) soit cochée.
- Sélectionnez, si besoin est, les pages concernées ; si aucune page n'est sélectionnée, les bordures partagées s'appliqueront à toutes les page du site Web.
- **Format**
  Bordures partagées
- Choisissez d'**Appliquer à** : **Toutes les pages** du site Web ou aux **Pages sélectionnées** au préalable en activant l'option correspondante.

- Choisissez les bordures à afficher en cochant la ou les options **En haut**, **À gauche**, **À droite** et/ou **En bas**.
- L'application d'une bordure partagée **En haut**, **À gauche** et/ou **À droite**, pour **Toutes les pages** du site, permet d'y **Inclure les boutons de navigation**. La bordure partagée contient alors une barre de navigation. Pour cela, cochez l'option correspondante (cf. Structurer un site dans le chapitre Création de liens).

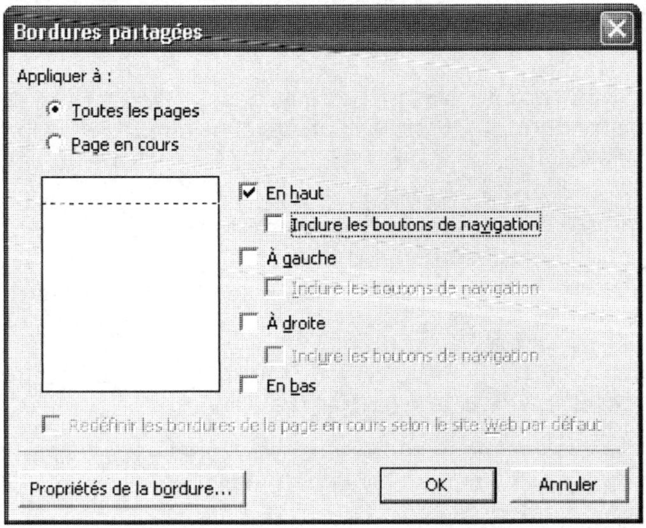
Bordures partagées
Appliquer à :
Toutes les pages
Page en cours
En haut
Inclure les boutons de navigation
À gauche
Inclure les boutons de navigation
À droite
Inclure les boutons de navigation
En bas
Redéfinir les bordures de la page en cours selon le site Web par défaut
Propriétés de la bordure...
OK
Annuler

- Cliquez sur le bouton **Propriétés de la bordure** si vous souhaitez appliquer une **Couleur** ou une **Image** en arrière-plan pour la bordure sélectionnée dans la liste **Bordures**.

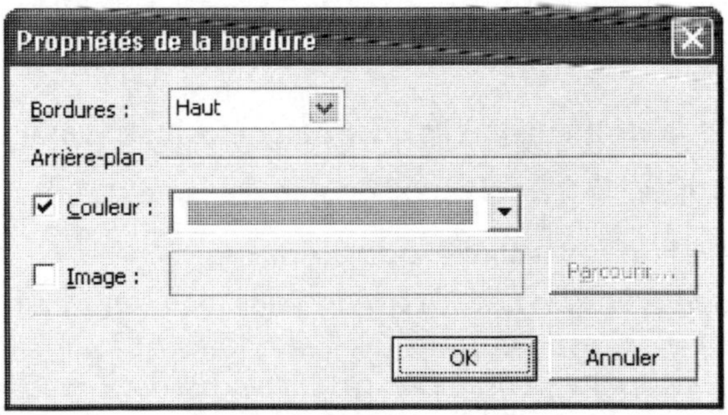
Propriétés de la bordure
Bordures :
Haut
Arrière-plan
Couleur :
Image :
Parcourir...
OK
Annuler

Cliquez sur le bouton **OK**.

- Cliquez sur le bouton **OK** de la boîte de dialogue **Bordures partagées**.
- Ouvrez l'une des pages sélectionnées en mode **Création**.
- Spécifiez le texte commun à toutes les pages dans l'espace réservé à la bordure partagée.
- Enregistrez la page.

Le texte commun apparaît ensuite dans toutes les pages ayant cette bordure partagée.

Pour retirer une bordure partagée d'une page, ouvrez celle-ci en mode **Création**, utilisez le menu **Format** - **Bordures partagées**, pointez l'option **Page en cours** puis désactivez les bordures.

Si vous organisez votre site Web avec des bordures partagées et des barres de navigation, nous vous déconseillons d'utiliser en plus des cadres et pages de cadres car la navigation dans votre site sera trop complexe et l'internaute risque de se sentir "perdu".

Créer un modèle Web dynamique

Un modèle Web dynamique détermine des zones communes dans plusieurs pages du site. Le contenu du modèle est répété dans les pages qui lui sont attachées.

- Créez une nouvelle page puis définissez les éléments à intégrer au modèle : tableau, images, textes...
- **Fichier**
  Enregistrer sous
- Sélectionnez le dossier ou le site Web dans lequel vous souhaitez stocker le modèle Web dynamique.
- Dans la liste **Type de fichier**, choisissez **Modèle Web dynamique (*.dwt)**.
- Spécifiez le **Nom du fichier** du modèle dans la zone correspondante.
- Cliquez sur le bouton **Enregistrer**.

Lorsque le modèle sera copié dans une page Web, le contenu commun ne pourra pas être modifié. C'est pourquoi, il faut définir immédiatement les zones qui seront modifiables dans l'ensemble des pages liées au modèle.

- Dans la page du modèle, sélectionnez la zone concernée, soit une section de la page (comme vous sélectionnez un paragraphe), soit une cellule de tableau.

- **Format**
  Modèle Web dynamique
  Gérer les zones modifiables

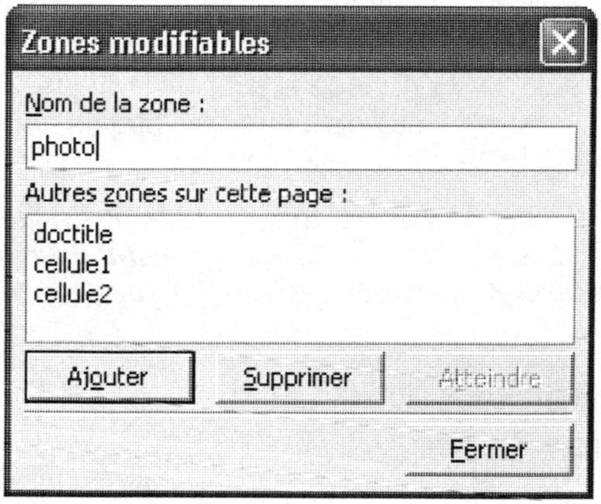
Zones modifiables
Nom de la zone :
photo
Autres zones sur cette page :
doctitle
cellule1
cellule2
Ajouter
Supprimer
Atteindre
Fermer

- Renseignez le **Nom de la zone** puis cliquez sur le bouton **Ajouter**.

  *Le bouton **Supprimer** permet de supprimer la zone sélectionnée dans la liste.*

- Cliquez sur le bouton **Fermer**.
- Définissez ainsi toutes les zones modifiables.
- Enregistrez le modèle Web dynamique.

Lier une page au modèle Web dynamique

- Créez une nouvelle page.
- **Format**
  Modèle Web dynamique
  Attacher un modèle Web dynamique
- Sélectionnez le fichier du modèle (son nom se termine par l'extension .dwt) puis cliquez sur le bouton **Ouvrir**.

  Le contenu du modèle est copié dans la nouvelle page puis, un message vous informe qu'un fichier a été mis à jour.

- Cliquez sur le bouton **Fermer**.
- Personnalisez les zones modifiables et enregistrez la nouvelle page.

Dans une page liée, rien ne peut être inscrit dans les zones n'ayant pas été déclarées modifiables.

Gérer la liaison avec le modèle

- Pour modifier le contenu d'un modèle Web dynamique, ouvrez-le, modifiez-le puis enregistrez-le. Un message vous demande ensuite de confirmer la modification des pages liées : cliquez sur le bouton **Oui** puis sur le bouton **Fermer**.

  *Si vous avez choisi de reporter la mise à jour des pages liées en cliquant sur le bouton **Non**, par la suite vous pourrez les actualiser à l'aide de la commande **Format - Modèle Web dynamique - Mettre à jour toutes les pages**.*

Détacher une page liée

- Pour rompre le lien d'une page avec un modèle Web dynamique, ouvrez la page liée en mode **Création**.
- **Format**
  Modèle Web dynamique
  Détacher du modèle Web dynamique
- Cliquez sur le bouton **Fermer** pour confirmer la mise à jour du fichier.

  Le contenu du modèle demeure dans la page, mais toutes les zones sont maintenant modifiables.

Positionner un élément dans la page

Différents éléments (tableau, texte, image, multimédia) peuvent être facilement positionnés n'importe où dans la page : la technique des positionnements permet une mise en page précise comme dans un logiciel de PAO.

*Pour placer les éléments dans la page, vous pouvez définir précisément le positionnement de chaque élément ou les placer dans des couches différentes ; leur position peut être choisie approximativement avec la souris ou plus précisément à l'aide de la commande **Format - Position**. Le volet Couches permet aussi de voir l'ensemble des éléments positionnés dans la page (cf. Gérer les couches dans le chapitre Couches).*

- En mode **Création** de la page concernée, sélectionnez l'élément que vous désirez positionner.

- **Format**
  Position

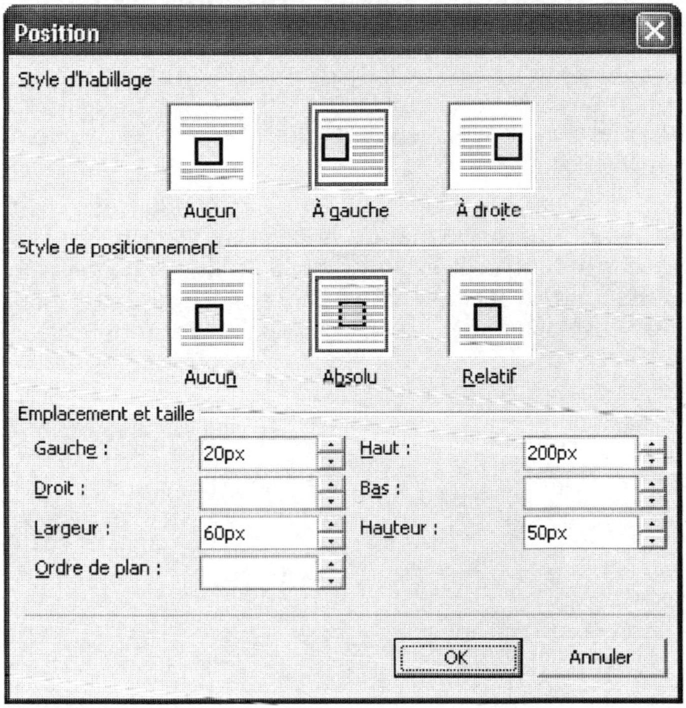
Position
Style d'habillage
Aucun
À gauche
À droite
Style de positionnement
Aucun
Absolu
Relatif
Emplacement et taille
Gauche :
20px
Haut :
200px
Droit :
Bas :
Largeur :
60px
Hauteur :
50px
Ordre de plan :
OK
Annuler

- Dans la zone **Style de positionnement**, cliquez sur l'option **Absolu** pour obtenir un positionnement absolu par rapport à un coin de la page (l'élément sera toujours placé à la même distance du coin de la page, quelle que soit la largeur de la fenêtre du navigateur).

  *L'option **Relatif** permet d'avoir un positionnement par rapport à l'élément précédent. Dans ce cas, l'élément est positionné à un endroit précis du texte et ne peut pas être déplacé par un cliqué-glissé (la position relative est souvent utilisée pour encadrer une animation ou un effet DHTML).*

- Déterminez la distance avec un coin de la page, en inscrivant une valeur en pixels dans les zones **Gauche** ou **Droit**, **Haut** ou **Bas**.

  *Vous pouvez régler la **Largeur** (par défaut, c'est celle de la fenêtre) et la **Hauteur** de la zone positionnée grâce aux options correspondantes.*

- L'**Ordre de plan** définit l'ordre de superposition des éléments les uns par rapport aux autres ; par exemple, un élément positionné dont l'ordre de plan est 2 sera placé au-dessus d'un autre de valeur 1 ; celui avec une valeur négative sera placé derrière le texte.
- Cliquez sur **OK**.

Si un élément est en position absolue, vous pouvez le déplacer par un cliqué-glissé.

Le positionnement absolu se définit en fonction du coin supérieur gauche de la page, tandis que le texte normal de la page se place selon la résolution d'écran : d'un ordinateur à l'autre, il est donc possible que l'élément défini de façon absolu, n'apparaisse pas au même endroit par rapport au texte. Pour qu'une image soit toujours bien positionnée par rapport au texte, la solution idéale consiste à utiliser un tableau.

Définition d'un cadre et d'une page de cadres

Une **page de cadres** est une page HTML spéciale qui divise la fenêtre du navigateur en parties distinctes appelées **cadres**. Et dans chacune de ces parties (cadres) une page différente peut s'afficher.

En fait, une page de cadres ne contient pas réellement de pages, elle ne contient que des liens hypertexte vers des pages existantes qui s'affichent dans les cadres. La page de cadres est une page dite "capsule".

Créer une page de cadres

- **Fichier**
  Nouveau — Ctrl N
- Cliquez sur le lien **Autres modèles de pages** du volet Office **Nouveau**.
- Cliquez sur l'onglet **Cadres**.

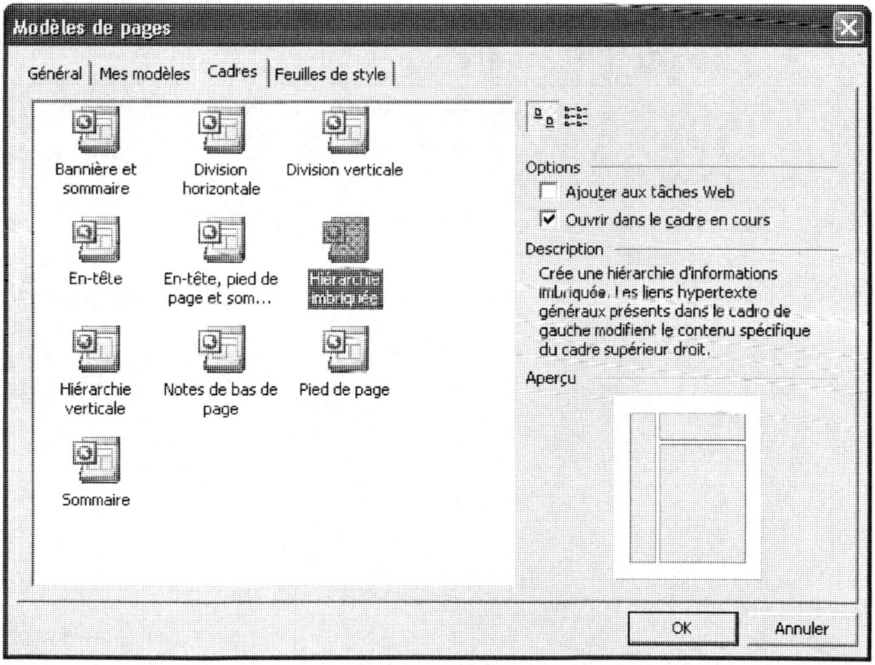
Modèles de pages
Général
Mes modèles
Cadres
Feuilles de style
Bannière et sommaire
Division horizontale
Division verticale
En-tête
En-tête, pied de page et som...
Hiérarchie imbriquée
Hiérarchie verticale
Notes de bas de page
Pied de page
Sommaire
Options
Ajouter aux tâches Web
Ouvrir dans le cadre en cours
Description
Crée une hiérarchie d'informations imbriquée. Les liens hypertexte généraux présents dans le cadre de gauche modifient le contenu spécifique du cadre supérieur droit.
Aperçu
OK
Annuler

FrontPage propose une liste de modèles de page de cadres. Pour chacun de ces modèles, la navigation entre les cadres est prédéfinie.

- Sélectionnez le modèle attendu.

  Un aperçu et une description à droite de la fenêtre facilitent ce choix.

- Cliquez sur le bouton **OK**.

  La page de cadres est créée et ouverte.

- Enregistrez la page de cadres avec l'outil de la page de cadres.

  Le titre est important car il sera utilisé pour toutes les pages ouvertes dans le cadre.

Vous devez ensuite définir le contenu de chaque cadre (cf. titre suivant).

Si vous organisez votre site Web avec des pages de cadres et des cadres, nous vous déconseillons d'utiliser en plus des bordures partagées et des barres de navigation car la navigation dans votre site sera trop complexe et l'internaute risque de se sentir "perdu".

Définir le contenu d'un cadre

- Ouvrez, si besoin est, la page de cadres concernée en mode **Création**.
- Pour chaque cadre, cliquez sur l'un des boutons suivants : **Choisir la page initiale** ou **Nouvelle page**.
- Si vous avez cliqué sur le bouton **Choisir la page initiale**, sélectionnez la page à afficher dans le cadre.

  Si vous avez préféré une **Nouvelle page**, saisissez le contenu voulu dans cette page puis cliquez sur l'outil pour l'enregistrer.

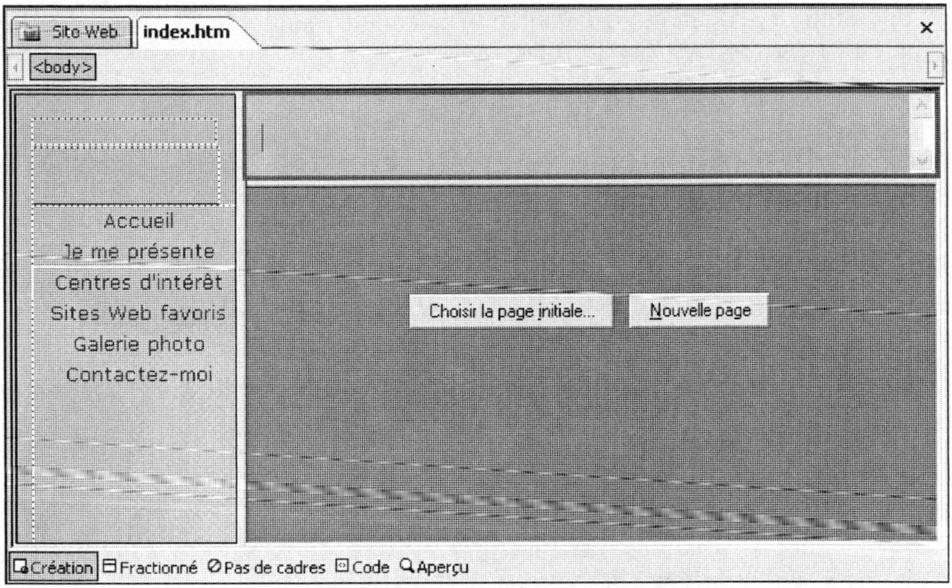
Site Web
index.htm
<body>
Accueil
Je me présente
Centres d'intérêt
Sites Web favoris
Galerie photo
Contactez-moi
Choisir la page initiale...
Nouvelle page
Création
Fractionné
Pas de cadres
Code
Aperçu

Dans notre exemple, nous avons choisi le modèle Hiérarchie imbriquée.

Si vous souhaitez changer la page initiale définie pour le cadre actif, faites **Cadres - Propriétés du cadre** puis modifiez la **Page initiale**.

Ajouter/supprimer des cadres

- Ouvrez, si besoin est, la page de cadres concernée en mode **Création**.
- Pour supprimer un cadre, cliquez à l'intérieur afin de l'activer (un trait de couleur apparaît autour du cadre actif) puis, utilisez la commande **Cadres - Supprimer le cadre**.

  FrontPage ne demande pas de confirmation de suppression.
- Pour ajouter un cadre, cliquez dans le cadre par rapport auquel le nouveau cadre doit être positionné puis faites **Cadres - Fractionner le cadre**. Précisez ensuite si vous souhaitez **Fractionner en colonnes** ou **Fractionner en lignes** puis confirmez l'insertion du cadre par **OK**.

Pour ajouter un cadre, vous pouvez également maintenir la touche Ctrl enfoncée tout en faisant glisser une bordure de cadre.

Créer un lien hypertexte pour afficher une page dans un autre cadre

Cette technique permet l'exploitation d'une page de cadres comme sur l'exemple présenté ci-dessus : la page située dans le cadre de gauche contient des liens hypertexte ; un clic sur un de ces liens affiche la page correspondante dans le cadre de droite.

- Ouvrez, si besoin est, la page de cadre concernée en mode **Création**.
- Sélectionnez l'élément sur lequel porte le lien hypertexte.
- **Insertion**
  Lien hypertexte Ctrl **K**
- Sélectionnez la page ou le document à afficher dans un autre cadre (cf. Créer un lien hypertexte dans le chapitre Création de liens).
- Cliquez sur le bouton **Cadre de destination**.

Cadre de destination
Jeu de cadres en cours
Destinations usuelles
Cadre par défaut (haut_droite)
Même cadre
Page entière
Nouvelle fenêtre
Cadre père
Destination
bas_droite
Définir comme page par défaut
OK
Annuler

FrontPage rappelle l'aspect du ***Jeu de cadres en cours*** *sous la forme d'un plan.*

- Pour choisir un cadre de destination dans la page de cadres active, cliquez, dans la zone **Jeu de cadres en cours**, dans le cadre où doit apparaître la page liée.

  Pour choisir un cadre de destination dans ou hors de la page de cadres active, sélectionnez une des options de cadre de destination proposées dans la zone **Destinations usuelles.**

  *Le nom du cadre s'affiche dans la zone **Destination**.*

  *Les codes des **Destinations usuelles** classiques sont :*

_top	*page entière*
_self	*même cadre*
_blank	*nouvelle fenêtre*
_parent	*cadre père*

- Si le cadre choisi doit devenir le cadre de destination par défaut, cochez l'option **Définir comme page par défaut.**
- Cliquez à deux reprises sur le bouton **OK**.

Gérer la taille d'un cadre

- Ouvrez, si besoin est, la page de cadres concernée en mode **Création**.
- Cliquez dans un cadre pour l'activer.
- **Cadres**
  Propriétés du cadre
- Intervenez sur la **Taille du cadre** en saisissant les valeurs de **Largeur de colonne** et/ou de **Hauteur** de ligne, et en définissant l'unité de mesure :

Relatif	pour définir sa taille en valeurs proportionnelles aux autres cadres.
Pourcentage	si la taille du cadre doit représenter un pourcentage de la taille de la fenêtre.
Pixels	si la taille doit être fixe.

  *Dans certains cas, selon le modèle de cadre, l'option **Hauteur de ligne** est remplacée par l'option **Hauteur** et l'option **Largeur de colonne** est remplacée par l'option **Largeur**.*

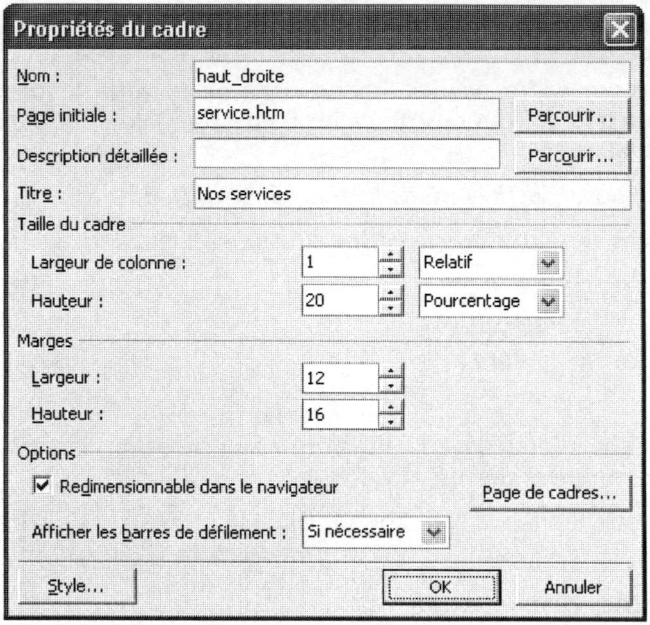
Propriétés du cadre
Nom :
haut_droite
Page initiale :
service.htm
Parcourir...
Description détaillée :
Parcourir...
Titre :
Nos services
Taille du cadre
Largeur de colonne :
1
Relatif
Hauteur :
20
Pourcentage
Marges
Largeur :
12
Hauteur :
16
Options
Redimensionnable dans le navigateur
Page de cadres...
Afficher les barres de défilement :
Si nécessaire
Style...
OK
Annuler

- Cochez l'option **Redimensionnable dans le navigateur** pour permettre aux utilisateurs de redimensionner le cadre lorsque la page est affichée dans un navigateur Web.
- Ouvrez la liste **Afficher les barres de défilement** et choisissez l'une des options suivantes :

Si nécessaire	pour afficher les barres de défilement si le contenu du cadre est trop long pour pouvoir être affiché sans défilement (recommandé).
Jamais	pour désactiver l'affichage des barres de défilement (à éviter).
Toujours	pour afficher les barres de défilement.

- Cliquez sur le bouton **OK** pour valider.

Vous pouvez également faire glisser les bordures des cadres à l'aide d'un cliqué-glissé pour les redimensionner.

Spécifier les bordures et l'espacement entre les cadres

- Ouvrez, si besoin est, la page de cadres concernée en mode **Création**.
- Activez la page de cadres (et non l'un de ses cadres). Pour cela, pointez l'angle intérieur en haut à gauche de la page de cadres (le pointeur prend la forme d'une flèche) puis cliquez.

  Vous pouvez aussi cliquer sur une bordure de cadre pour sélectionner la page de cadres.
- **Fichier**
  Propriétés
- Activez l'onglet **Cadres**.
- Cochez ou décochez l'option **Afficher les bordures**, selon que vous souhaitez ou non afficher les bordures.

  *Le fait de désactiver l'option **Afficher les bordures** règle la valeur de l'**Espacement des cadres** à **0** et crée, de ce fait, des cadres invisibles.*
- Si nécessaire, saisissez la largeur des bordures en pixels dans la zone **Espacement des cadres**.

  La valeur par défaut de la plupart des navigateurs est de 2 pixels.
- Cliquez sur le bouton **OK**.

Définir les marges d'un cadre

- Ouvrez, si besoin est, la page de cadres concernée en mode **Création**.
- Cliquez dans le cadre concerné pour l'activer puis, utilisez la commande **Cadres - Propriétés du cadre**.
- Dans la zone **Marges**, indiquez la **Largeur** en pixels du retrait à appliquer au cadre, à partir des bordures gauche et droite.
- Dans la zone **Marges**, renseignez la **Hauteur** en pixels du retrait à appliquer au cadre, à partir des bordures supérieure et inférieure.
- Cliquez sur le bouton **OK**.

Enregistrer les pages de cadres

- Enregistrez la page correspondant au cadre actif à l'aide de la commande **Cadres - Enregistrer la page.**
- Enregistrez ainsi les pages des différents cadres qui ont été modifiées.
- Enregistrez alors la page de cadres par **Fichier - Enregistrer**.

Afficher la page d'un cadre dans une fenêtre

- **Cadres**
  Ouvrir la page dans une nouvelle fenêtre

Pour fermer cette fenêtre, cliquez sur son bouton de fermeture (☒).

Préparer une page remplaçant les cadres

Certains navigateurs ne permettent pas l'utilisation des cadres. Nous recommandons alors de prévoir une page de liens adaptés.

- Ouvrez, si besoin est, la page de cadres concernée.
- Cliquez sur le bouton **Pas de cadres** visible dans la partie inférieure de l'espace de travail.
- Remplacez le texte de la page par des liens hypertexte, de manière à permettre la navigation entre les pages du site même sans les cadres.
- Enregistrez la page.

Visualiser une page telle qu'elle sera imprimée

- Ouvrez la page concernée en mode **Création**.
- Pour lancer l'aperçu, faites :
  Fichier
  Aperçu avant impression

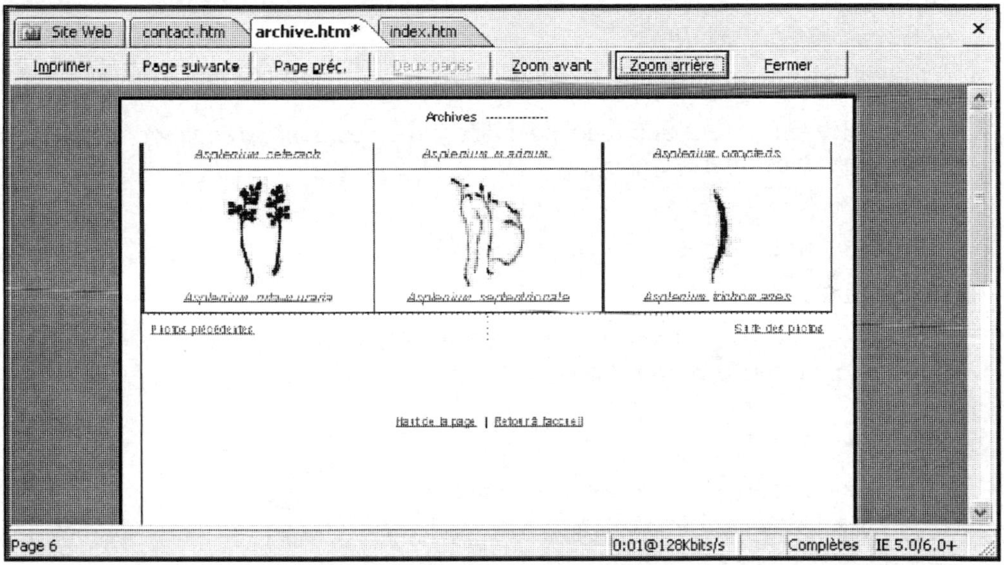
Site Web
contact.htm
archive.htm*
index.htm
Imprimer...
Page suivante
Page préc.
Deux pages
Zoom avant
Zoom arrière
Fermer
Archives
Page 6
0:01@128Kbits/s
Complètes
IE 5.0/6.0+

- Pour zoomer la page visualisée, utilisez les boutons **Zoom avant** et **Zoom arrière** ou pointez la partie à zoomer et cliquez.
- Pour changer de page, utilisez les boutons **Page suivante** et **Page préc.**
- Pour modifier le nombre de pages affichées, cliquez, selon le cas, sur le bouton **Deux pages** ou sur le bouton **Une page**.
- Pour quitter l'aperçu, cliquez sur le bouton **Fermer**.

Modifier la mise en page

- Ouvrez la page concernée en mode **Création**.
- **Fichier**
  Mise en page

- Saisissez le contenu de l'**En-tête** et celui du **Pied de page** dans les zones correspondante.

  Sauf intervention, le titre de la page (représenté par les symboles &T) est imprimé en en-tête et le numéro de la page (représenté par &P) en pied de page.

- Modifiez, si besoin est, les **Marges** d'impression.

  *Le bouton **Options** peut être utilisé pour modifier l'orientation de l'impression ainsi que la taille du papier.*

- Cliquez sur le bouton **OK**.

Cette mise en page s'applique pour les pages dans FrontPage et non pour celles visionnées dans Internet.

Imprimer une page

- Ouvrez la page concernée.
- Cliquez sur le bouton **Code** si vous souhaitez imprimer les codes HTML de la page, sinon cliquez sur le bouton **Création**.
- **Fichier**
  Imprimer — Ctrl P
- Au besoin, sélectionnez le **Nom** de l'imprimante à utiliser.
- Déterminez la **Zone d'impression** : **Tout** ou **Pages de** telle page **à** telle page (au cas où la page Web serait imprimée sur plusieurs feuilles de papier).
- Si nécessaire, indiquez le **Nombre de copies** attendu ; l'option **Copies assemblées** permet alors de trier les exemplaires imprimés. Par exemple, la page Web tient sur deux feuilles de papier et nous souhaitons trois copies : si l'option est cochée, la séquence d'impression sera 1-2-1-2-1-2 tandis que si l'option est décochée, nous imprimerons 1-1-1-2-2-2.
- Lancez l'impression par le bouton **OK**.

Pour imprimer une page à partir de son aperçu, faites **Fichier - Aperçu avant impression** puis cliquez sur le bouton **Imprimer**.

Formulaires, composants, couches et comportements

neuvième partie

Qu'est-ce qu'un formulaire ?

Un formulaire est un ensemble de champs inclus dans une page.

Il permet de rendre un site interactif : les utilisateurs pourront donner leurs opinions, commander des articles...

Créer un formulaire

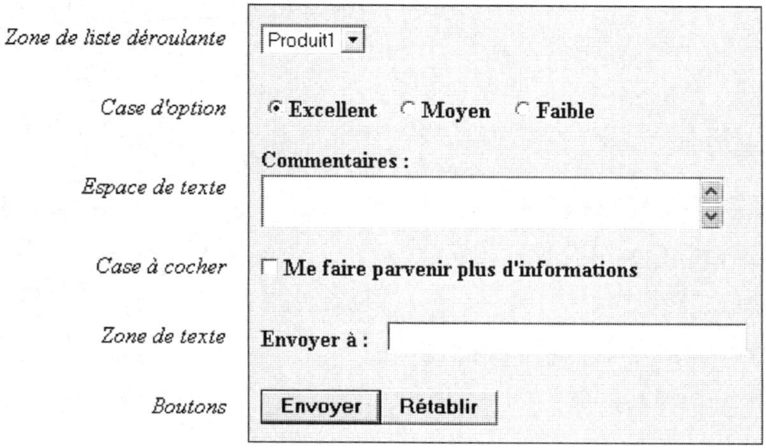
Zone de liste déroulante
Produit1
Case d'option
Excellent
Moyen
Faible
Commentaires :
Espace de texte
Case à cocher
Me faire parvenir plus d'informations
Zone de texte
Envoyer à :
Boutons
Envoyer
Rétablir

- En mode **Création** de la page concernée, positionnez le curseur à l'endroit où le formulaire doit être inséré.
- **Insertion**
  Formulaire
  Formulaire

Envoyer
Rétablir

*FrontPage crée un nouveau formulaire entouré d'un cadre pointillé, comportant les boutons de commande **Envoyer** et **Rétablir**.*

Chacun des champs devra par la suite être inséré à l'intérieur de ce cadre du formulaire.

- Au besoin, avant d'insérer les champs suivants, appuyez sur la touche [Entrée] en début ou en fin de ligne afin de rester dans le cadre du formulaire.

- Pour ajouter le texte descriptif, cliquez avant ou après le champ et saisissez ce texte.

Le formulaire aurait pu aussi être créé en insérant le premier champ de formulaire.

Afficher la barre d'outils Formulaire

*Il s'agit ici de détacher le sous-menu **Formulaire** afin que celui-ci apparaisse sous la forme d'une barre d'outils.*

- Ouvrez la page concerné en mode **Création**.
- **Insertion**
  Formulaire
- Pointez le trait pointillé visible en haut du sous-menu **Formulaire** puis faites-le glisser dans la fenêtre.

*Le sous-menu **Formulaire** apparaît désormais sous la forme d'une barre d'outils.*

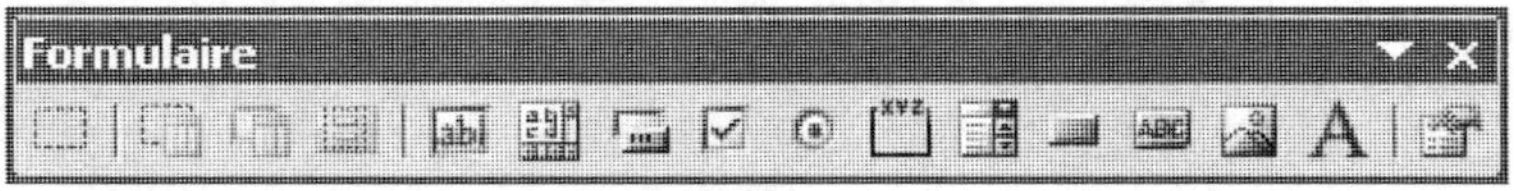
Formulaire

Insérer des champs de formulaire

*Lorsque vous insérez un champ de formulaire et que vous n'avez pas encore créé de formulaire, une zone de formulaire est automatiquement créée avec les deux boutons **Envoyer** et **Rétablir**.*

- En mode **Création** de la page concernée, positionnez le curseur où le champ de formulaire doit être inséré, à l'insertion de la zone encadrée du formulaire.

<u>Une zone de texte</u>

Une zone de texte simple permet à l'utilisateur de saisir une ligne d'informations :

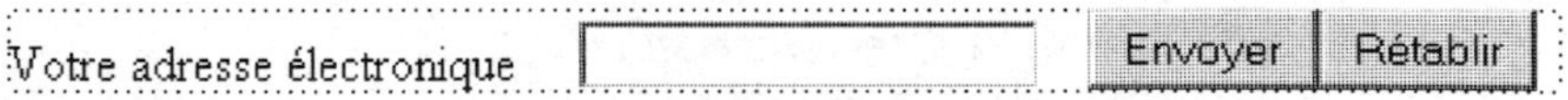
Votre adresse électronique
Envoyer
Rétablir

- **Insertion**
  Formulaire
  Zone de texte

Un espace de texte

Un espace de texte (ou zone de texte déroulante ou multiligne) permet à l'utilisateur de saisir plusieurs lignes d'informations :

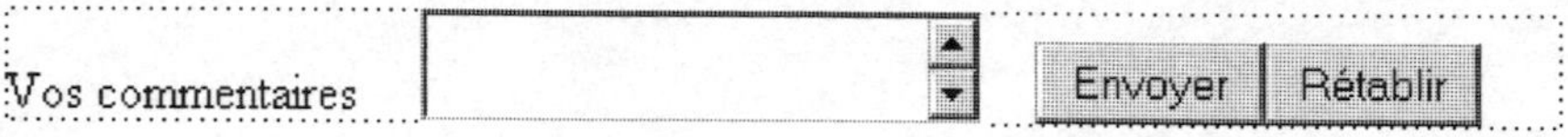
Vos commentaires
Envoyer
Rétablir

- **Insertion**
  Formulaire
  Espace de texte

Le champ apparaît avec une barre de défilement.

Des cases à cocher

Un groupe de cases à cocher permet de présenter une série d'options où chacun des choix peut être indépendant des autres :

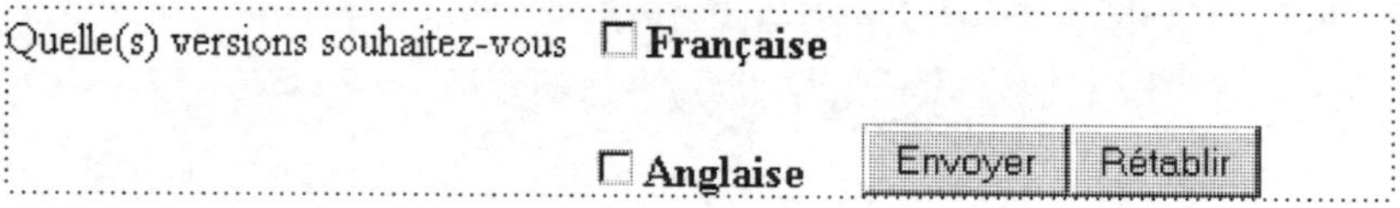
Quelle(s) versions souhaitez-vous
Française
Anglaise
Envoyer
Rétablir

- **Insertion**
  Formulaire
  Case à cocher

Des cases d'option

Un groupe de cases d'option permet de présenter une série d'options à choix unique :

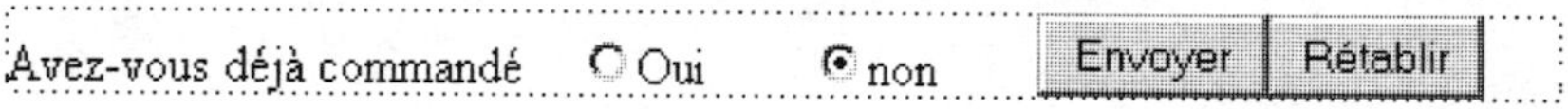
Avez-vous déjà commandé
Oui
non
Envoyer
Rétablir

Une case d'option peut être insérée directement dans le formulaire ou dans une zone de groupe du formulaire (cf. sous-titre suivant). Lorsque toutes les cases d'option sont ajoutées directement au formulaire, elles font partie du même groupe : une seule case peut être sélectionnée.

- **Insertion**
  Formulaire
  Case d'option

Une zone de groupe

Les formulaires sont souvent composés de plusieurs champs. Vous pouvez définir des zones de groupe pour regrouper différents champs du formulaire. Par exemple, pour créer plusieurs questions avec des réponses à choix multiples, vous devez insérer les cases d'option dans des zones de groupe différentes.

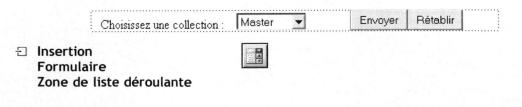

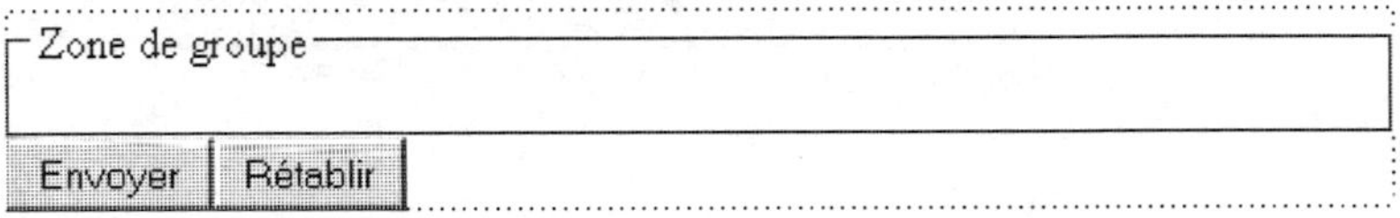
Zone de groupe
Envoyer
Rétablir

- **Insertion**
  Formulaire
  Zone de groupe

- Cliquez avec le bouton droit dans la zone de groupe et choisissez **Propriétés de la zone de groupe.**
- Nommez la zone de texte dans le champ **Etiquette**.
- Utilisez la liste **Aligner** pour définir l'alignement de l'étiquette de la zone de groupe.
- Cliquez sur le bouton **OK**.
- Cliquez dans la zone de groupe et insérez les champs de formulaire voulus.

  Chaque case d'option appartenant à un même groupe à un nom de groupe identique (R1, R2... selon leur ordre d'insertion).

  Dans un même groupe, une seule case peut être pointée.

Pour associer une case d'option à un autre groupe, sélectionnez-la, faites **Format - Propriétés** puis tapez un autre **Nom du groupe** dans la zone correspondante.

Une zone de liste déroulante

Une zone de liste déroulante permet de présenter une liste sous forme de menu ou de liste déroulante, dans laquelle l'utilisateur peut sélectionner un ou plusieurs éléments :

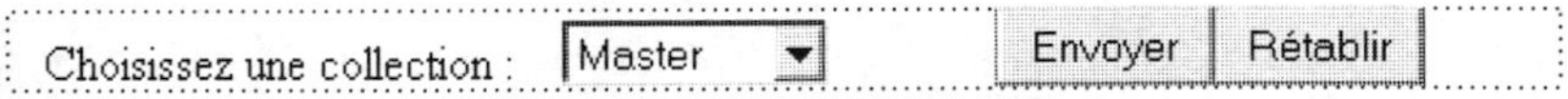
Choisissez une collection :
Master
Envoyer
Rétablir

- **Insertion**
  Formulaire
  Zone de liste déroulante

- Pour renseigner le contenu de la liste déroulante, faites un double clic sur le champ afin d'ouvrir la fenêtre **Propriétés de la liste déroulante**.
- Pour chaque élément à faire apparaître dans la liste, cliquez sur le bouton **Ajouter**.

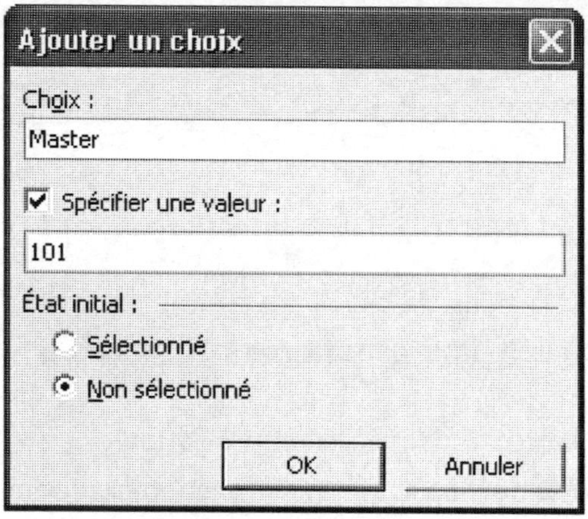
Ajouter un choix
Choix :
Master
Spécifier une valeur :
101
État initial :
Sélectionné
Non sélectionné
OK
Annuler

- Précisez le texte de l'option dans la zone **Choix**.
- Pour **Spécifier une valeur** différente à envoyer dans les résultats du formulaire, cochez l'option correspondante puis saisissez la valeur souhaitée dans la zone de saisie.
- Si vous souhaitez que cette option soit affichée par défaut à l'ouverture du formulaire par un visiteur, activez l'option **Sélectionné** de la zone **État initial** ; à l'inverse, laissez l'option **Non sélectionné** active.

  *Seule une option de la liste peut être affichée par défaut. Si l'option **Non sélectionné** est active pour toutes les options de la liste, c'est la première option de la liste qui s'affichera à l'ouverture du formulaire.*
- Cliquez sur le bouton **OK**.

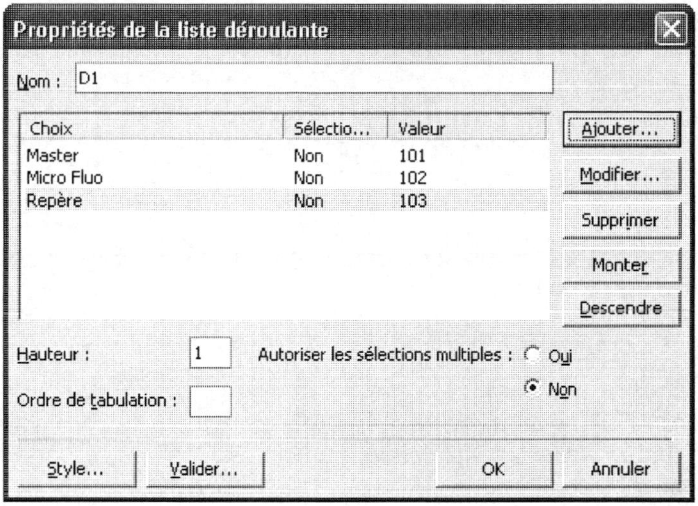
Propriétés de la liste déroulante
Nom : D1
Choix Sélectio... Valeur
Master Non 101
Micro Fluo Non 102
Repère Non 103
Ajouter...
Modifier...
Supprimer
Monter
Descendre
Hauteur : 1
Autoriser les sélections multiples : Oui Non
Ordre de tabulation :
Style...
Valider...
OK
Annuler

- Pour modifier l'ordre d'affichage des options dans la liste déroulante, utilisez les boutons **Monter** et **Descendre**.
- Pour modifier les propriétés d'une option de la liste déroulante, sélectionnez-la puis cliquez sur le bouton **Modifier**.
- Pour supprimer une option de la liste déroulante, sélectionnez-la puis cliquez sur le bouton **Supprimer**.
- Pour autoriser le visiteur du formulaire à sélectionner plusieurs choix dans la liste déroulante, activez l'option **Oui** associée à l'option **Autoriser les sélections multiples** ; l'option **Non**, qui est active par défaut, ne permettra la sélection que d'un seul choix.
- Saisissez, dans la zone **Hauteur**, le nombre de lignes de texte à afficher dans la liste déroulante ; par défaut, seule une ligne est visible.
- Validez les **Propriétés de la liste déroulante** en cliquant sur le bouton **OK**.

Une étiquette

*Une étiquette sélectionnable permet d'activer les champs (**Case à cocher** et **Case d'option**) en cliquant sur le texte qui les accompagne :*

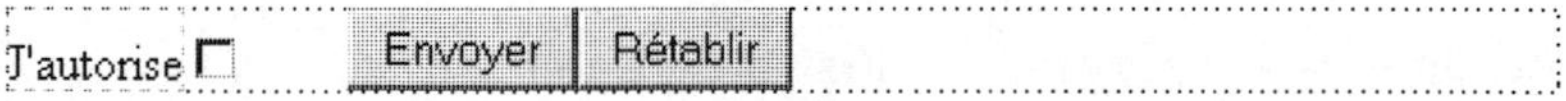
J'autorise
Envoyer
Rétablir

Dans cet exemple, la case peut être activée en cliquant sur la case ou sur son étiquette.

- En mode **Création** de la page concernée, saisissez le texte à côté du champ (case à cocher ou case d'option) auquel vous voulez donner une étiquette.
- Sélectionnez le texte et le champ.
- **Insertion**
  Formulaire
  Etiquette

Cette fonction n'est disponible que dans les navigateurs Web qui prennent en charge le langage DHTML.

Un bouton de commande

*L'option **Bouton de commande** permet de créer trois types de boutons : **Envoyer** (pour transférer les données que le visiteur vient d'inscrire dans le formulaire), **Rétablir** (pour vider les différents champs du formulaire) ou **Normal** (pour un simple bouton).*

- **Insertion**
  Formulaire
  Bouton de commande

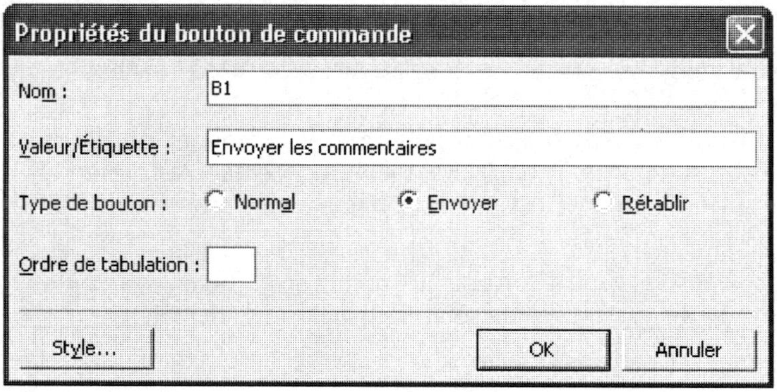
Propriétés du bouton de commande
Nom :
B1
Valeur/Étiquette :
Envoyer les commentaires
Type de bouton :
Normal
Envoyer
Rétablir
Ordre de tabulation :
Style...
OK
Annuler

- Dans la zone **Valeur/Étiquette**, tapez le texte à afficher sur le bouton.
- Sélectionnez un **Type de bouton : Normal**, **Envoyer** ou **Rétablir**.
- Cliquez sur le bouton **OK**.

Pour modifier ses propriétés, cliquez à deux reprises sur un bouton en mode **Création**.

Téléchargement de fichier

Cette fonctionnalité permet au visiteur d'envoyer un fichier sur le serveur.

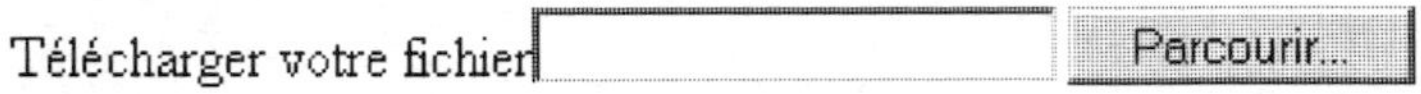
Télécharger votre fichier
Parcourir...

- En mode **Création** de la page concernée, positionnez le curseur où la zone de téléchargement de fichier doit être insérée.
- **Insertion**
  Formulaire
  Téléchargement de fichier
- Sélectionnez le dossier de destination ou créez-le à l'aide de l'outil .
- Cliquez sur le bouton **OK**.

  *Le bouton **Parcourir** s'affiche à droite de la zone de texte permettant ainsi aux visiteurs de sélectionner le fichier à envoyer.*

Ce type de téléchargement n'est possible que si les extensions du serveur FrontPage (version 2002) sont disponibles. De plus, le téléchargement doit être autorisé dans les propriétés du dossier cible. Cette configuration se fait directement sur le serveur, après avoir ouvert le site Web distant à partir de son adresse http://...

Définir la taille des champs

Ceci ne concerne ni les cases à cocher, ni les cases d'option, ni les zones de groupe.

- Cliquez avec le bouton DROIT sur le champ afin d'afficher son menu contextuel puis cliquez sur l'option **Propriétés du champ de formulaire**.

  *Vous pouvez aussi faire un double clic sur le champ à redimensionner ou encore sélectionner le champ concerné puis utiliser la commande **Format - Propriétés**.*
- Pour les zones de texte simples et les zones de téléchargement de fichier, renseignez la **Largeur en caractères**.

  Pour les espaces de texte, renseignez la **Largeur en caractères** ainsi que le **Nombre de lignes**.

  Pour les listes déroulantes, renseignez la **Hauteur**.
- Cliquez sur le bouton **OK** pour valider.

Tous les champs cités peuvent également être redimensionnés en faisant glisser leurs poignées.

Nommer un champ

Les noms attribués aux différents champs sont utilisés par le programme de traitement de formulaire.

- Cliquez avec le bouton DROIT sur le champ à nommer puis cliquez sur l'option **Propriétés du champ de formulaire.**

Vous pouvez aussi faire un double clic sur le champ concerné pour afficher ses propriétés.

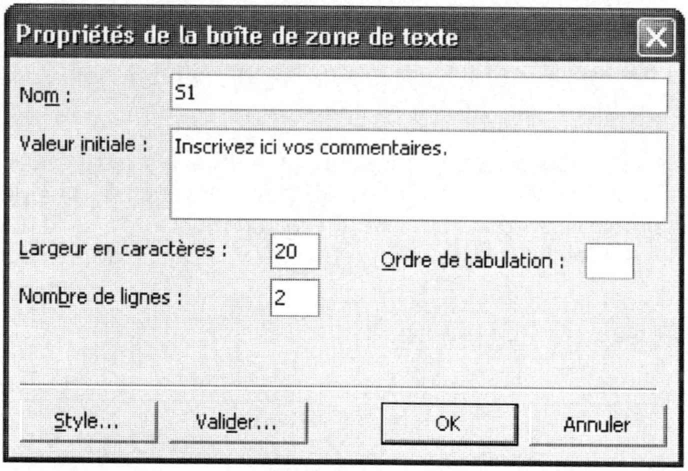
Propriétés de la boîte de zone de texte
Nom :
S1
Valeur initiale :
Inscrivez ici vos commentaires.
Largeur en caractères :
20
Ordre de tabulation :
Nombre de lignes :
2
Style...
Valider...
OK
Annuler

- Saisissez le **Nom** du champ dans la zone correspondante.

Par défaut, les noms des zones de texte simple commencent par un T, ceux des espaces de texte par un S, ceux des cases d'option par un R, ceux des cases à cocher par un C, ceux des listes déroulantes par un D, ceux des boutons de commande par un B, ceux des téléchargements de fichiers par un F.

- Lorsqu'une zone **Valeur initiale** est disponible, vous pouvez y saisir un texte à afficher au départ dans le formulaire.

*Dans chaque boîte de dialogue des propriétés du champ de formulaire, les boutons **Style** ou **Format** permettent de définir la présentation du champ.*

- Cliquez sur le bouton **OK** pour valider.

Définir les règles de validation des zones de texte

Ceci concerne les zones de texte simples et les espaces de texte.

- Cliquez avec le bouton DROIT sur le champ zone de texte puis cliquez sur l'option **Propriétés du champ de formulaire**.

  Vous pouvez aussi faire un double clic sur le champ concerné pour afficher ses propriétés.

- Cliquez sur le bouton **Valider**.
- Choisissez pour quel **Type de données** vous souhaitez définir des règles de validation : **Texte**, **Entier** ou **Numérique**.

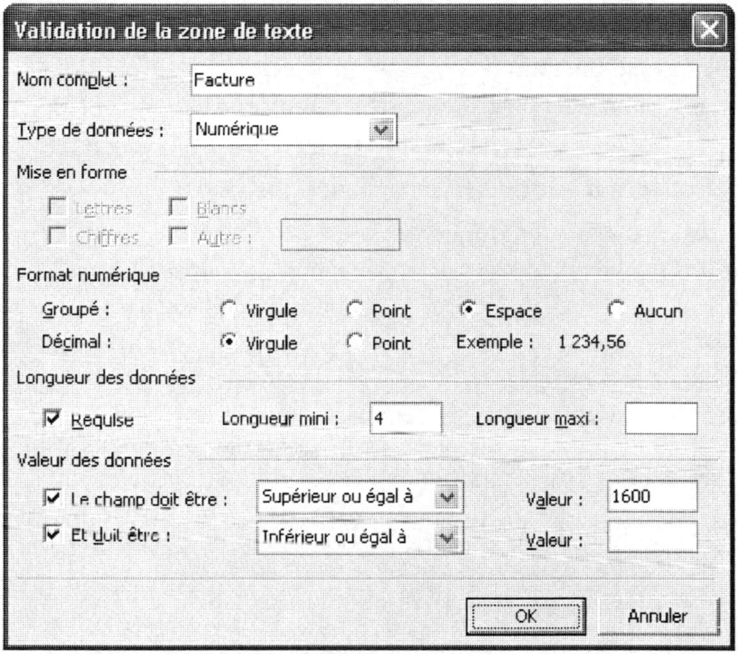
Validation de la zone de texte
Nom complet :
Facture
Type de données :
Numérique
Mise en forme
Lettres
Blancs
Chiffres
Autre :
Format numérique
Groupé :
Virgule
Point
Espace
Aucun
Décimal :
Virgule
Point
Exemple : 1 234,56
Longueur des données
Requise
Longueur mini :
4
Longueur maxi :
Valeur des données
Le champ doit être :
Supérieur ou égal à
Valeur :
1600
Et doit être :
Inférieur ou égal à
Valeur :
OK
Annuler

L'option ***Texte*** *rend accessibles les options de la zone* ***Mise en forme****, l'option* ***Entier*** *les options de la première ligne de la zone* ***Format numérique*** *et l'option* ***Numérique*** *les options de deux lignes de la zone* ***Format numérique****.*

- Pour les textes, cochez (ou décochez) les options suivantes :

  Lettres pour autoriser les caractères alphanumériques.

  Chiffres pour autoriser les caractères numériques.

Blancs pour autoriser les espaces vierges (espaces, tabulations, retours chariot, sauts de ligne).

Autre pour autoriser les caractères que vous renseignez dans la zone de saisie.

Pour les entiers, définissez la ponctuation autorisée pour séparer les milliers à l'aide des options de la zone **Format numérique groupé** :

Aucun pour refuser toute ponctuation.

Virgule pour indiquer que seule la virgule est acceptée en ponctuation.

Point pour préciser que la seule ponctuation acceptée est le point.

Espace pour indiquer que seule l'espace est autorisée pour séparer les milliers.

Pour le numérique, utilisez les options précédentes de ponctuation plus celles définissant le format **Décimal** :

Virgule pour accepter la virgule en tant que séparateur décimal.

Point pour accepter le point comme séparateur décimal.

La zone ***Exemple*** *montre le format numérique défini.*

- Précisez la **Longueur des données** :

Requise pour rendre la saisie du champ obligatoire.

Longueur mini/maxi pour spécifier les longueurs minimale et maximale des saisies.

- Pour définir un intervalle de valeurs autorisées, cochez l'option **Le champ doit être**, choisissez l'opérateur de comparaison puis saisissez la **Valeur** limite. Si nécessaire, cochez l'option **Et doit être**, sélectionnez l'opérateur de comparaison puis indiquez la deuxième **Valeur** limite.
- Cliquez à deux reprises sur le bouton **OK**.

Activer une case par défaut

Pour les cases à cocher, une coche indique que la case est active ; pour les cases d'option, leur activation est indiquée par un point noir.

- Cliquez avec le bouton DROIT sur la case à activer par défaut puis cliquez sur l'option **Propriétés du champ de formulaire**.

Vous pouvez aussi faire un double clic sur le champ concerné pour afficher ses propriétés.

- Pour les cases à cocher, activez l'option **Activée**.
  Pour les cases d'option, activez l'option **Sélectionnée**.

  Rappelez-vous que seule une option peut être active par groupe.

- Cliquez sur le bouton **OK**.

Rendre obligatoire une sélection dans un groupe d'options

Ceci ne concerne que les cases d'option et ce, si aucune case d'option du groupe n'a été activée par défaut.

- Ouvrez la page concernée en mode **Création**.
- Cliquez avec le bouton DROIT sur l'une des cases d'option du groupe concerné puis choisissez l'option **Propriétés du champ de formulaire**.
- Cliquez sur le bouton **Valider**.
- Cochez la case **Données requises**.
- Saisissez un **Nom complet** pour identifier clairement la case d'option.

  *Si le visiteur ne choisit aucune valeur, le **Nom complet** apparaîtra dans le message lui demandant de sélectionner une valeur parmi les cases d'option proposées.*

- Cliquez à deux reprises sur le bouton **OK**.

Définir les règles de validation des listes déroulantes

*Lorsque la hauteur de la liste déroulante fait une ligne, le visiteur visualise par défaut la première option de la liste. Toutefois si l'**État initial** de toutes les options de la liste est **Non sélectionné**, cette première option n'est pas considérée comme ayant été choisie même si elle est visible. Elle vous sera transmise avec les données du formulaire seulement si le visiteur prend la peine de la choisir. Dans ce cas, la validation permet d'indiquer au visiteur qu'un choix est requis.*

- En mode **Création**, cliquez avec le bouton DROIT sur la liste déroulante puis choisissez l'option **Propriétés du champ de formulaire**.
- Vous pouvez aussi faire un double clic sur le champ d'une liste déroulante, pour afficher ses propriétés.
- Cliquez sur le bouton **Valider**.

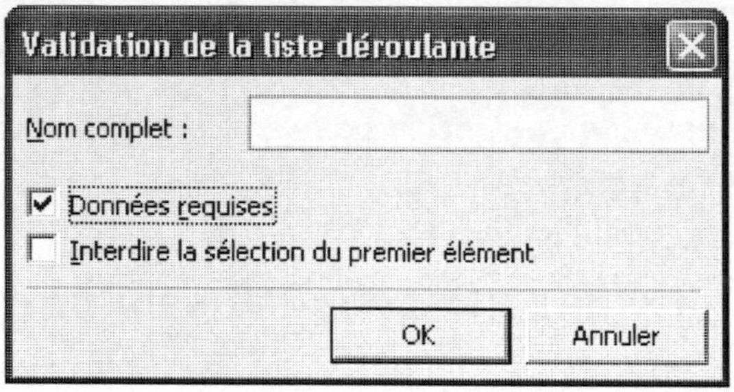
Validation de la liste déroulante
Nom complet :
Données requises
Interdire la sélection du premier élément
OK
Annuler

- Cochez l'option **Données requises** pour forcer le visiteur à effectuer une sélection.
- Cochez l'option **Interdire la sélection du premier élément** pour empêcher le visiteur de sélectionner le premier élément de la liste qui peut être, par exemple, un commentaire.
- Saisissez le **Nom complet** du champ de la liste déroulante dans la zone correspondante.
- Cliquez à deux reprises sur le bouton **OK**.

Créer un champ mot de passe

Quand l'utilisateur entre un mot de passe dans ce champ, la majorité des navigateurs Web l'affiche sous forme d'astérisques pour garantir la confidentialité.

- Ouvrez la page concernée en mode **Création**.
- Si besoin est, insérez un champ de type **Zone de texte** .
- Cliquez avec le bouton DROIT sur le champ de type zone de texte concerné puis choisissez l'option **Propriétés du champ de formulaire**.

  Vous pouvez aussi faire un double clic sur le champ concerné pour afficher ses propriétés.
- Activez l'option **Oui** associée à l'option **Champ mot de passe**.
- Cliquez sur le bouton **OK**.

Modifier l'ordre de tabulation

L'ordre de tabulation définit l'ordre d'accès aux champs de formulaire lorsque l'utilisateur appuie sur la touche .

- Ouvrez la page concernée en mode **Création**.

- Pour chaque champ, affichez ses propriétés en réalisant un double clic dessus.
- Dans la zone **Ordre de tabulation**, entrez un numéro compris entre 1 et 999.
- Validez par le bouton **OK**.

Pour supprimer un champ de l'ordre de tabulation, saisissez **0** dans la zone **Ordre de tabulation.**

Réceptionner les résultats d'un formulaire

Les saisies effectuées dans les formulaires peuvent être envoyées dans un fichier texte, une adresse e-mail ou dans une base de données pour que vous puissiez les récupérer et les exploiter.

Note : les procédures suivantes s'appliquent uniquement si les extensions du serveur Frontpage sont disponibles. Si elles sont absentes, vérifiez auprès de votre hébergeur quelles sont les alternatives sur leur serveur pour transférer les données d'un formulaire.

À une adresse électronique

- En mode **Création** de la page, positionnez le point d'insertion dans le formulaire concerné.
- **Insertion**
  Formulaire
  Propriétés du formulaire

- Activez l'option **Envoyer à**.
- Dans la zone **Adresse de messagerie**, saisissez l'adresse électronique à laquelle vous souhaitez envoyer les résultats du formulaire.
- Si vous souhaitez envoyer les résultats en même temps dans un fichier, saisissez le **Nom de fichier** dans la zone correspondante ou, utilisez le bouton **Parcourir** pour le sélectionner.

  *Normalement, ce fichier est placé dans le dossier **_private** pour être caché aux visiteurs.*
- Cliquez sur le bouton **Options**, puis activez l'onglet **Résultats par courrier électronique.**
- Choisissez dans la liste correspondante le **Format du courrier électronique**.

- Précisez, si besoin est, le texte qui apparaîtra dans la **Ligne Objet** du courrier électronique.

  *Par défaut, le texte qui s'affichera en objet du message est **Résultats du formulaire**.*

- Pour inscrire en objet du message, un contenu tapé par le visiteur, cochez l'option **Nom du champ du formulaire**, à droite de l'option **Ligne Objet**. Dans la zone de texte suivante, inscrivez le nom du champ à répéter (ce nom, comme "T1" ou "S1", est visible dans la zone **Nom** des propriétés du champ).
- Si le visiteur a saisi son adresse électronique dans un champ réservé à cet effet, vous pouvez la reprendre comme adresse d'expéditeur. Pour cela, cochez la case **Nom du champ de formulaire** de la zone **Ligne Réponse-à** puis, saisissez le nom du champ dans la zone de saisie correspondante.
- Cliquez sur le bouton **OK** à deux reprises.

Cette façon de configurer l'envoi des résultats à une adresse électronique n'est possible que si les extensions du serveur FrontPage sont installées sur le serveur de votre site Web et sont correctement configurées pour accéder à votre courrier électronique.

<u>Dans un fichier texte ou HTML</u>

- En mode **Création** de la page, positionnez le point d'insertion dans le formulaire concerné.
- **Insertion**
  Formulaire
  Propriétés du formulaire

- Activez l'option **Envoyer à**.

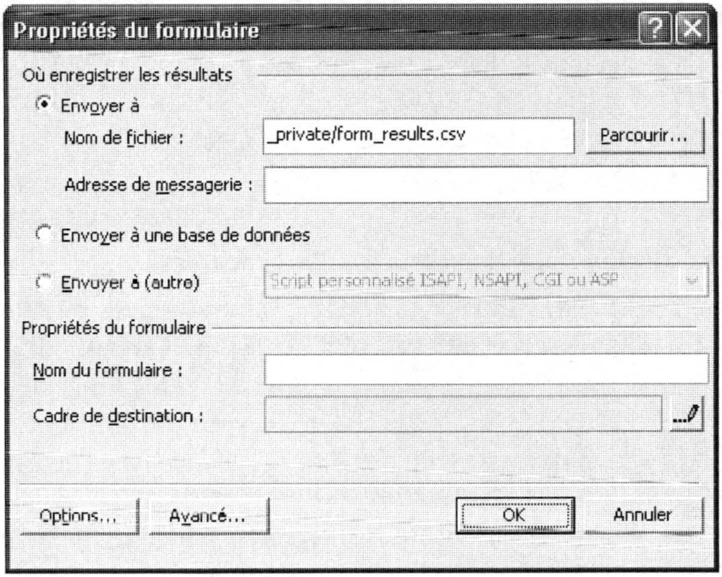
Propriétés du formulaire
Où enregistrer les résultats
Envoyer à
Nom de fichier :
_private/form_results.csv
Parcourir...
Adresse de messagerie :
Envoyer à une base de données
Envoyer à (autre)
Script personnalisé ISAPI, NSAPI, CGI ou ASP
Propriétés du formulaire
Nom du formulaire :
Cadre de destination :
Options...
Avancé...
OK
Annuler

*Par défaut, FrontPage vous propose un nom de fichier au format csv et le classe dans le dossier **_private**.*

- Modifiez, si besoin est, le **Nom de fichier** dans la zone correspondante mais en conservant le dossier **_private**.
- Cliquez sur le bouton **Options**, puis activez l'onglet **Fichier de résultats.**
- Définissez les propriétés du fichier selon vos besoins.

*Il est possible d'enregistrer les résultats du formulaire dans un second fichier. Cela peut s'avérer pratique, par exemple, pour mettre en forme un fichier de résultats destinés à être intégré dans une base de données ou un tableau, et pour conserver l'autre fichier de résultats tel quel pour la lisibilité. Pour cela, complétez les zones du cadre **Second fichier (facultatif)**.*

- Cliquez à deux reprises sur le bouton **OK.**

Dans une nouvelle base de données Access

- En mode **Création** de la page, positionnez le point d'insertion dans le formulaire concerné.
- **Insertion**
  Formulaire
  Propriétés du formulaire

- Activez l'option **Envoyer à une base de données.**
- Cliquez sur le bouton **Options**, puis activez si nécessaire l'onglet **Requête de base de données.**
- Cliquez sur le bouton **Créer une base de données.**

  FrontPage crée une nouvelle base puis affiche son nom et emplacement sur votre site Web.

- Cliquez sur le bouton **OK** de la fenêtre d'information.

  FrontPage sélectionne automatiquement la nouvelle base en tant que "connexion de base de données" ainsi que le tableau où les résultats du formulaire seront stockés.

- Cliquez sur le bouton **OK** à deux reprises.

  Si l'extension de la page actuelle est ***.htm****, FrontPage vous demande de renommer le fichier avec l'extension* ***.asp*** *pour qu'il fonctionne correctement.*

- Dans ce cas, cliquez sur le bouton **OK** puis au menu **Fichier - Enregistrer sous**, renommez la page en lui donnant l'extension **.asp**.

Pour tester un formulaire, celui-ci doit d'abord être publié sur le serveur.

Définir la page de confirmation

Dès qu'un utilisateur envoie un formulaire, une page de confirmation standard s'affiche. Mais, lorsque l'option ***Envoyer à*** *est activée dans les propriétés du formulaire, vous pouvez personnaliser cette page. Voici un exemple de page de confirmation personnalisée :*

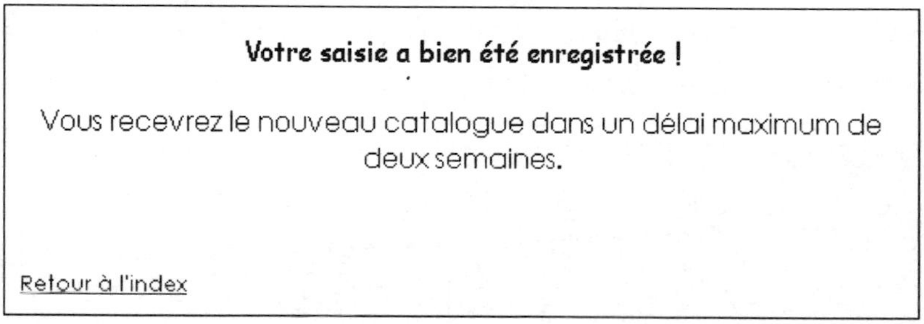
Votre saisie a bien été enregistrée !
Vous recevrez le nouveau catalogue dans un délai maximum de deux semaines.
Retour à l'index

- Créez la page qui deviendra la page de confirmation puis enregistrez-la.

- Ouvrez, en mode **Création**, la page qui contient le formulaire puis positionnez le point d'insertion dans le formulaire.
- **Insertion**
  Formulaire
  Propriétés du formulaire

- Au besoin, activez l'option **Envoyer à** et définissez le **Nom de fichier** ou l'**Adresse de messagerie**.
- Cliquez sur le bouton **Options** et activez l'onglet **Page de confirmation**.
- Saisissez l'**URL de la page de confirmation** ou cliquez sur **Parcourir** pour sélectionner cette page.
- Cliquez à deux reprises sur le bouton **OK**.

Créer un formulaire de recherche

Un formulaire de recherche permet à l'utilisateur de rechercher un texte dans toutes les pages ou dans certaines pages de votre site Web. L'utilisateur saisit le texte à rechercher dans une zone de texte simple, démarre la recherche : les liens hypertexte vers les pages qui contiennent le texte recherché sont alors affichés.

- Ouvrez, en mode **Création**, la page qui va contenir le formulaire de recherche puis positionnez le point d'insertion à l'endroit où vous souhaitez l'insérer.
- **Insertion**
  Composant Web
- Cliquez sur le type de composant **Recherche Web** puis choisissez le type de recherche **Site Web actuel**.
- Cliquez sur le bouton **Terminer**.
- Activez, si besoin est, l'onglet **Propriétés du formulaire de recherche**.

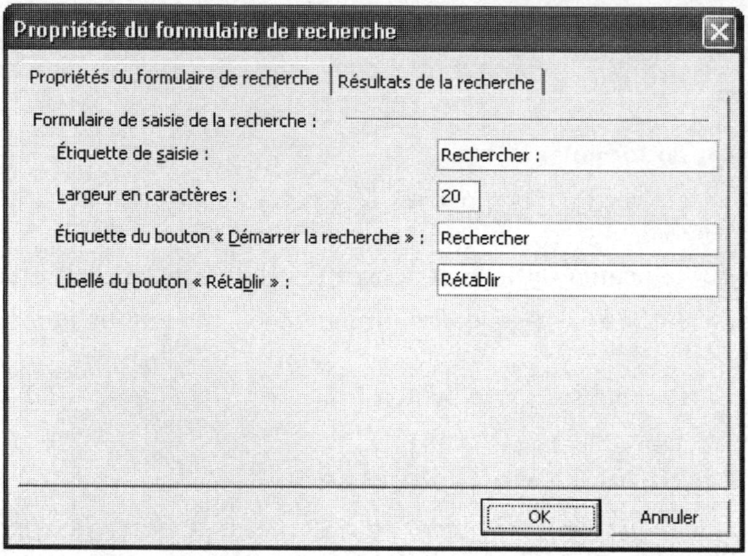
Propriétés du formulaire de recherche
Propriétés du formulaire de recherche
Résultats de la recherche
Formulaire de saisie de la recherche :
Étiquette de saisie :
Rechercher :
Largeur en caractères :
20
Étiquette du bouton « Démarrer la recherche » :
Rechercher
Libellé du bouton « Rétablir » :
Rétablir
OK
Annuler

- Renseignez les différentes étiquettes du formulaire : **Étiquette de saisie**, **Largeur en caractères**, **Étiquette du bouton "Démarrer la recherche"**, **Libellé du bouton "Rétablir"**.
- Cliquez sur l'onglet **Résultats de la recherche**.

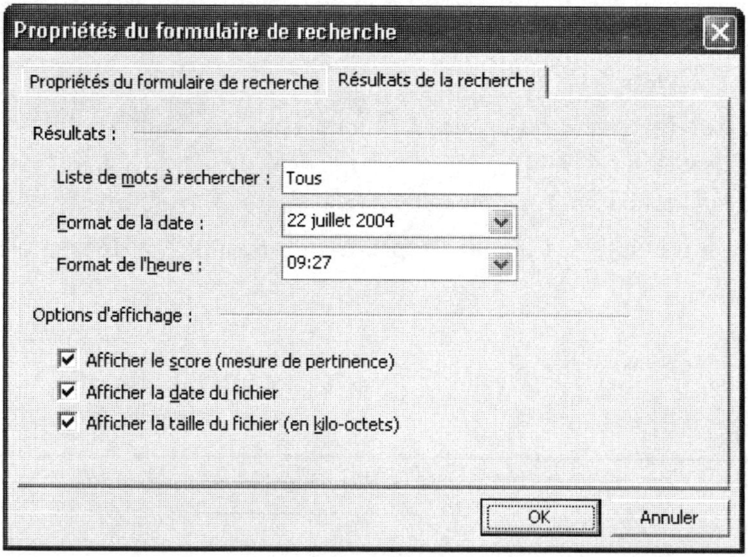
Propriétés du formulaire de recherche
Propriétés du formulaire de recherche
Résultats de la recherche
Résultats :
Liste de mots à rechercher :
Tous
Format de la date :
22 juillet 2004
Format de l'heure :
09:27
Options d'affichage :
Afficher le score (mesure de pertinence)
Afficher la date du fichier
Afficher la taille du fichier (en kilo-octets)
OK
Annuler

- La zone **Liste de mots à rechercher** permet de définir dans quelle partie du site doit se faire la recherche. Si vous laissez **Tous**, la recherche se fera dans toutes les pages HTML (sauf celles contenues dans un dossier caché). Si vous désirez que la recherche se fasse sur un groupe de discussion, entrez le nom du dossier qui contient les pages du groupe de discussion.
- L'option **Format de la date** permet de choisir entre les différents types de présentation de la date.

  *Pour que cette option soit disponible, l'option **Afficher la date du fichier** doit d'abord être cochée.*
- L'option **Format de l'heure** vous permet de choisir entre différents types de présentation de l'heure.
- À l'aide des **Options d'affichage**, réglez les différents paramètres que vous souhaitez faire afficher dans les résultats de recherche.
- Cliquez sur le bouton **OK**.

  Le formulaire de recherche s'insère dans la page.

Pour fonctionner, ce formulaire doit être publié sur un serveur avec les extensions FrontPage.

Insérer un compteur d'accès

Le nombre de chargement de la page, donc de visiteurs, est parfois affiché sur la page d'accueil sous la forme d'un compteur.

- En mode **Création** de la page concernée, positionnez le point d'insertion à l'endroit où doit apparaître le compteur.
- **Insertion**
  Composant Web
- Sélectionnez l'option **Compteur d'accès** dans la liste **Type de composant**.
- Cliquez, dans la liste **Choisir un style de compteur**, sur le modèle souhaité, puis cliquez sur le bouton **Terminer**.

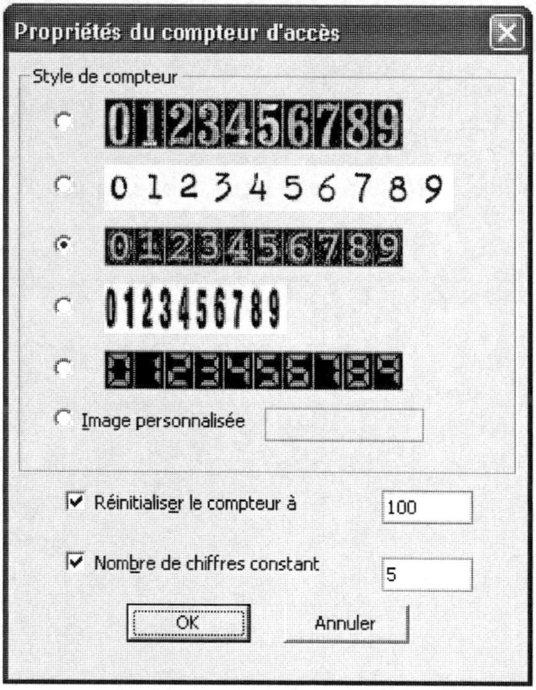
Propriétés du compteur d'accès
Style de compteur
0123456789
0 1 2 3 4 5 6 7 8 9
0123456789
0123456789
0123456789
Image personnalisée
Réinitialiser le compteur à
100
Nombre de chiffres constant
5
OK
Annuler

- Activez, si besoin est, un nouveau **Style de compteur**.

  Il s'agit d'une image GIF contenant les chiffres de 0 à 9.
- Pour définir le nombre affiché au départ du compteur, cochez l'option **Réinitialiser le compteur à** puis saisissez le nombre souhaité.

- Pour que le compteur affiche un **Nombre de chiffres constant**, cochez l'option correspondante, puis saisissez le nombre souhaité. Par exemple, pour afficher 0008 au lieu de 8, saisissez la valeur 4.
- Cliquez sur le bouton **OK** pour valider.

Le compteur d'accès ne peut être testé que dans un navigateur Web, après la publication du site Web, et à condition que le serveur Web exécute les extensions du serveur FrontPage.

Vous pouvez réinitialiser le compteur à tout moment. Pour cela, ouvrez sa page en mode **Création** puis faites un double clic dessus. Cochez l'option **Réinitialiser le compteur à**, saisissez ensuite le nombre attendu puis validez.

Insérer le contenu d'une autre page

- En mode **Création** de la page concernée, cliquez à l'emplacement où vous souhaitez insérer le contenu d'une autre page.
- **Insertion**
  Composant Web
- Sélectionnez l'option **Contenu inclus** dans la zone de liste **Type de composant**.
- Sélectionnez ensuite l'option **Page** dans la zone de liste **Choisir un type de contenu** puis, cliquez sur le bouton **Terminer**.
- Saisissez l'URL relative de la **Page à inclure** dans la zone correspondante ou cliquez sur le bouton **Parcourir**, pour sélectionner une page du site Web en cours.
- Cliquez sur le bouton **OK**.

Insérer un élément temporaire

Cette manipulation vous permet de programmer l'affichage d'une page ou d'une image pendant un délai précis. C'est l'horloge du serveur qui sert alors à déterminer la période de temps.

- En mode **Création** de la page concernée, positionnez le point d'insertion à l'endroit où doit apparaître l'élément temporaire.
- **Insertion**
  Composant Web
- Sélectionnez l'option **Contenu inclus** dans la zone de liste **Type de composant**.

- Sélectionnez ensuite l'option **Image basée sur la planification** ou **Page basée sur la planification** dans la zone de liste **Choisir un type de contenu** puis, cliquez sur le bouton **Terminer**.

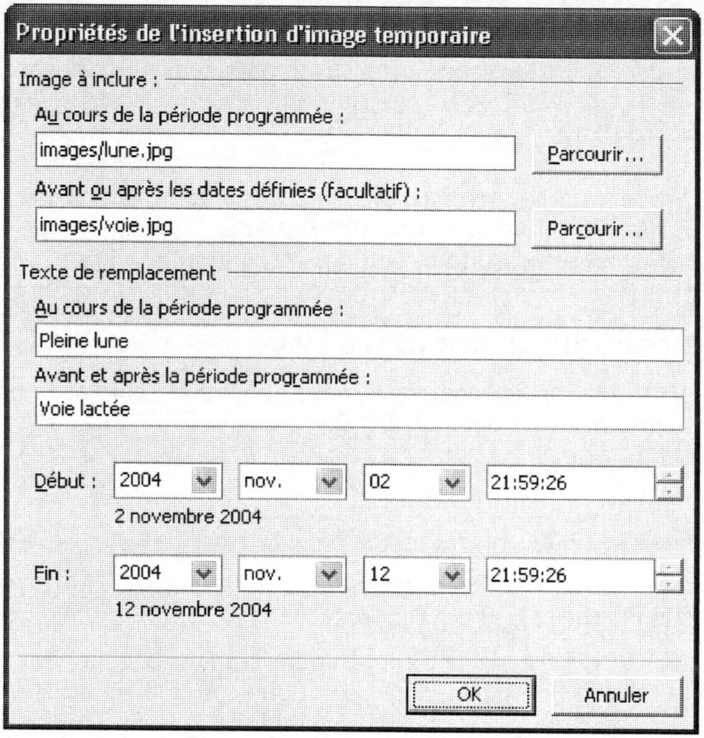
Propriétés de l'insertion d'image temporaire
Image à inclure :
Au cours de la période programmée :
images/lune.jpg
Parcourir...
Avant ou après les dates définies (facultatif) :
images/voie.jpg
Parcourir...
Texte de remplacement
Au cours de la période programmée :
Pleine lune
Avant et après la période programmée :
Voie lactée
Début :
2004
nov.
02
21:59:26
2 novembre 2004
Fin :
2004
nov.
12
21:59:26
12 novembre 2004
OK
Annuler

- Dans la zone **Au cours de la période programmée**, saisissez l'adresse de l'**Image à inclure** ou de la **Page à inclure** durant la période définie par les options **Début** et **Fin** ou, cliquez sur le bouton **Parcourir** pour la sélectionner.
- Si besoin, dans la zone **Avant ou après les dates définies (facultatif)** ou **Avant et après la période programmée (facultatif)**, saisissez l'adresse de l'**Image à inclure** ou de la **Page à inclure** en dehors de la période programmée ou, cliquez sur le bouton **Parcourir** pour la sélectionner.
- S'il s'agit d'une image temporaire, saisissez éventuellement, dans les zones correspondantes, le texte à afficher au passage de la souris sur l'image à inclure **Au cours de la période programmée** ainsi que sur celle à inclure **Avant et après la période programmée**.
- Utilisez les zones de saisie **Début** et **Fin** pour déterminer la période programmée.

- Cliquez sur le bouton **OK** pour valider.

Pour modifier ces paramètres, réalisez un double clic sur ce composant FrontPage.

La présence d'un élément temporaire se repère par la forme du pointeur de souris qui représente une main accompagnée d'une feuille.

Pour modifier les propriétés d'un élément temporaire, faites un double clic dessus en mode **Création** de la page concernée.

Insérer une bannière de page

*Une bannière de page affiche par défaut le titre de la page tel qu'il est en mode **Navigation**. Vous devez, avant d'insérer une bannière de page, définir la structure de navigation de votre site en mode **Navigation** (une bannière de page n'est apparente que si la page est incluse dans la structure de navigation) (cf. Structurer un site dans le chapitre Création de liens).*

- En mode **Création**, ouvrez la page concernée puis positionnez le point d'insertion à l'endroit où la bannière doit être insérée.
- **Insertion**
  Bannière de page

Propriétés de la bannière de page
Propriétés
Image
Texte
Texte de la bannière de page
Nouveautés
OK
Annuler

- Activez une des options suivantes :

Texte pour que la bannière soit au format texte.

Image pour que la bannière s'affiche comme un élément graphique ; cette option ne peut être utilisée que si votre page utilise un thème.

- Saisissez le **Texte de la bannière de page** dans la zone correspondante.
- Cliquez sur le bouton **OK**.

Le texte de la bannière peut aussi être modifié en mode **Navigation**. Il correspond à l'intitulé de la page correspondante.

Insérer un texte défilant

Vous pouvez faire défiler un texte horizontalement. Cette fonction est utile pour annoncer une nouvelle, une promotion...

- En mode **Création** de la page concernée, positionnez le point d'insertion à l'endroit où doit défiler le texte.
- **Insertion**
  Composant Web
- Sélectionnez l'option **Effets dynamiques** dans la zone de liste **Type de composant**.
- Sélectionnez l'option **Texte défilant** dans la zone de liste **Choisir un effet**.
- Cliquez sur le bouton **Terminer**.
- Saisissez le **Texte** que vous souhaitez faire défiler dans la zone correspondante.
- Réglez le **Sens** de défilement en activant, selon le cas, l'option **Gauche** ou **Droite**.

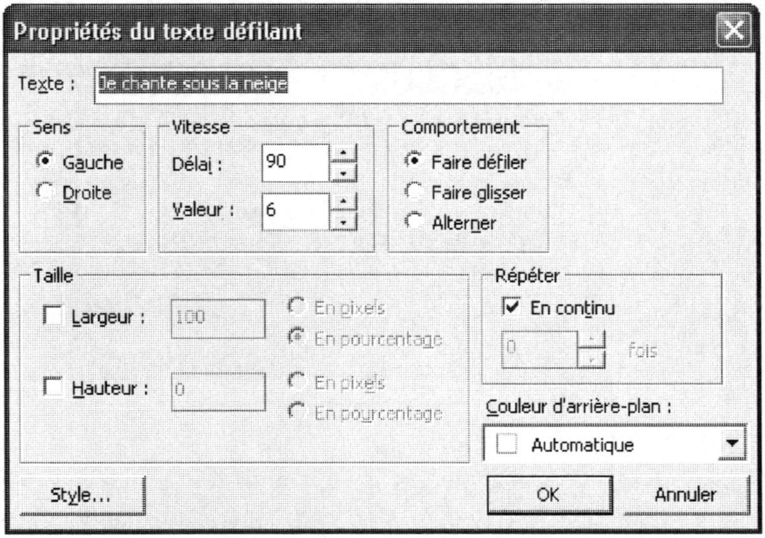
Propriétés du texte défilant
Texte :
Je chante sous la neige
Sens
Gauche
Droite
Vitesse
Délai :
90
Valeur :
6
Comportement
Faire défiler
Faire glisser
Alterner
Taille
Largeur :
100
En pixels
En pourcentage
Hauteur :
0
En pixels
En pourcentage
Répéter
En continu
0
fois
Couleur d'arrière-plan :
Automatique
Style...
OK
Annuler

- Renseignez les propriétés suivantes :

Délai	définit le temps d'attente avant la mise en route du défilement.
Valeur	indique la vitesse de défilement en pixels.

Faire défiler pour que le texte défile en permanence.

Faire glisser pour que le texte défile jusqu'à la fin du rectangle et s'arrête.

Alterner pour que le texte défile avec des rebondissements.

Taille spécifie la taille du rectangle de défilement ; par défaut, le rectangle s'étend sur toute la largeur de la page.

Répéter indique le nombre de répétition du défilement ou indique un défilement infini si vous cochez l'option **En continu**.

Couleur d'arrière-plan spécifie la couleur du rectangle de défilement.

- Pour mettre en forme le texte défilant, utilisez le bouton **Style** puis le bouton **Format** de la boîte de dialogue **Modifier le style**.
- Cliquez sur le bouton **OK**.
- Pour tester les propriétés définies pour le texte défilant, activez le mode **Aperçu**.

Pour modifier les propriétés d'un texte défilant, faites un double clic dessus en mode **Création** de la page concernée.

Animer un élément

Animer un élément consiste à lui appliquer un ou plusieurs effets d'animation en HTML Dynamique (DHTML), et de rattacher l'effet à un événement déclencheur.

- En mode **Création** de la page concernée, sélectionnez l'élément à animer (texte, paragraphe, bouton, image, etc).
- **Affichage**
  Barres d'outils
  Effets DHTML

*La barre d'outils **Effets DHTML** s'affiche.*

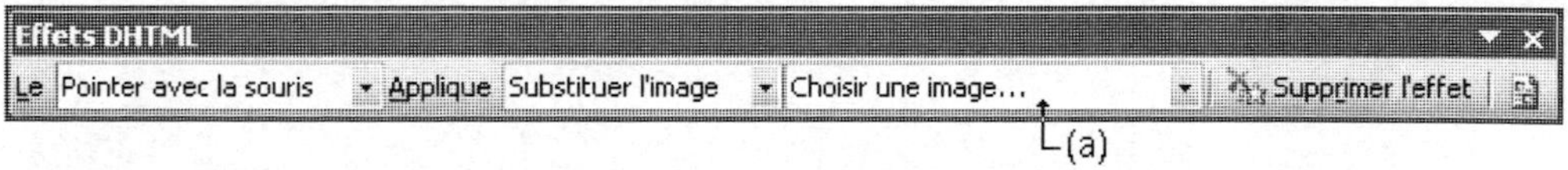
Effets DHTML
Le
Pointer avec la souris
Applique
Substituer l'image
Choisir une image...
Supprimer l'effet
(a)

- Ouvrez la liste **Le** puis choisissez l'événement qui déclenchera l'animation.
- Ouvrez la liste **Applique** puis sélectionnez l'option correspondant au genre d'effet souhaité.

- Ouvrez la liste **Effet** (a), puis cliquez sur le paramètre que vous voulez appliquer à l'effet.

  *Les éléments listés dans les zones **Le**, **Applique** et **Effet** varient en fonction de l'élément sélectionné.*

  *Selon le paramètre choisi, il est possible qu'une boîte de dialogue s'active, (par exemple, la boîte **Image** vous permet de **Choisir une image**).*

- Dans ce cas, spécifiez les paramètres de l'effet puis validez vos choix.
- Fermez la barre d'outils **Effets DHTML** en cliquant sur le bouton ☒.

Pour tester un effet, affichez la page concernée en mode **Aperçu** ou cliquez sur l'option **Afficher dans le navigateur** du menu **Fichier**.

Pour supprimer un effet, sélectionnez l'élément concerné puis cliquez sur le bouton **Supprimer l'effet** de la barre d'outils **Effets DHTML** (**Affichage - Barres d'outils - Effets DHTML**).

Insérer une feuille de calcul Office

FrontPage permet l'intégration de document Office grâce au système d'échange de données basé sur le XML. Ces intégrations pourraient faire l'objet d'un long développement ; nous nous limiterons dans cet ouvrage à un aperçu des options proposées.

- Ouvrez, en mode **Création**, la page devant contenir la feuille de calcul Office puis positionnez le point d'insertion à l'endroit où celle-ci doit être insérée.
- **Insertion**
  Composant Web
- Cliquez sur le type de composant **Feuilles de calcul et graphiques** puis sur l'option **Feuille de calcul Office** située dans la liste **Choisir un contrôle**.
- Cliquez sur le bouton **Terminer**.

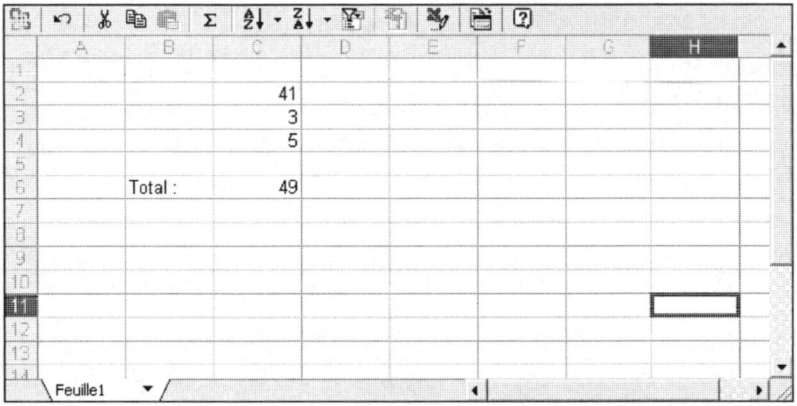

Une feuille de calcul est insérée dans la page, permettant d'utiliser certaines fonctionnalités du logiciel Microsoft Office Excel.

- Utilisez les outils de la barre d'outils pour travailler dans la feuille de calcul : pour annuler, pour couper-copier-coller, pour additionner, pour trier, pour filtrer les informations ou encore, pour afficher les commandes et les options.

Cette feuille de calcul fonctionnera seulement pour les visiteurs ayant installé le logiciel Microsoft Office Web Components et utilisant Microsoft Internet Explorer 5.01 ou plus.

Lorsque la page sera publiée sur Internet, le visiteur pourra modifier les données mais sans les enregistrer sur le serveur. Dans ce cas, l'outil lui permettra d'utiliser Excel pour retravailler ces données et les enregistrer sous un nouveau nom (localement).

Insérer un graphique Office

Pour créer le graphique, vous pouvez taper directement les données dans une feuille de données, ou lier le graphique à une requête ou une table de base de données, ou encore utiliser les données d'un composant Office déjà inséré dans la page Web. Les pages suivantes présentent ces trois possibilités.

- Ouvrez, en mode **Création**, la page devant contenir le graphique puis positionnez le point d'insertion à l'endroit où celui-ci doit être inséré.

Saisir les données dans une feuille de données

- **Insertion**
  Composant Web
- Cliquez sur le type de composant **Feuilles de calcul et graphiques** puis sur l'option **Graphique Office** située dans la liste **Choisir un contrôle.**
- Cliquez sur le bouton **Terminer.**

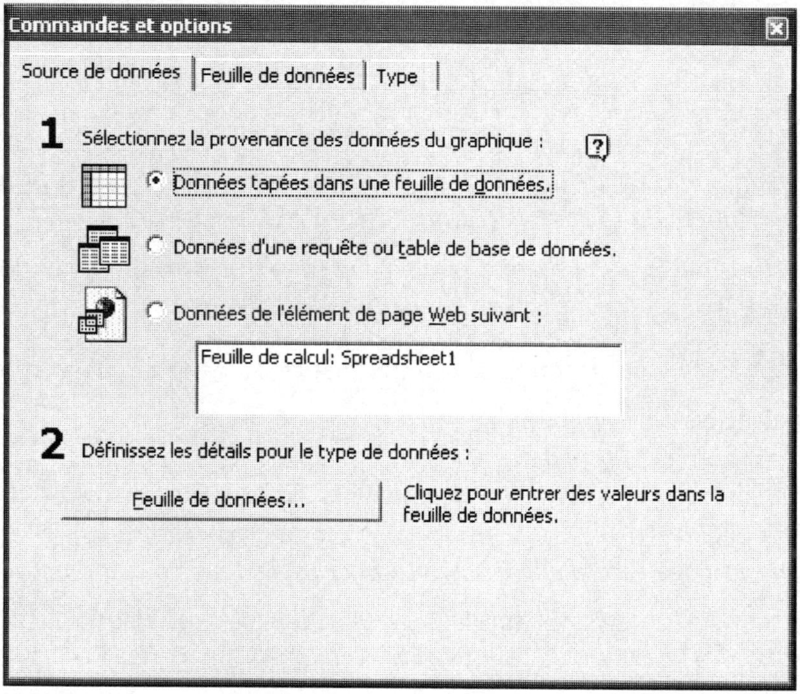
Commandes et options
Source de données
Feuille de données
Type
1 Sélectionnez la provenance des données du graphique :
Données tapées dans une feuille de données.
Données d'une requête ou table de base de données.
Données de l'élément de page Web suivant :
Feuille de calcul: Spreadsheet1
2 Définissez les détails pour le type de données :
Feuille de données...
Cliquez pour entrer des valeurs dans la feuille de données.

- Activez l'option **Données tapées dans une feuille de données** puis cliquez sur le bouton **Feuille de données.**
- Saisissez les données dans la feuille de données comme vous pouvez le faire dans une feuille Excel.

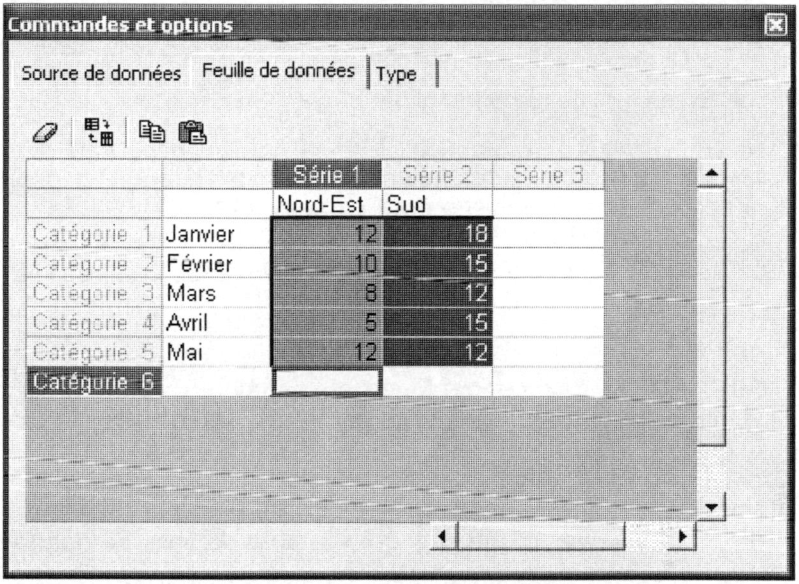
Commandes et options
Source de données
Feuille de données
Type
Série 1
Série 2
Série 3
Nord-Est
Sud
Catégorie 1
Janvier
12
18
Catégorie 2
Février
10
15
Catégorie 3
Mars
8
12
Catégorie 4
Avril
5
15
Catégorie 5
Mai
12
12
Catégorie 6

⊡ Cliquez sur l'onglet **Type** pour définir le type de graphique.

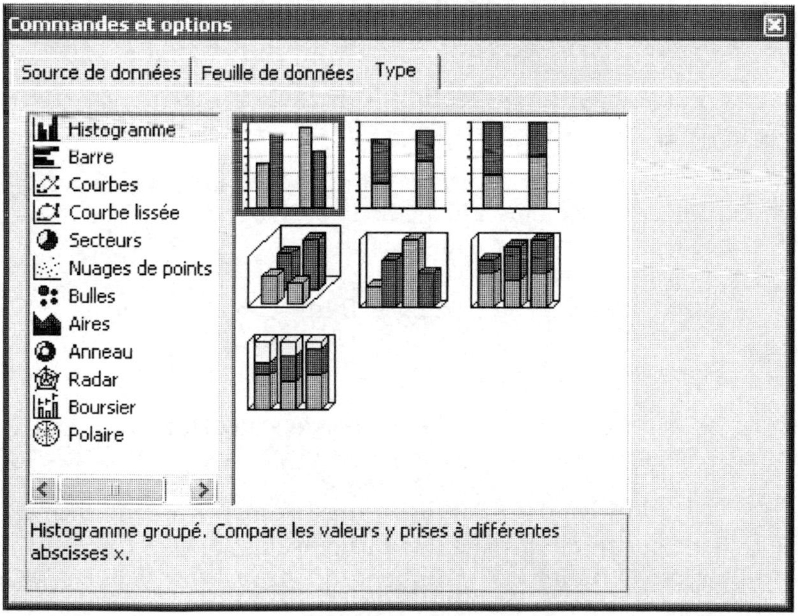
Commandes et options
Source de données
Feuille de données
Type
Histogramme
Barre
Courbes
Courbe lissée
Secteurs
Nuages de points
Bulles
Aires
Anneau
Radar
Boursier
Polaire
Histogramme groupé. Compare les valeurs y prises à différentes abscisses x.

Sélectionnez le type de graphique souhaité dans la zone de liste visible à gauche de la boîte de dialogue puis, cliquez sur le sous-type attendu.

Fermez la boîte de dialogue en cliquant sur le bouton .

- De retour dans la page Web, ajustez si besoin est, la taille du graphique en faisant glisser les poignées de dimensionnement puis déplacez-le, au besoin, en faisant glisser sa bordure vers la nouvelle position.

Utiliser des données d'une requête ou d'une table de base de données

- **Insertion**
  Composant Web
- À gauche, choisissez **Feuilles de calcul et graphiques**. À droite, cliquez sur l'option **Graphique Office.**
- Cliquez sur le bouton **Terminer**.
- Dans l'onglet **Source de données** de la boîte de dialogue **Commandes et options,** activez l'option **Données d'une requête ou table de base de données.**
- Cliquez sur le bouton **Connexion** pour définir la connexion à la base de données qui sera la source de données du graphique.
- Connectez la base de données source : dans la zone **Connexion**, tapez le nom de la base de données ou cliquez sur le bouton **Modifier** pour la sélectionner.
- Cliquez sur l'onglet **Type** pour définir le type de graphique puis fermez la boîte de dialogue en cliquant sur le bouton .
- De retour dans la page Web, ajustez si besoin est, la taille du graphique en faisant glisser les poignées de dimensionnement puis déplacez-le, au besoin, en faisant glisser sa bordure vers la nouvelle position.

Utiliser les données d'un élément de la page

- **Insertion**
  Composant Web
- Choisissez le type de composant **Feuilles de calcul et graphiques**, puis l'option **Graphique Office.**
- Cliquez sur **Terminer**.
- Dans l'onglet **Source de données** de la boîte de dialogue **Commandes et options,** activez l'option **Données de l'élément de page Web suivant** puis sélectionnez l'élément souhaité dans la liste correspondante.

Cette option est indisponible si aucune feuille de données n'est insérée dans la page.

- Cliquez sur le bouton **Plages**.

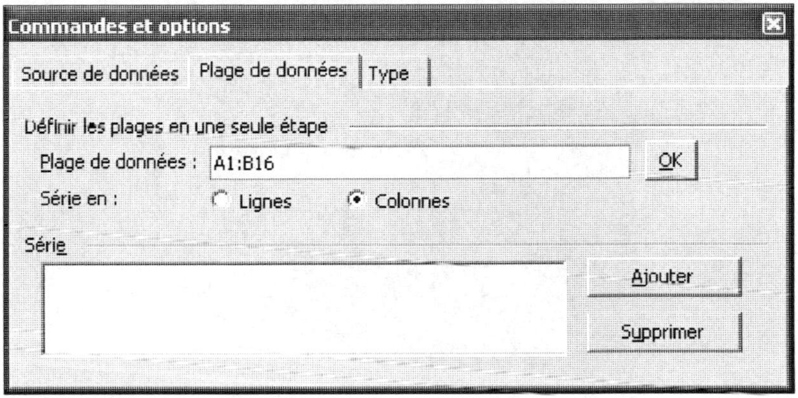
Commandes et options
Source de données
Plage de données
Type
Définir les plages en une seule étape
Plage de données :
A1:B16
OK
Série en :
Lignes
Colonnes
Série
Ajouter
Supprimer

- Spécifiez la plage de cellules contenant les données à représenter (exemple : A1:C10) puis cliquez sur le bouton **OK**.
- Cliquez sur l'onglet **Type** pour définir le type de graphique puis fermez la boîte de dialogue en cliquant sur le bouton ☒.
- De retour sur la page Web, ajustez, si besoin est, la taille du graphique en faisant glisser les poignées de dimensionnement puis déplacez-le, au besoin, en faisant glisser sa bordure vers la nouvelle position.

Modifier le graphique

- Cliquez deux fois sur la bordure du graphique, dans la zone hachurée, pour ouvrir les **Propriétés du contrôle ActiveX**. Dans l'onglet **Type**, sélectionnez un autre type de graphique.
- Selon la source des données, celles-ci peuvent être redéfinies dans l'onglet **Feuille de données**, **Plage de données** ou **Détails des données**.
- Fermez la boîte de dialogue **Propriétés du contrôle ActiveX** avec le bouton **OK**.

Pour supprimer un composant feuille de calcul, cliquez dans la marge à gauche de l'élément (il devient encadré d'un trait noir) puis appuyez sur la touche [Suppr].

Généralités

En définissant la position absolue d'un élément selon un coin de la page, ainsi que devant ou derrière tel autre élément, il devient possible de superposer différents niveaux de texte et d'images.

La position absolue peut s'appliquer directement à un élément, comme un tableau, une image ou un paragraphe. Mais plus souvent, ce sont des couches qui sont utilisées pour dessiner l'espace superposé. Les couches sont comme des zones distinctes pouvant être avancées, reculées ou camouflées...

Certains navigateurs ne gèrent pas le positionnement absolu.

Créer une couche

- Ouvrez la page concernée en mode **Création** ou créez une nouvelle page.
- Positionnez, si besoin est, le curseur où vous souhaitez insérer la couche.
- **Insertion**
  Couche 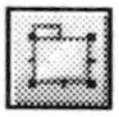

*Si l'option **Couche** n'est pas disponible, activez l'option **CSS 2.0 (positionnement)** dans les **Options de page (Outils - Options de page** - onglet **Opérations d'auteur**).*

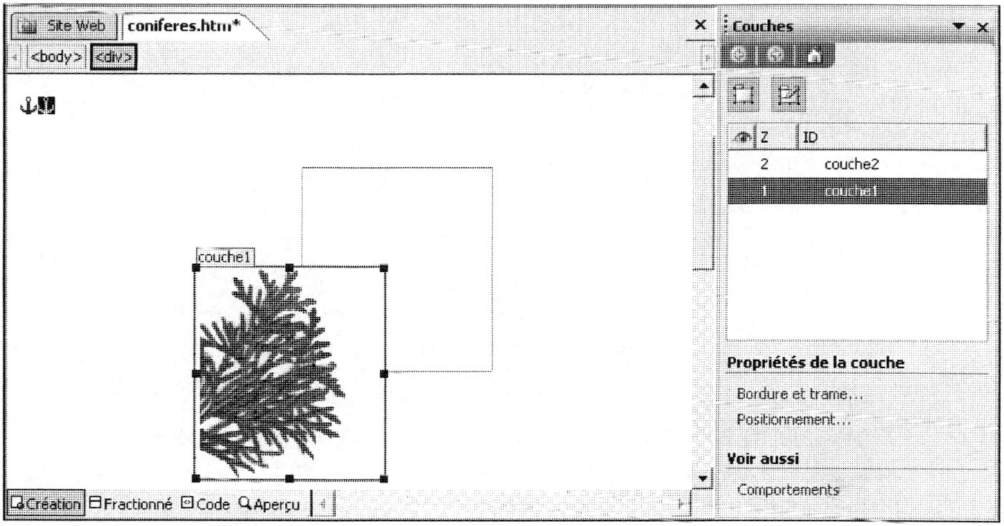
Site Web
coniferes.htm*
<body>
<div>
couche1
Création
Fractionné
Code
Aperçu
Couches
Z
ID
2
couche2
1
couche1
Propriétés de la couche
Bordure et trame...
Positionnement...
Voir aussi
Comportements

Un cadre bleu indique alors les limites de la couche. En cliquant deux fois sur cette bordure, le volet Office ***Couches*** *s'affiche à l'écran.*

- Vous pouvez aussi cliquer sur l'outil **Dessiner une couche**  du volet Office **Couches** puis tracez la couche par un cliqué-glissé.

Une couche peut contenir différents éléments : texte, images, tableaux, liens...

- Pour ajouter un contenu dans une couche, procédez comme pour l'insertion d'un élément dans une page ou une cellule de tableau : positionnez le curseur dans la couche, tapez le texte voulu ou insérez des images, puis appliquez la mise en forme appropriée.

Gérer les couches

Les différentes couches peuvent être superposées en modifiant leur indice Z. L'élément ayant un indice Z de valeur 2 se place au-dessus d'un autre de valeur 1 ; tandis qu'une valeur négative déplace l'élément derrière le texte.

Cet ordre se modifie dans le volet ***Couches*** *qui affiche la liste des éléments positionnés dans la page.*

- Affichez, si besoin est, le volet Office **Couches** à l'aide de la commande **Format - Couches** ou en cliquant deux fois sur la bordure d'une couche.

Couches
Z
ID
2
couche2
1
couche1
Propriétés de la couche
Bordure et trame...
Positionnement...
Voir aussi
Comportements

- Pour sélectionner une couche, cliquez sur son nom dans le volet **Couches** ou cliquez sur sa bordure ou encore, sélectionnez son point d'ancrage (celui-ci est situé à l'emplacement du curseur au moment de la création de la couche).

  Ces points d'ancrage apparaissent si l'option ***Afficher les points d'ancrage de la couche*** *est activée (****Outils*** *-* ***Options de page*** *- onglet* ***Général****).*

- Pour modifier l'ordre d'une couche, faites un double clic sur le numéro correspondant visible dans la colonne **Z** du volet **Couches**, saisissez le nouveau numéro d'ordre puis appuyez sur la touche Entrée.

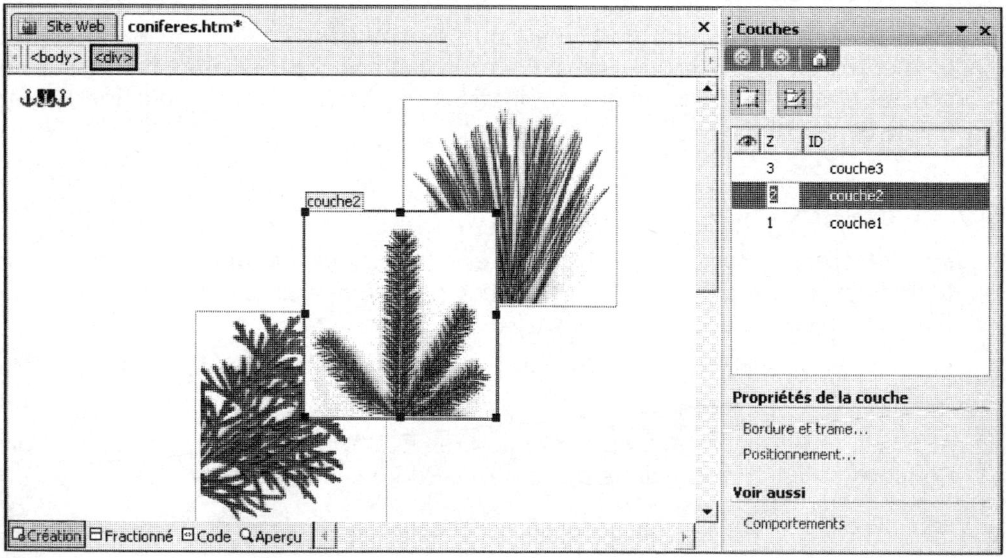
Site Web
coniferes.htm*
<body>
<div>
couche2
Création
Fractionné
Code
Aperçu
Couches
Z
ID
3
couche3
couche2
1
couche1
Propriétés de la couche
Bordure et trame...
Positionnement...
Voir aussi
Comportements

- Pour renommer une couche, faites un double clic sur son nom, saisissez le nouveau nom puis appuyez sur la touche Entrée.
- Pour masquer une couche, cliquez dans la colonne **Visibilité de la couche** correspondante jusqu'à ce que l'icône soit affichée.
- Pour afficher une couche tout le temps, cliquez dans la colonne **Visibilité de la couche** correspondante jusqu'à ce que l'icône soit visible.

  *Nous verrons dans le chapitre **Comportements** comment afficher ou masquer une couche au passage de la souris à l'aide d'un comportement.*
- Pour déplacer une couche, sélectionnez-la, pointez son cadre (le pointeur de la souris se transforme en ✥), cliquez puis faites-le glisser vers son nouvel emplacement.
- Pour redimensionner une couche, sélectionnez-la puis faites glisser, selon le cas, une des poignées d'angle ou une des poignées médianes.

Vous pouvez aussi utiliser les options du menu contextuel dans le volet **Couches.** Pour cela, cliquez avec le bouton droit sur le nom de la couche concernée puis choisissez :

Modifier l'ID pour renommer la couche.

Modifier l'index décroissant pour changer la valeur d'ordre de la couche visible dans la colonne **Z**.

Visibilité : visible pour visualiser la couche tout le temps.

Définir la visibilité : masquée pour faire disparaître la couche.

Modifier les bordures et la trame de fond d'une couche

- En mode **Création** de la page, sélectionnez la couche que vous souhaitez modifier.
- **Format**
  Bordure et trame

  *Vous pouvez aussi cliquer sur le lien **Bordure et trame** visible dans le volet Office Couches.*

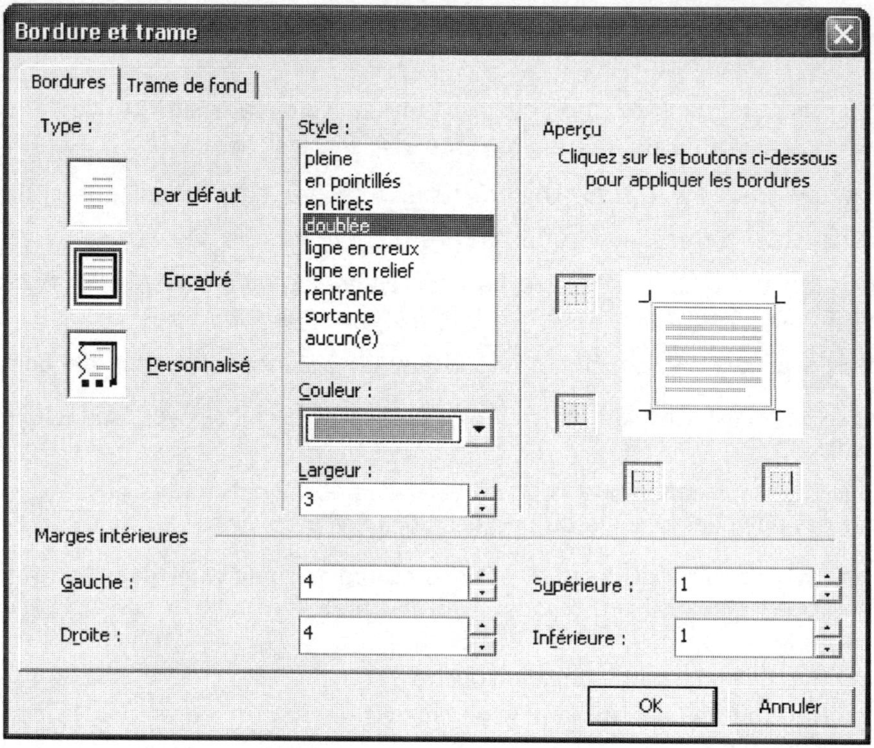
Bordure et trame
Bordures
Trame de fond
Type :
Par défaut
Encadré
Personnalisé
Style :
pleine
en pointillés
en tirets
doublée
ligne en creux
ligne en relief
rentrante
sortante
aucun(e)
Couleur :
Largeur :
3
Aperçu
Cliquez sur les boutons ci-dessous pour appliquer les bordures
Marges intérieures
Gauche :
4
Droite :
4
Supérieure :
1
Inférieure :
1
OK
Annuler

- Pour modifier les bordures (**Style**, **Type...**) ainsi que les **Marges intérieures** de la couche, utilisez les options proposées dans l'onglet **Bordures**.
- Pour régler la **Couleur d'arrière-plan** de la couche, la **Couleur** du texte de **premier plan** ou mettre une image en arrière-plan de votre couche (comme pour les arrière-plans d'une page), utilisez les options proposées dans l'onglet **Trame de fond**.

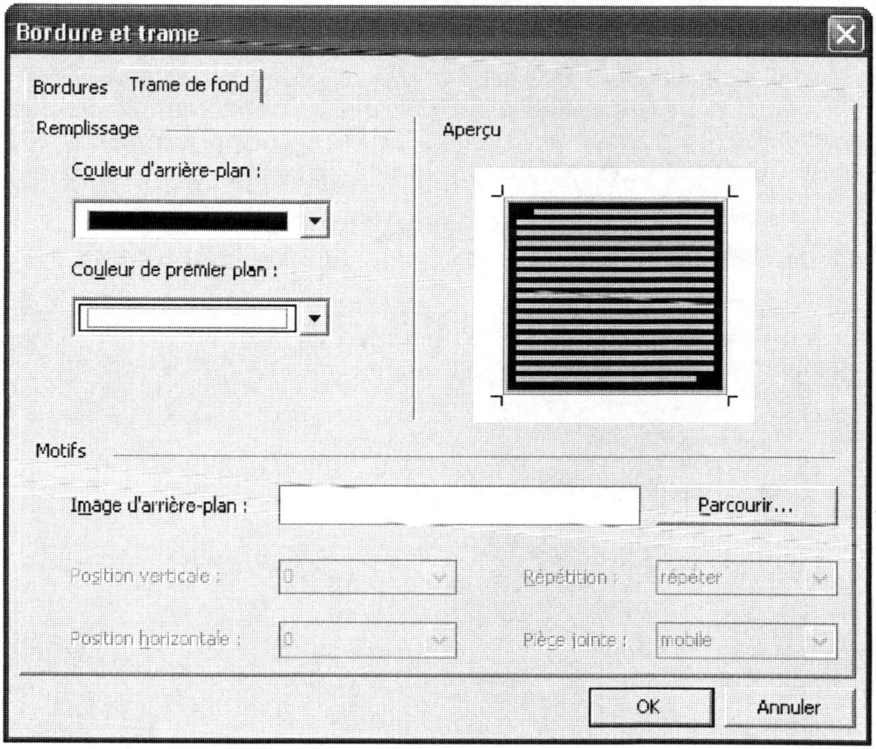
Bordure et trame
Bordures
Trame de fond
Remplissage
Couleur d'arrière-plan :
Couleur de premier plan :
Aperçu
Motifs
Image d'arrière-plan :
Parcourir...
Position verticale :
Répétition :
répéter
Position horizontale :
Pièce jointe :
mobile
OK
Annuler

⊡ Cliquez sur le bouton **OK** pour valider les modifications apportées.

Insérer un comportement

*Les comportements sont des actions programmées qui sont exécutées lors d'un événement : par exemple, les propriétés d'une image ou d'un paragraphe peuvent être changées au passage de la souris. Le volet **Comportements** offre des options permettant de créer ces actions sans avoir à connaître la programmation.*

Certains navigateurs ne gèrent pas les comportements.

Voici un exemple de comportement pour faire apparaître un message lorsqu'un bouton est cliqué.

- En mode **Création** de la page, sélectionnez l'élément auquel s'appliquera le comportement (l'image d'un bouton, par exemple).
- **Format**
  Comportements
- Cliquez sur le bouton **Insérer** du volet Office **Comportements**.

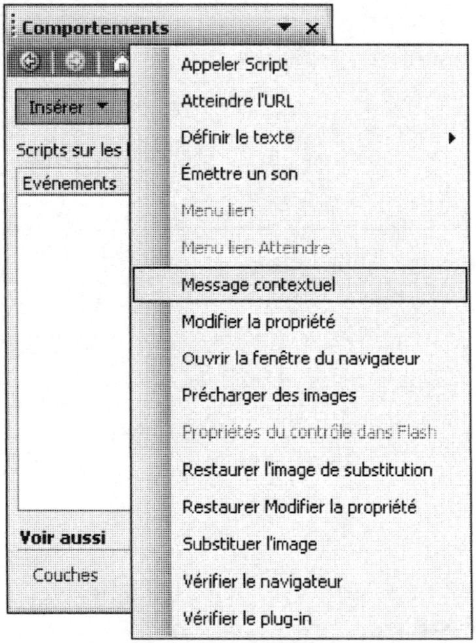
Comportements
Insérer
Scripts sur les
Evénements
Voir aussi
Couches
Appeler Script
Atteindre l'URL
Définir le texte
Émettre un son
Menu lien
Menu lien Atteindre
Message contextuel
Modifier la propriété
Ouvrir la fenêtre du navigateur
Précharger des images
Propriétés du contrôle dans Flash
Restaurer l'image de substitution
Restaurer Modifier la propriété
Substituer l'image
Vérifier le navigateur
Vérifier le plug-in

*Si cette option n'est pas disponible, veillez à autoriser l'utilisation du **JavaScript/JScript** et à sélectionner la version du schéma **Internet Explorer 5.0** (**Outils** - **Options de page** - onglet **Opérations d'auteur**).*

- Cliquez sur l'action **Message contextuel**.
- Dans la boîte de dialogue qui s'affiche, renseignez la zone **Message**.

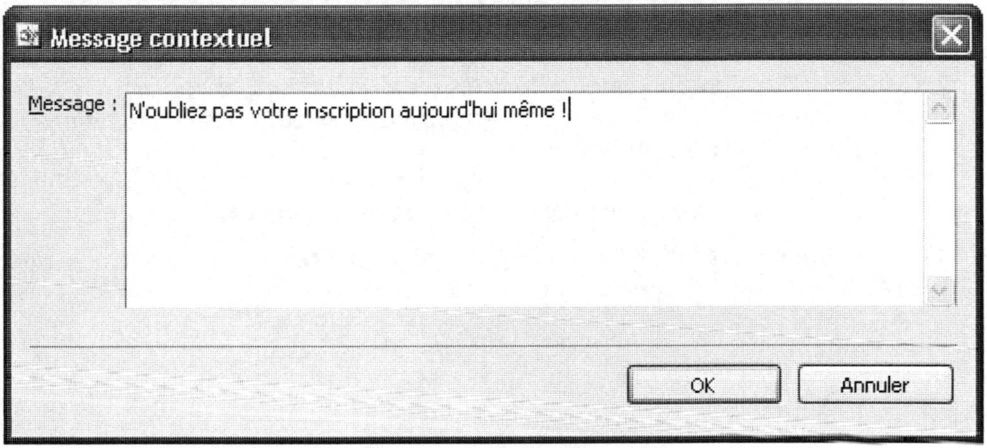
Message contextuel
Message :
N'oubliez pas votre inscription aujourd'hui même !
OK
Annuler

- Cliquez sur le bouton **OK**.
- Activez le mode **Aperçu** pour tester l'action.

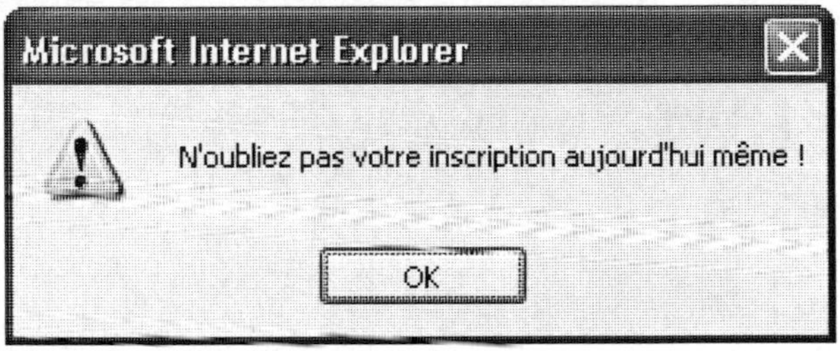
Microsoft Internet Explorer
N'oubliez pas votre inscription aujourd'hui même !
OK

- Revenez ensuite en mode **Création** puis enregistrez les modifications apportées à la page.

Modifier un événement

Les comportements sont basés sur des événements auxquels sont associées des actions. Par exemple, lorsque l'utilisateur clique sur un bouton, c'est un événement. Lorsqu'un message s'affiche, c'est une action.

Le volet Office ***Comportements*** *affiche les événements et les actions reliés à un seul élément à la fois. Si ce volet semble vide, sélectionnez l'élément de départ dans la page (c'est-à-dire le bouton, l'image ou le mot qui était sélectionné lorsque le comportement a été créé) : les événements et les actions programmés pour cet élément s'affichent alors dans le volet* ***Comportements****.*

Pour modifier l'événement associé à l'action, pointez l'événement correspondant, ouvrez la liste puis cliquez sur l'événement de votre choix.

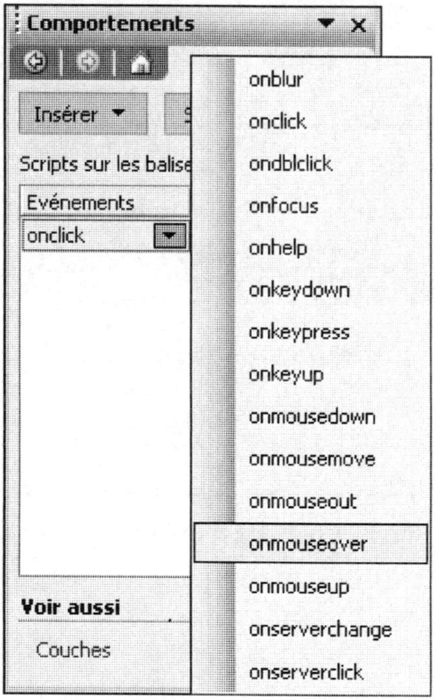
Comportements
Insérer
Scripts sur les balise
Evénements
onclick
Voir aussi
Couches
onblur
onclick
ondblclick
onfocus
onhelp
onkeydown
onkeypress
onkeyup
onmousedown
onmousemove
onmouseout
onmouseover
onmouseup
onserverchange
onserverclick

Les noms des événements sont souvent explicites : ***onclick*** *(lors d'un clic de souris) sur l'élément,* ***onmouseover*** *(lorsque l'élément est survolé par la souris),* ***onmouseout*** *(lorsque la souris s'éloigne de l'élément)...*

Pour supprimer une action, sélectionnez-la dans le volet Office **Comportements** puis cliquez sur le bouton **Supprimer**.

Utiliser un comportement pour masquer/afficher une couche

Il s'agit ici d'insérer un comportement permettant de rendre visible une couche lors du passage de la souris sur un élément de la page. Supposons une cellule de tableau contenant le titre "Gravure". Nous allons créer un comportement qui permettra, au passage de la souris sur ce titre, de faire apparaître une image.

- En mode **Création** de la page concernée, préparez, dans un premier temps, le tableau, la couche et l'image.
- Dans le volet **Couches**, sélectionnez le nom de la couche puis cliquez dans la colonne **Visibilité de la couche** jusqu'à ce que l'icône **Visibilité masquée** soit affichée.

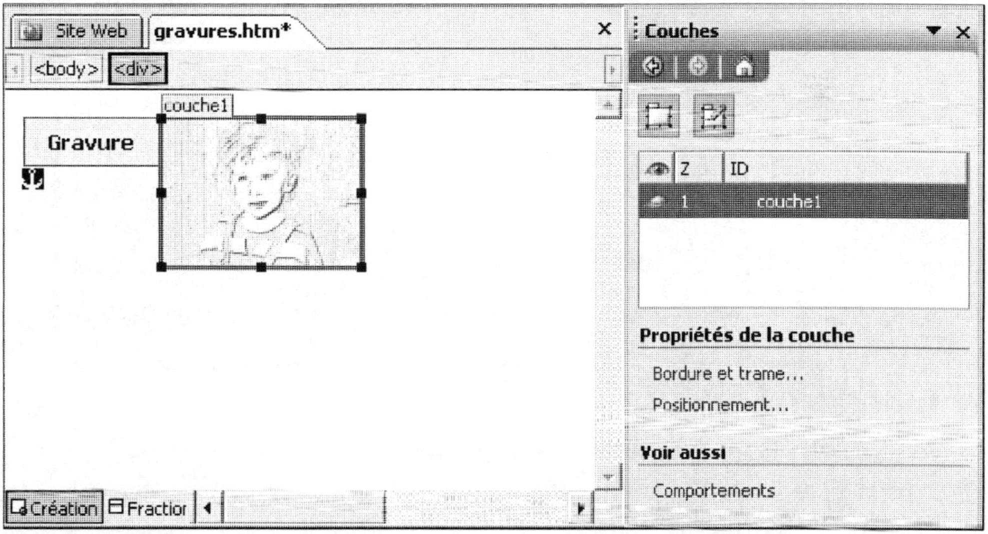
Site Web
gravures.htm*
<body>
<div>
couche1
Gravure
Couches
Z
ID
1
couche1
Propriétés de la couche
Bordure et trame...
Positionnement...
Voir aussi
Comportements
Création
Fractior

- Dans la page Web, sélectionnez l'élément qui déclenchera l'action (ici, la cellule du tableau).
- Cliquez sur le lien **Comportements** visible en bas du volet **Couches**.
- Dans le volet **Comportements**, cliquez sur le bouton **Insérer** puis sélectionnez l'action **Modifier la propriété**.

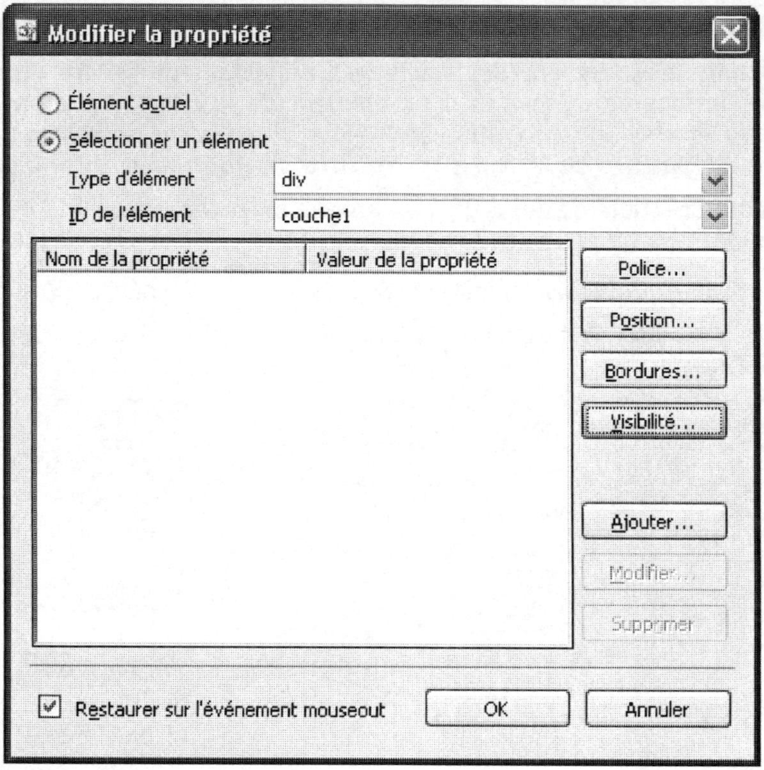
Modifier la propriété
Élément actuel
Sélectionner un élément
Type d'élément
div
ID de l'élément
couche1
Nom de la propriété
Valeur de la propriété
Police...
Position...
Bordures...
Visibilité...
Ajouter...
Modifier...
Supprimer
Restaurer sur l'événement mouseout
OK
Annuler

- Activez l'option **Sélectionner un élément.**
- Dans la liste **Type d'élément**, choisissez **div.**
- Dans la liste **ID de l'élément**, sélectionnez le nom de la couche que vous souhaitez faire apparaître et disparaître.
- Cochez l'option **Restaurer sur l'événement mouseout** pour que la couche redevienne invisible lorsque la souris s'éloigne de l'élément auquel est associée l'action.
- Cliquez sur le bouton **Visibilité.**

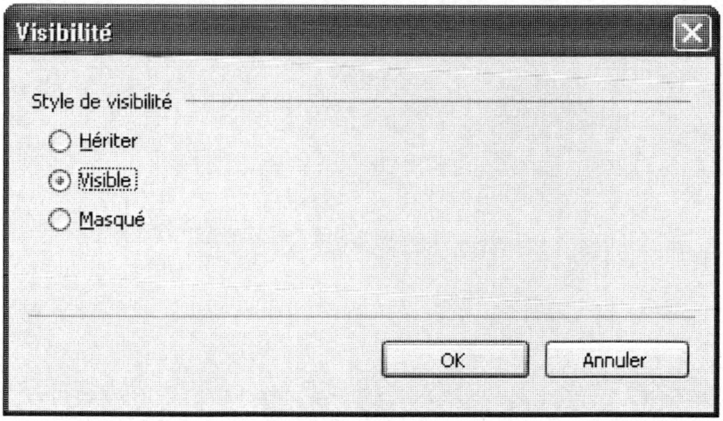
Visibilité
Style de visibilité
Hériter
Visible
Masqué
OK
Annuler

- Activez l'option **Visible** puis cliquez à deux reprises sur le bouton **OK**.
- Activez le mode **Aperçu** pour tester l'action.

  *Normalement, l'image n'est pas visible. Mais elle apparaît lorsque la souris survole la cellule contenant le mot **Gravure**.*

Publication

dixième partie

Publier le site

FrontPage publie les sites sur un serveur distant doté d'extensions serveur via le protocole HTTP ; sinon, il utilise le protocole FTP. Pour publier un site, celui-ci doit être ouvert dans FrontPage.

Choisir la destination de la publication

- Ouvrez le site que vous souhaitez publier.
- **Fichier**
  Publier le site
  ou
  Affichage
  Site Web distant

  Vous pouvez aussi cliquer sur le bouton Site Web *puis choisir le mode d'affichage* ***Site Web distant*** *en cliquant sur le bouton* Site Web distant *visible en bas de la fenêtre.*
- Si la boîte de dialogue **Propriétés du site Web distant** n'est pas affichée immédiatement, cliquez sur le bouton **Propriétés du site Web distant** visible au-dessus de l'espace de travail.

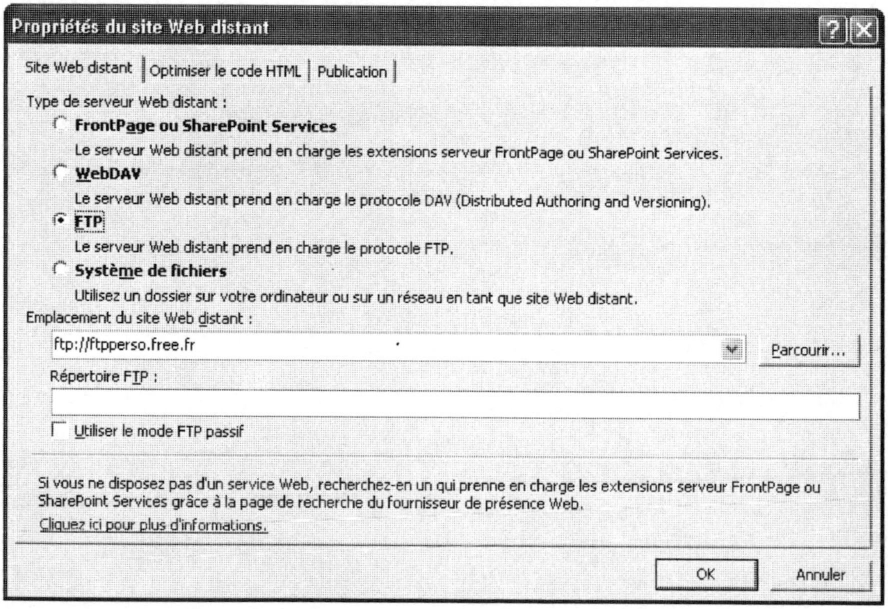
Propriétés du site Web distant
Site Web distant
Optimiser le code HTML
Publication
Type de serveur Web distant :
FrontPage ou SharePoint Services
Le serveur Web distant prend en charge les extensions serveur FrontPage ou SharePoint Services.
WebDAV
Le serveur Web distant prend en charge le protocole DAV (Distributed Authoring and Versioning).
FTP
Le serveur Web distant prend en charge le protocole FTP.
Système de fichiers
Utilisez un dossier sur votre ordinateur ou sur un réseau en tant que site Web distant.
Emplacement du site Web distant :
ftp://ftpperso.free.fr
Parcourir...
Répertoire FTP :
Utiliser le mode FTP passif
Si vous ne disposez pas d'un service Web, recherchez-en un qui prenne en charge les extensions serveur FrontPage ou SharePoint Services grâce à la page de recherche du fournisseur de présence Web.
Cliquez ici pour plus d'informations.
OK
Annuler

- Indiquez le type de serveur en activant une des options suivantes :

FrontPage ou SharePoint Services pour un serveur avec les extensions FrontPage ou avec Windows SharePoint Services. L'adresse commence alors par http://...

WebDAV pour un serveur configuré avec la technologie WebDAV. C'est une extension au protocole HTTP, utilisant donc une adresse http://...

FTP pour un serveur de transfert de fichiers dont l'adresse commence par ftp://...

Système de fichiers pour faire une copie du site Web dans un dossier du disque dur, d'un CD-Rom ou d'une disquette.

- Renseignez la zone **Emplacement du site Web distant** ou cliquez sur le bouton **Parcourir** pour sélectionner l'adresse de la destination.
- Pour une adresse FTP, cochez ou non l'option **Utiliser le mode FTP passif** (cette information vous est transmise au besoin, lors de la réservation d'un hébergement, quand le serveur FTP est configuré pour utiliser différents ports de communication).
- Pour une adresse HTTP, cochez au besoin la case **Connexion cryptée (SSL) nécessaire** (cette technologie de transfert sécurisé est installée sur plusieurs serveurs commerciaux pour protéger les données confidentielles comme les numéros de cartes de crédit).
- Cliquez sur l'onglet **Publication**.

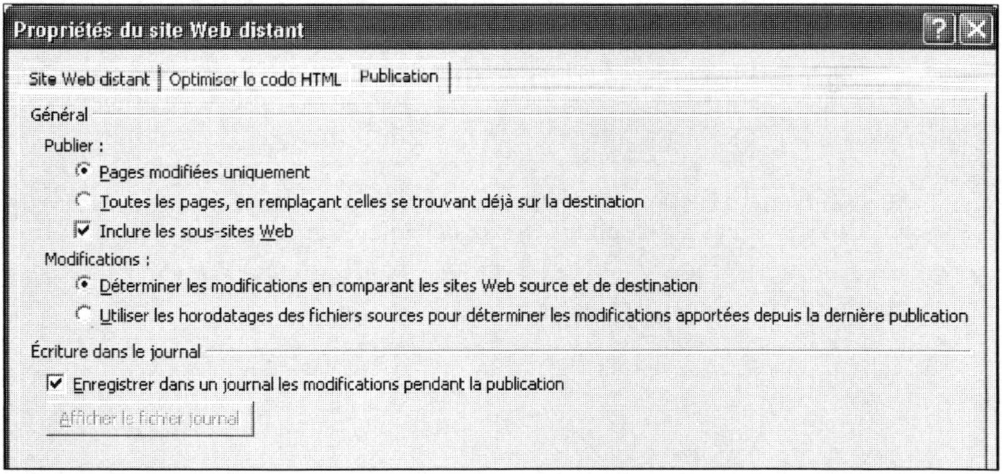
Propriétés du site Web distant
Site Web distant
Optimiser le code HTML
Publication
Général
Publier :
Pages modifiées uniquement
Toutes les pages, en remplaçant celles se trouvant déjà sur la destination
Inclure les sous-sites Web
Modifications :
Déterminer les modifications en comparant les sites Web source et de destination
Utiliser les horodatages des fichiers sources pour déterminer les modifications apportées depuis la dernière publication
Écriture dans le journal
Enregistrer dans un journal les modifications pendant la publication
Afficher le fichier journal

- Choisissez de limiter la publication aux **Pages modifiées uniquement** ou de republier **Toutes les pages, en remplaçant celles se trouvant déjà sur la destination.**
- Cochez l'option **Inclure les sous-sites Web**, si vous souhaitez publier en même temps les sous-sites.

  Pour évaluer si un fichier doit être republié, sa date de modification est comparée soit à sa date de publication, soit à la date du même fichier dans le site Web distant.
- Activez l'option **Déterminer les modifications en comparant les sites Web source et de destination** pour comparer les dates entre les fichiers locaux et ceux distants.
- Activez plutôt l'option **Utiliser les horodatages des fichiers sources...** pour comparer la date de modification d'un fichier avec sa dernière date de publication.
- Cochez l'option **Enregistrer dans un journal les modifications pendant la publication.**
- Cliquez sur le bouton **OK.**

Nom et mot de passe requis
Cette opération nécessite l'autorisation de l'utilisateur final pour ftp://ftp.iquebec.com.
Le nom et le mot de passe tiennent compte de la casse.
Nom :
Mot de passe :
****
OK
Annuler

- Si un mot de passe est requis, indiquez votre **Nom** de compte et votre **Mot de passe** dans les zones correspondantes puis cliquez sur le bouton **OK.**
- Au besoin, un message demande une confirmation pour créer un site Web à la destination. Dans ce cas, cliquez sur le bouton **Oui.**

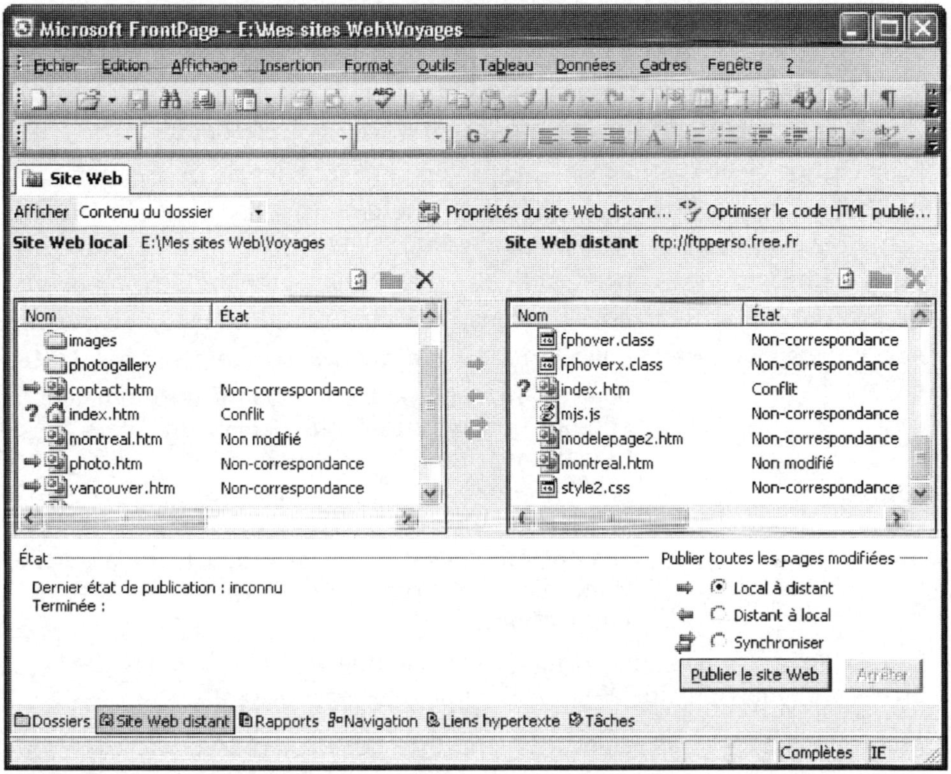
Microsoft FrontPage - E:\Mes sites Web\Voyages
Fichier Edition Affichage Insertion Format Outils Tableau Données Cadres Fenêtre ?
Site Web
Afficher Contenu du dossier
Propriétés du site Web distant...
Optimiser le code HTML publié...
Site Web local E:\Mes sites Web\Voyages
Site Web distant ftp://ftpperso.free.fr
Nom
État
images
photogallery
contact.htm Non-correspondance
index.htm Conflit
montreal.htm Non modifié
photo.htm Non-correspondance
vancouver.htm Non-correspondance
fphover.class Non-correspondance
fphoverx.class Non-correspondance
index.htm Conflit
mjs.js Non-correspondance
modelepage2.htm Non-correspondance
montreal.htm Non modifié
style2.css Non-correspondance
État
Dernier état de publication : inconnu
Terminée :
Publier toutes les pages modifiées
Local à distant
Distant à local
Synchroniser
Publier le site Web
Arrêter
Dossiers
Site Web distant
Rapports
Navigation
Liens hypertexte
Tâches
Complètes
IE

*En mode **Site Web distant**, observez à gauche les fichiers du site Web ouvert au départ dans FrontPage (souvent celui du disque dur, parfois celui sur le serveur). À droite, apparaissent les fichiers présents à la destination choisie.*

*Cette destination peut être modifiée en cliquant à nouveau sur le bouton **Propriétés du site Web distant**.*

Gérer les fichiers locaux et distants

Vous pouvez supprimer, renommer, publier certains fichiers à partir du menu contextuel.

Une page contenant un forum de discussion ou un livre d'or ne doit pas être republiée, car le contenu inscrit par les visiteurs serait effacé.

- Pour empêcher la publication de certains fichiers, sélectionnez-les, faites un clic droit sur la sélection pour afficher le menu contextuel puis cliquez sur l'option **Ne pas publier**.

*Une croix apparaît à gauche du nom de chaque fichier concerné. Pour pouvoir ultérieurement publier ces fichiers, vous devrez désactiver l'option **Ne pas publier** du menu contextuel.*

Les fichiers prêts à être publiés sont précédés d'une flèche.

- Pour chaque fichier, la colonne **État** indique les besoins de publication :

Modifié	pour un fichier présent dans les deux sites, mais modifié dans l'un des deux seulement.
Non modifié	pour un fichier n'ayant pas besoin d'être republié.
Ne pas publier	pour ceux marqués ainsi dans leur menu contextuel.
Non-correspondance	pour un fichier n'ayant jamais été copié sur l'autre site.
Conflit	pour un fichier ayant été modifié différemment aux deux endroits (un message vous demandera alors de confirmer l'écrasement de tel ou tel fichier).
Publier	pour tous les fichiers à transférer (cet état est le seul affiché lorsque vous avez choisi de publier **Toutes les pages en remplaçant celles se trouvant déjà sur la destination**, dans les **Propriétés du site Web distant** - onglet **Publication**).

- Pour afficher et gérer les fichiers, utilisez l'un des outils visible au-dessus de la liste des fichiers du **Site Web local** ou du **Site Web distant** :

Actualiser 	pour relire la liste des fichiers et la mettre à jour.
Dossier parent 	pour naviguer entre les dossiers affichés.
Supprimer 	pour effacer le fichier sélectionné.

Publier les fichiers

Les fichiers peuvent être publiés dans un sens ou dans l'autre, c'est-à-dire de l'ordinateur local vers le serveur distant ou l'inverse.

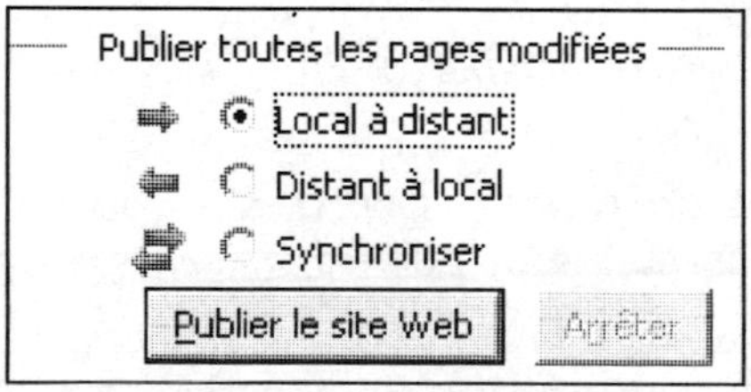
Publier toutes les pages modifiées
Local à distant
Distant à local
Synchroniser
Publier le site Web
Arrêter

- Dans la zone **Publier toutes les pages** ou **Publier toutes les pages modifiées**, activez l'option correspondant au sens du transfert :

  Local à distant pour transférer tous les fichiers locaux vers le site distant.

  Distant à local pour importer l'ensemble des fichiers du site distant vers le site local.

  Synchroniser pour copier tous les fichiers absents d'un site Web vers l'autre site.

  *L'option **Synchroniser** est disponible si vous avez choisi de publier les **Pages modifiées seulement**, dans les **Propriétés du site Web distant** - onglet **Publication**.*

- Pour commencer le transfert des fichiers et publier l'ensemble du site, cliquez sur le bouton **Publier le site Web**.

- Pour transférer un seul fichier ou seulement certains fichiers, sélectionnez-les dans la liste des fichiers du **Site Web local** ou dans celle du **Site Web distant**, puis cliquez, selon le cas, sur une des flèches visibles entre les deux listes de fichiers.

  *Dans la zone **État**, visible sous la liste des fichiers du **Site Web local**, différents messages vous informent de la progression du transfert : création de la liste des pages, récupération des pages, minutes restantes et taux de transfert en Ko/s.*

- Pour **Afficher votre journal de publication** et ainsi visualiser les étapes du transfert, cliquez sur le lien correspondant situé dans la zone **Etat**.

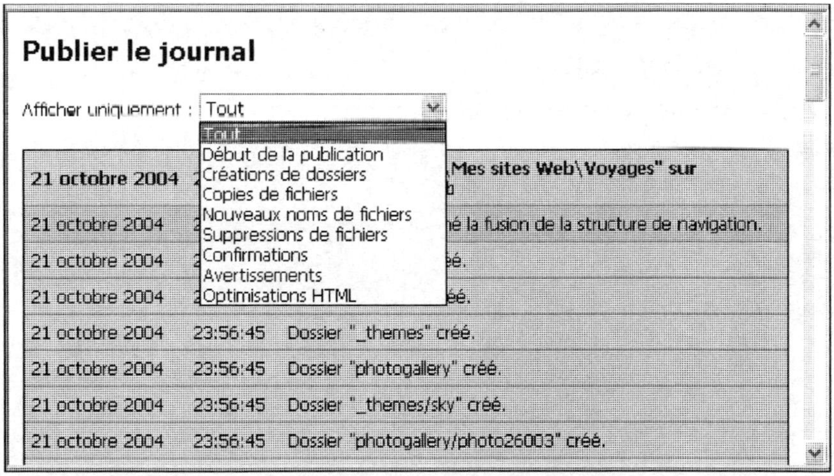
Publier le journal
Afficher uniquement :
Tout
Tout
Début de la publication
Créations de dossiers
Copies de fichiers
Nouveaux noms de fichiers
Suppressions de fichiers
Confirmations
Avertissements
Optimisations HTML
21 octobre 2004
21 octobre 2004 23:56:45 Dossier "_themes" créé.
21 octobre 2004 23:56:45 Dossier "photogallery" créé.
21 octobre 2004 23:56:45 Dossier "_themes/sky" créé.
21 octobre 2004 23:56:45 Dossier "photogallery/photo26003" créé.

Le journal s'ouvre dans une fenêtre du navigateur Microsoft Internet Explorer, pour indiquer les étapes réalisées et le transfert des fichiers.

Vous pouvez, grâce à la liste déroulante **Afficher uniquement**, choisir les détails à afficher dans le journal.

Fermez la fenêtre du navigateur par son bouton .

- Pour **Afficher votre site Web distant** dans votre navigateur, cliquez sur le lien correspondant visible dans la zone **État**.
- Pour **Ouvrir votre site Web distant dans FrontPage**, cliquez sur le lien correspondant visible dans la zone **État**.

Importer un site

- Si nécessaire, fermez le(s) site(s) en cours. Mais si le contenu du site à importer doit s'ajouter à un site existant, ouvrez celui-ci.
- **Fichier**
  Nouveau
- Dans le volet **Nouveau**, cliquez sur le lien **Autres modèles de sites Web.**
- Indiquez, dans la zone correspondante, l'**Emplacement du nouveau site Web** qui sera créé à partir du site (ou dossier) importé ou utilisez le bouton **Parcourir** pour le sélectionner.
- Si nécessaire, cochez l'option **Ajouter au site Web actif.**
- Dans l'onglet **Général**, sélectionnez l'option **Assistant Importation de sites Web.**
- Cliquez sur le bouton **OK.**

  Un mot de passe est demandé au besoin.
- Indiquez ensuite l'emplacement du site Web à importer puis cliquez sur le bouton **Suivant.**
- Pour chaque étape, spécifiez les options souhaitées puis cliquez sur le bouton **Suivant.**
- Cliquez sur le bouton **Terminer** de la dernière étape.

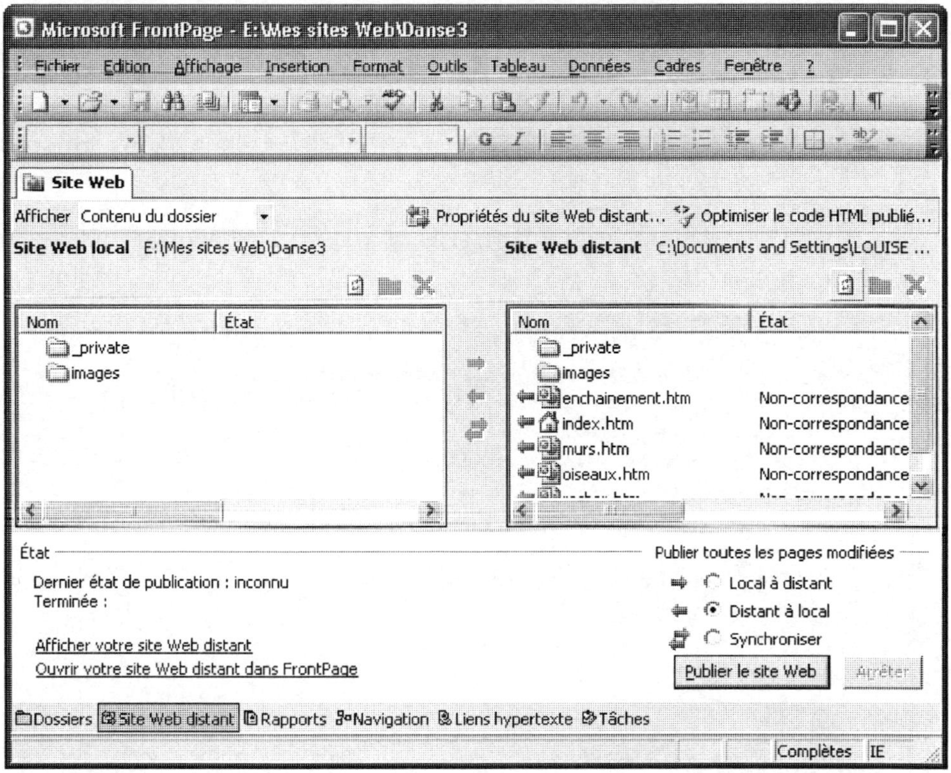
Microsoft FrontPage - E:\Mes sites Web\Danse3
Fichier Edition Affichage Insertion Format Outils Tableau Données Cadres Fenêtre ?
Site Web
Afficher Contenu du dossier
Propriétés du site Web distant...
Optimiser le code HTML publié...
Site Web local E:\Mes sites Web\Danse3
Site Web distant C:\Documents and Settings\LOUISE ...
Nom
État
_private
images
enchainement.htm Non-correspondance
index.htm Non-correspondance
murs.htm Non-correspondance
oiseaux.htm Non-correspondance
État
Dernier état de publication : inconnu
Terminée :
Afficher votre site Web distant
Ouvrir votre site Web distant dans FrontPage
Publier toutes les pages modifiées
Local à distant
Distant à local
Synchroniser
Publier le site Web
Arrêter
Dossiers
Site Web distant
Rapports
Navigation
Liens hypertexte
Tâches
Complètes
IE

Le site Web s'affiche alors en mode ***Site Web distant****. Dans la section droite, remarquez les fichiers à importer et l'option* ***Distant à local*** *déjà cochée.*

- Cliquez sur le bouton **Publier le site Web** pour importer le site Web distant.

Optimiser le code HTML

Optimiser les fichiers publiés

Certaines informations du code HTML d'une page Web, comme les commentaires ou les espaces, ne sont plus utiles lorsque le site est publié dans Internet. L'optimisation du code permet de réduire la taille des pages en choisissant des éléments à supprimer.

- Ouvrez le site Web concerné (**Fichier - Ouvrir le site**).

- **Affichage** 
Site Web
 puis 
Site Web distant
 Site Web distant
- Cliquez sur le bouton **Optimiser le code HTML publié.**
- Cochez l'option **Lors de la publication, optimiser le code HTML en supprimant les éléments suivants.**

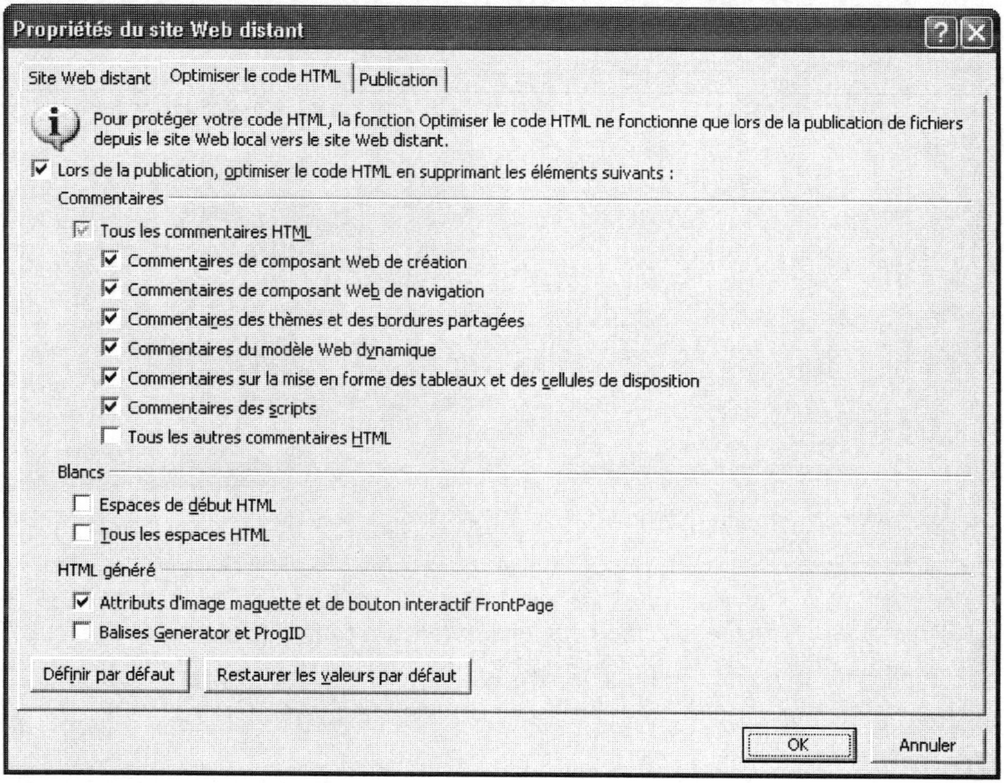
Propriétés du site Web distant
Site Web distant
Optimiser le code HTML
Publication
Pour protéger votre code HTML, la fonction Optimiser le code HTML ne fonctionne que lors de la publication de fichiers depuis le site Web local vers le site Web distant.
Lors de la publication, optimiser le code HTML en supprimant les éléments suivants :
Commentaires
Tous les commentaires HTML
Commentaires de composant Web de création
Commentaires de composant Web de navigation
Commentaires des thèmes et des bordures partagées
Commentaires du modèle Web dynamique
Commentaires sur la mise en forme des tableaux et des cellules de disposition
Commentaires des scripts
Tous les autres commentaires HTML
Blancs
Espaces de début HTML
Tous les espaces HTML
HTML généré
Attributs d'image maquette et de bouton interactif FrontPage
Balises Generator et ProgID
Définir par défaut
Restaurer les valeurs par défaut
OK
Annuler

- Cochez les options correspondant aux informations à supprimer dans les pages qui seront publiées.
- Cliquez sur le bouton **OK.**
- Publiez le site Web normalement.

Optimiser un fichier local

Lorsque l'optimisation est demandée lors de la publication, seuls les fichiers publiés sur le site Web distant sont modifiés et non pas ceux du site Web local.

- Pour optimiser le code d'un fichier local, ouvrez la page en mode **Code**.
- Cliquez avec le bouton droit dans la page puis cliquez sur l'option **Optimiser le code HTML**.
- Cochez les choix appropriés puis cliquez sur le bouton **OK**.

Au besoin, la disposition du texte peut être ajustée ensuite en cliquant avec le bouton droit dans l'espace de travail du mode **Code** puis en choisissant l'option **Nouvelle mise en forme HTML**.

Générer des rapports sur le site

Analyser le site

*Le mode **Rapports** permet surtout d'afficher différentes statistiques sur votre site Web (avec ou sans les extensions du serveur FrontPage).*

- Ouvrez le site Web dans FrontPage (**Fichier - Ouvrir le site**).
- **Affichage**
  Rapports
  Résumé du site

  Vous pouvez aussi cliquer sur le bouton Rapports *visible en bas de la fenêtre.*

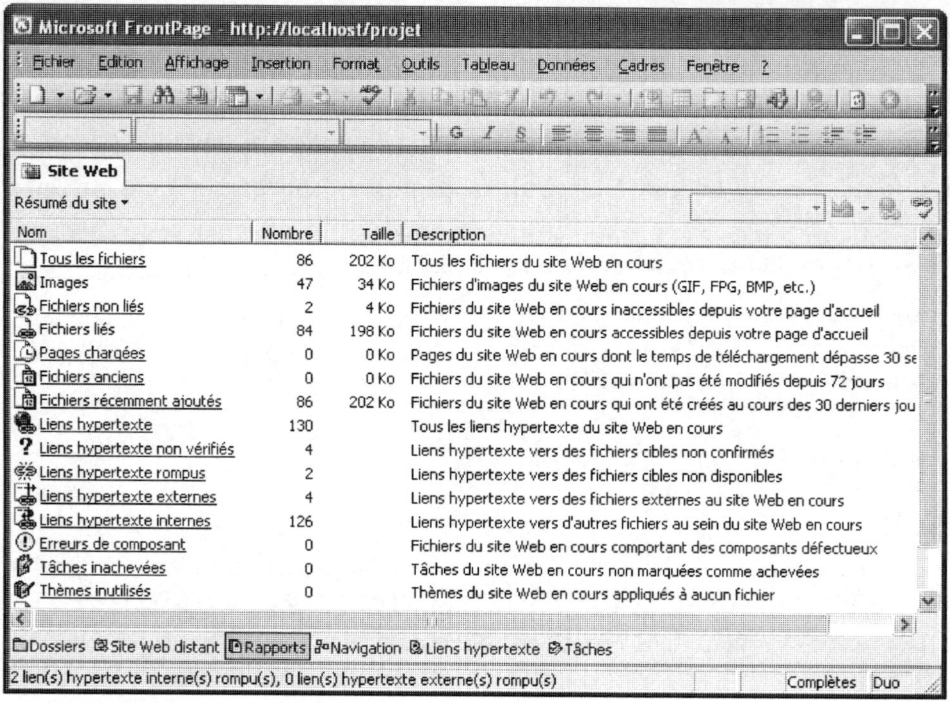
Microsoft FrontPage - http://localhost/projet
Fichier Edition Affichage Insertion Format Outils Tableau Données Cadres Fenêtre ?
Site Web
Résumé du site
Nom Nombre Taille Description
Tous les fichiers 86 202 Ko Tous les fichiers du site Web en cours
Images 47 34 Ko Fichiers d'images du site Web en cours (GIF, FPG, BMP, etc.)
Fichiers non liés 2 4 Ko Fichiers du site Web en cours inaccessibles depuis votre page d'accueil
Fichiers liés 84 198 Ko Fichiers du site Web en cours accessibles depuis votre page d'accueil
Pages chargées 0 0 Ko Pages du site Web en cours dont le temps de téléchargement dépasse 30 se
Fichiers anciens 0 0 Ko Fichiers du site Web en cours qui n'ont pas été modifiés depuis 72 jours
Fichiers récemment ajoutés 86 202 Ko Fichiers du site Web en cours qui ont été créés au cours des 30 derniers jou
Liens hypertexte 130 Tous les liens hypertexte du site Web en cours
Liens hypertexte non vérifiés 4 Liens hypertexte vers des fichiers cibles non confirmés
Liens hypertexte rompus 2 Liens hypertexte vers des fichiers cibles non disponibles
Liens hypertexte externes 4 Liens hypertexte vers des fichiers externes au site Web en cours
Liens hypertexte internes 126 Liens hypertexte vers d'autres fichiers au sein du site Web en cours
Erreurs de composant 0 Fichiers du site Web en cours comportant des composants défectueux
Tâches inachevées 0 Tâches du site Web en cours non marquées comme achevées
Thèmes inutilisés 0 Thèmes du site Web en cours appliqués à aucun fichier
Dossiers Site Web distant Rapports Navigation Liens hypertexte Tâches
2 lien(s) hypertexte interne(s) rompu(s), 0 lien(s) hypertexte externe(s) rompu(s)
Complètes Duo

*Le rapport **Résumé du site** présente le nombre total de fichiers, la taille du site, le nombre de fichiers non liés, ceux longs à charger, des informations sur les liens hypertexte...*

- Pour détailler un des rapports, cliquez sur le lien correspondant, comme **Fichiers non liés**, **Pages chargées**, **Liens hypertexte rompus**...

Le titre du rapport affiché paraît en haut de l'espace de travail, sous le bouton 
Site Web
.

- Pour afficher de nouveau la liste des liens du rapport **Résumé du site**, cliquez sur le titre du rapport puis cliquez sur l'option **Résumé du site**.

- Au besoin, modifiez les critères servant à définir une page ancienne ou chargée, à l'aide des options de l'onglet **Affichage de rapports**, du menu **Outils - Options**.

Certains fichiers réservés pour l'usage de FrontPage sont habituellement masqués. Pour les intégrer dans les statistiques, cochez l'option **Afficher les fichiers et les dossiers masqués** de la boîte de dialogue **Paramètres du site Web** (**Outils - Paramètres du site** - onglet **Options avancées**).

Vérifier l'utilisation du site

*Lorsque le site Web est publié sur un serveur avec les extensions FrontPage 2002 (ou avec Windows SharePoint Services), des statistiques sur l'utilisation du site sont accessibles en mode **Rapports**.*

- Ouvrez le site Web distant dans FrontPage : utilisez la commande (**Fichier - Ouvrir le site**, saisissez l'adresse commençant par http://... dans la zone **Nom du site Web** puis cliquez sur le bouton **Ouvrir**.
- **Affichage**
  Rapports
  Utilisation

Vous pouvez aussi cliquer sur le bouton Rapports *visible en bas de la fenêtre, cliquer sur le titre du rapport affiché, situé sous le bouton* Site Web, *puis pointer l'option **Utilisation**.*

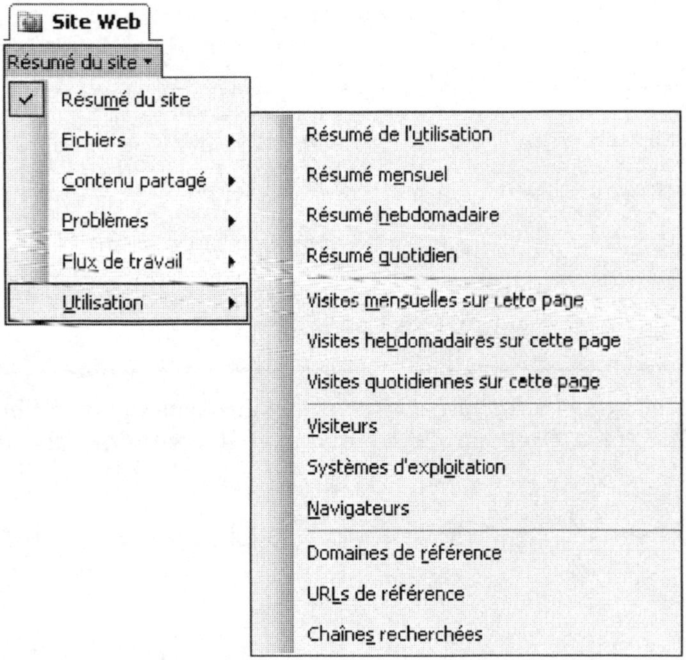
Site Web
Résumé du site
Résumé du site
Fichiers
Contenu partagé
Problèmes
Flux de travail
Utilisation
Résumé de l'utilisation
Résumé mensuel
Résumé hebdomadaire
Résumé quotidien
Visites mensuelles sur cette page
Visites hebdomadaires sur cette page
Visites quotidiennes sur cette page
Visiteurs
Systèmes d'exploitation
Navigateurs
Domaines de référence
URLs de référence
Chaînes recherchées

- Cliquez sur l'option correspondant au rapport d'utilisation voulu, comme un **Résumé de l'utilisation**, un **Résumé hebdomadaire** ou encore les **Visiteurs** ; par exemple, dans le **Résumé de l'utilisation**, vous visualiserez les principales statistiques, comme le nombre de visites et d'accès.

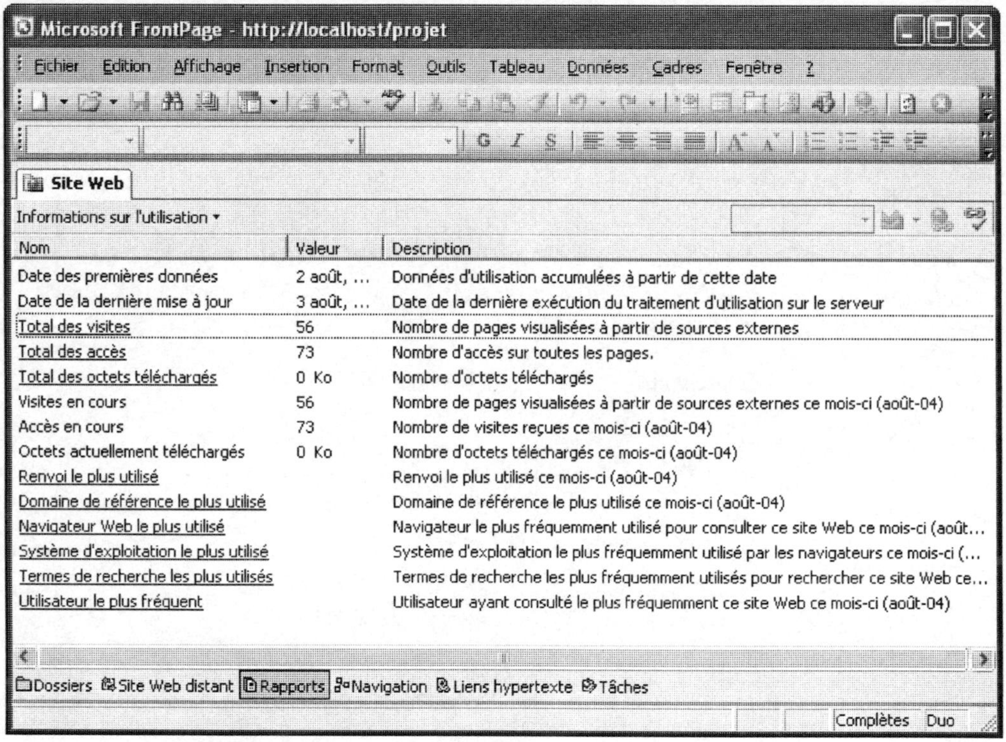
Microsoft FrontPage - http://localhost/projet
Fichier Edition Affichage Insertion Format Outils Tableau Données Cadres Fenêtre ?
Site Web
Informations sur l'utilisation
Nom
Valeur
Description
Date des premières données
2 août, ...
Données d'utilisation accumulées à partir de cette date
Date de la dernière mise à jour
3 août, ...
Date de la dernière exécution du traitement d'utilisation sur le serveur
Total des visites
56
Nombre de pages visualisées à partir de sources externes
Total des accès
73
Nombre d'accès sur toutes les pages.
Total des octets téléchargés
0 Ko
Nombre d'octets téléchargés
Visites en cours
56
Nombre de pages visualisées à partir de sources externes ce mois-ci (août-04)
Accès en cours
73
Nombre de visites reçues ce mois-ci (août-04)
Octets actuellement téléchargés
0 Ko
Nombre d'octets téléchargés ce mois-ci (août-04)
Renvoi le plus utilisé
Renvoi le plus utilisé ce mois-ci (août-04)
Domaine de référence le plus utilisé
Domaine de référence le plus utilisé ce mois-ci (août-04)
Navigateur Web le plus utilisé
Navigateur le plus fréquemment utilisé pour consulter ce site Web ce mois-ci (août...
Système d'exploitation le plus utilisé
Système d'exploitation le plus fréquemment utilisé par les navigateurs ce mois-ci (...
Termes de recherche les plus utilisés
Termes de recherche les plus fréquemment utilisés pour rechercher ce site Web ce...
Utilisateur le plus fréquent
Utilisateur ayant consulté le plus fréquemment ce site Web ce mois-ci (août-04)
Dossiers
Site Web distant
Rapports
Navigation
Liens hypertexte
Tâches
Complètes
Duo

Il faut noter que ces rapports sont disponibles seulement si l'analyse de l'utilisation a bien été activée sur le serveur distant (consultez au besoin votre hébergeur).

Extensions du serveur et site Web d'équipe

onzième partie

Nous vous proposons dans ce chapitre d'installer un serveur sur votre ordinateur afin de tester en local votre site Web. Nous vous rappelons que normalement, les extensions sont placées sur le serveur et qu'il n'est pas obligatoire de les installer localement. De plus, vous pouvez vous en passer si vous n'utilisez pas les composants nécessitant un serveur avec extensions serveur FrontPage, mais l'installation d'un serveur vous permet de tester rapidement vos modifications.

Installer les extensions du serveur FrontPage

Les extensions du serveur FrontPage sont des programmes supplémentaires, placés sur le serveur pour aider à la réalisation et à la gestion des sites Web, en faisant fonctionner certains composants, comme :

- Compteur d'accès,
- Configuration de l'envoi d'un formulaire,
- Page de confirmation d'un formulaire,
- Rapport d'analyse d'utilisation,
- Recherche sur le site Web,
- Téléchargement de fichiers,
- Modifications directement sur le site Web distant.

Avec FrontPage 2003, ce sont les extensions du serveur FrontPage 2002 qui sont recommandées. Ces extensions peuvent être installées sur différents serveurs de type Windows ou Unix (Apache). La procédure varie selon la plateforme.

Sous Windows 2000 et Windows XP Professionnel, le serveur Internet Information Services (IIS) doit d'abord être mis en place, puis les extensions du serveur FrontPage sont téléchargées à partir du site de Microsoft.

Avec le serveur Windows 2003, il n'est pas nécessaire de télécharger les extensions. Elles sont incluses dans IIS 6.0, mais ne sont pas installées automatiquement. L'installation se fait donc comme un ajout d'un composant Windows, en passant par le Panneau de configuration (le CD-Rom de Windows Server 2003 est alors requis).

Si vous désirez installer le serveur avec Windows SharePoint Services, veuillez vous reporter au chapitre suivant.

Installer un serveur local IIS

Voici un exemple d'installation sous Windows XP Professionnel ou Windows 2000.

Avant d'installer les extensions FrontPage, un serveur IIS avec un disque dur au format NTFS est obligatoire. De plus, le protocole TCP/IP Windows et les utilitaires de connectivité doivent être en place.

- Cliquez sur le menu **démarrer** puis sur l'option **Panneau de configuration.**
- Selon l'affichage de la fenêtre du **Panneau de configuration**, cliquez sur le lien **Ajouter ou supprimer des programmes** ou faites un double clic sur l'icône **Ajout/Suppression de programmes.**
- Cliquez sur le bouton **Ajouter ou supprimer des composants Windows.**
- Cochez l'option **Services Internet (IIS).**

Assistant Composants de Windows
Composants Windows
Vous pouvez ajouter ou supprimer des composants de Windows XP.
Pour ajouter ou supprimer des composants, sélectionnez la case à cocher correspondante. Une case grisée signifie que seule une partie du composant sera installée. Pour voir ce qui est inclus dans un composant, cliquez sur Détails.
Composants :
Service d'indexation 0,0 Mo
Services de mise en réseau 0,3 Mo
Services de télécopie 3,7 Mo
Services Internet (IIS) 15,7 Mo
Description : Inclut une prise en charge Web et FTP, ainsi qu'une prise en charge de FrontPage, des transactions, des pages ASP et des connexions à des bases de données.
Espace disque total nécessaire : 11,6 Mo
Espace disponible sur le disque : 15071,1 Mo
Détails...
< Précédent
Suivant >
Annuler

- Cliquez sur le bouton **Suivant.**
- Insérez le CD-Rom de Windows 2000 ou Windows XP si cela vous est demandé puis continuez l'installation.
- Lorsque l'installation est terminée, fermez la fenêtre **Ajouter ou supprimer des programmes** ainsi que la fenêtre du **Panneau de configuration.**
- Pour tester l'installation de IIS, dans un navigateur tapez **http://nomduserveur.**

*Dans une installation standard sur un ordinateur local, votre répertoire de base est **C:\Inetpub\wwwroot**. Son adresse dans un navigateur devient alors **http://localhost**. Ainsi, un site placé dans le dossier **c:\Inetpub\wwwroot\mon_equipe** sera accessible à l'adresse **http://localhost/mon_equipe**.*

Pour plus d'informations sur IIS, tapez **http://localhost/iisHelp** ou recherchez sur votre ordinateur un fichier **iis.chm**.

Télécharger les extensions 2002

Rappel : si vous utilisez Windows Server 2003, les extensions n'ont pas à être téléchargées.

- Ouvrez votre navigateur puis affichez la page Web à l'adresse suivante : **http://msdn.microsoft.com/workshop/languages/fp/2002/fpse02win.asp**
- Dans la zone **International Version Download Files**, cliquez sur le lien correspondant à la langue voulue et, dans la page suivante, cliquez sur le bouton **Télécharger** pour enregistrer le fichier sur votre disque.
- Cliquez sur le bouton **Enregistrer**, sélectionnez le dossier dans lequel le fichier doit être enregistré puis, cliquez sur le bouton **Enregistrer**.
- Lorsque le téléchargement est terminé, cliquez sur le bouton **Fermer**.
- Fermez votre navigateur en cliquant sur le bouton .
- Ouvrez l'Explorateur Windows puis installez le fichier que vous venez de télécharger en réalisant un double clic sur son nom.
- Suivez ensuite les différentes étapes d'installation des extensions.
- Fermez l'Explorateur Windows.

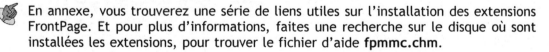

En annexe, vous trouverez une série de liens utiles sur l'installation des extensions FrontPage. Et pour plus d'informations, faites une recherche sur le disque où sont installées les extensions, pour trouver le fichier d'aide **fpmmc.chm**.

Gérer les extensions FrontPage

La gestion des extensions se fait à partir des outils d'administration de SharePoint.

- Cliquez sur le menu **Démarrer** puis sur l'option **Panneau de configuration**.
- Selon l'affichage de la fenêtre du **Panneau de configuration**, cliquez sur les liens **Performances et maintenances** et **Outils d'administration** ou, faites un double clic sur l'icône **Outils d'administration**.

- Faites un double clic sur l'icône **Administrateur Microsoft SharePoint**.

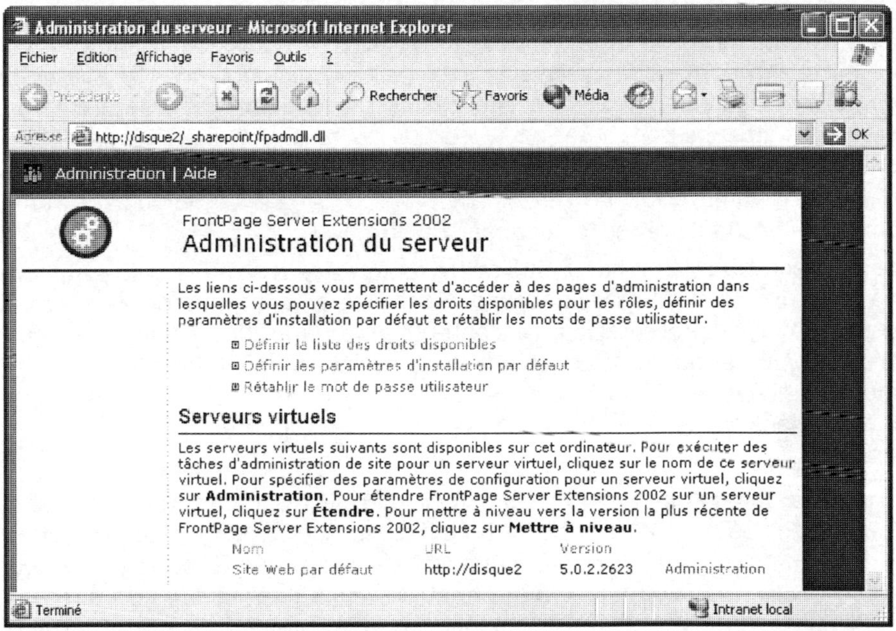
Administration du serveur - Microsoft Internet Explorer
Fichier Edition Affichage Favoris Outils ?
Précédente
Rechercher
Favoris
Média
Adresse
http://disque2/_sharepoint/fpadmdll.dll
OK
Administration | Aide
FrontPage Server Extensions 2002
Administration du serveur
Les liens ci-dessous vous permettent d'accéder à des pages d'administration dans lesquelles vous pouvez spécifier les droits disponibles pour les rôles, définir des paramètres d'installation par défaut et rétablir les mots de passe utilisateur.
Définir la liste des droits disponibles
Définir les paramètres d'installation par défaut
Rétablir le mot de passe utilisateur
Serveurs virtuels
Les serveurs virtuels suivants sont disponibles sur cet ordinateur. Pour exécuter des tâches d'administration de site pour un serveur virtuel, cliquez sur le nom de ce serveur virtuel. Pour spécifier des paramètres de configuration pour un serveur virtuel, cliquez sur Administration. Pour étendre FrontPage Server Extensions 2002 sur un serveur virtuel, cliquez sur Étendre. Pour mettre à niveau vers la version la plus récente de FrontPage Server Extensions 2002, cliquez sur Mettre à niveau.
Nom
URL
Version
Site Web par défaut
http://disque2
5.0.2.2623
Administration
Terminé
Intranet local

- Cliquez sur le lien **Site Web par défaut** puis choisissez une action comme :
  - Gérer les utilisateurs,
  - Modifier les paramètres d'analyse de l'utilisation,
  - Recalculer le site Web,
  - Créer un sous-site Web...

  Un point à noter : ici un sous-site Web correspond à un site Web dans FrontPage. Un nouveau site peut être créé ici, mais il pourrait aussi l'être dans FrontPage, soit en passant par le volet ***Nouveau****, soit en indiquant son nom comme destination lors de la publication (son adresse alors est celle du serveur, suivi du nom du site, comme http://localhost/projet).*

- Pour désinstaller les extensions ou modifier les paramètres de configuration, dans la fenêtre **Administration du serveur**, cliquez sur le lien **Administration** situé sur la même ligne que le lien du **Site Web par défaut**.

Présentation

SharePoint offre des fonctionnalités de mise en collaboration de données via intranet (réseau privé) ou Internet (réseau ouvert). Windows SharePoint Services ("point de partage") permet de créer avec très peu de connaissances des bases de données et permet également, sans aucune connaissance du langage de programmation, de créer des sites de collaboration. Vous pouvez ainsi partager des carnets d'adresses, des favoris, des documents, des calendriers, des listes de diffusion... Grâce à un système d'administration très simple, vous pouvez accorder ou refuser le droit de consulter et de modifier les données du site.

Le contenu d'un site SharePoint se travaille et se modifie simplement à partir d'un navigateur. Un site SharePoint peut aussi être créé et modifié avec FrontPage pour transformer la présentation du contenu et ajouter des composants ou des pages Web supplémentaires. C'est la situation optimale dans laquelle on utilise l'ensemble des nouvelles fonctions de FrontPage. Un site SharePoint est toujours placé directement sur le serveur, il n'a donc pas à être publié.

Voici quelques définitions :

Windows SharePoint Services (WSS)	Technologie permettant de gérer des espaces de travail d'équipe sur un serveur Windows 2003. Son but premier est de simplifier le partage de documents et d'informations dans une équipe. Un site basé sur WSS est appelé un site SharePoint.
SharePoint Portal Server 2003 (SPS)	Portail central pour réunir et gérer différents sites Windows SharePoint Services dans une entreprise ou une organisation.
SharePoint Team Services (STS)	Version de SharePoint fournie avec le logiciel FrontPage 2002, maintenant remplacée par Windows SharePoint Services (lequel est un composant de Windows 2003 et non pas une extension de FrontPage).
WebPart	Les différentes zones dans une page SharePoint sont créées à partir de composants WebPart. Ce sont des composants pouvant être déplacés et réutilisés, un peu comme des pièces dans un jeu de construction. Leur contenu est souvent tiré d'une base de données ou d'une liste.

Installation

L'installation de Windows SharePoint Services se fait sur un serveur Windows 2003. Une solution efficace consiste à louer un espace chez un hébergeur spécialisé, puisqu'il suffit alors de quelques minutes pour mettre en place un site Web d'équipe que chacune des personnes autorisées pourra modifier à partir de son navigateur.

Le visiteur devra posséder Internet Explorer 5.01 (en plus) ou Netscape Navigator 6.2 (ou plus).

Si vous devez installer Windows SharePoint Services, dans un intranet par exemple, vous devez disposer de :

- Windows Server 2003,
- IIS 6.0 (installé avec certains sous-composants : Service SMTP, Fichiers communs, Service de publication World Wide Web, mais sans installer les extensions du serveur FrontPage 2002),
- ASP.NET,
- SQL Server 2000 (ou sa version réduite MSDE).

Windows SharePoint Services est un composant de Windows 2003, mais il n'est pas inclus sur le CD-Rom et doit être téléchargé à partir du site de Microsoft.

En annexe, vous trouverez plusieurs adresses utiles pour le téléchargement et l'installation de Windows SharePoint Services

Accéder au site SharePoint

- Ouvrez le navigateur puis saisissez l'adresse complète du serveur, dans la zone **Adresse**. Il s'agit de l'adresse fournie par le service d'hébergement, du nom d'un serveur local comme *http://nomduserveur*, ou de *http://localhost* si le site se trouve sur votre ordinateur.

*Au premier accès, un écran de **Sélection de modèle** apparaît.*

- Cliquez sur **OK** pour sélectionner le modèle proposé par défaut.

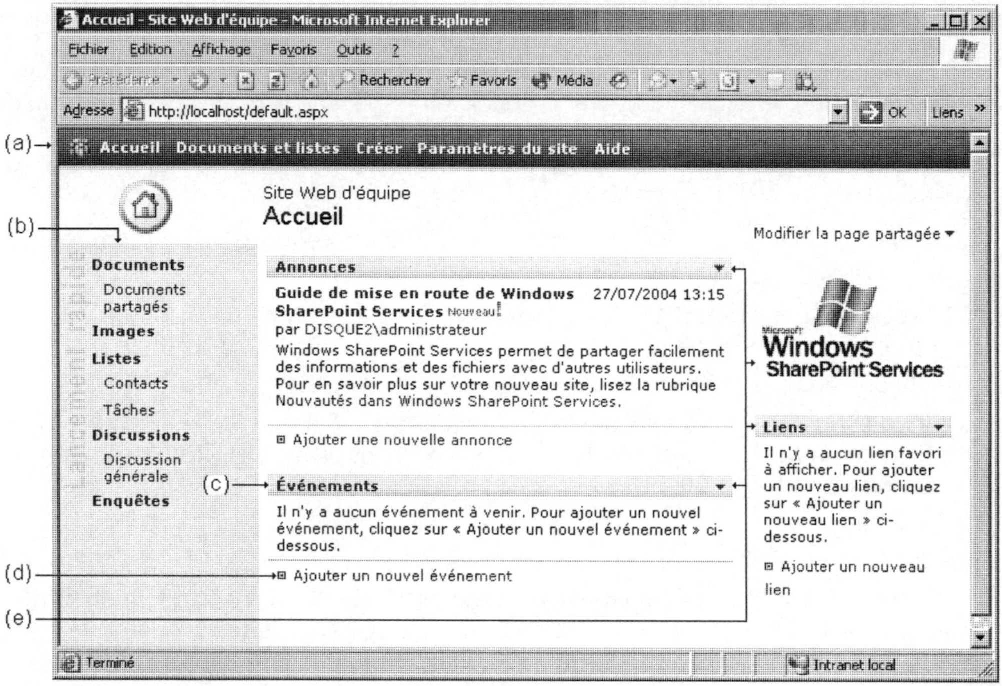
Accueil - Site Web d'équipe - Microsoft Internet Explorer
Fichier Edition Affichage Favoris Outils ?
Rechercher Favoris Média
Adresse http://localhost/default.aspx
OK Liens
(a)
Accueil Documents et listes Créer Paramètres du site Aide
(b)
Site Web d'équipe
Accueil
Modifier la page partagée
Documents
Documents partagés
Images
Listes
Contacts
Tâches
Discussions
Discussion générale
Enquêtes
Annonces
Guide de mise en route de Windows SharePoint Services Nouveau!
27/07/2004 13:15
par DISQUE2\administrateur
Windows SharePoint Services permet de partager facilement des informations et des fichiers avec d'autres utilisateurs. Pour en savoir plus sur votre nouveau site, lisez la rubrique Nouvautés dans Windows SharePoint Services.
Ajouter une nouvelle annonce
Microsoft Windows SharePoint Services
Liens
Il n'y a aucun lien favori à afficher. Pour ajouter un nouveau lien, cliquez sur « Ajouter un nouveau lien » ci-dessous.
Ajouter un nouveau lien
(c)
Événements
Il n'y a aucun événement à venir. Pour ajouter un nouvel événement, cliquez sur « Ajouter un nouvel événement » ci-dessous.
(d)
Ajouter un nouvel événement
(e)
Terminé
Intranet local

Voici la page d'accueil d'un nouveau site Windows SharePoint Services. La plupart des éléments de cette page sont des liens hypertextes sur lesquels il suffit de cliquer pour obtenir plus d'informations et pour les modifier.

Les principaux éléments de la page d'accueil sont :

(a) **Barre de menus SharePoint** : elle est présente dans toutes les pages pour permettre le retour à la page d'**Accueil**, l'ajout d'éléments (**Documents et listes** et **Créer**), la configuration du site (bouton **Paramètres du site**) et l'accès à l'**Aide**.

(b) **Barre de lancement rapide** : à gauche de la page, elle contient des liens vers les principales rubriques du site.

(c) **Titre d'un composant WebPart** : il suffit de cliquer sur cet élément pour ajouter, filtrer ou modifier un élément dans cette zone.

(d) **Ajouter un nouveau...** ce lien est disponible à la fin d'un composant Web-Part, pour insérer un élément dans la zone.

(e) **Composants WebPart**. Cette page d'accueil comprend quatre composants WebPart : les sections **Annonces**, **Événements** et **Liens**, ainsi que la zone comprenant le logo Windows SharePoint Services qui peut, bien sûr, être remplacé. Chacune de ces sections peut être personnalisée pour ajouter des **Annonces** (une promotion, un départ, une fête...), des **Événements** (une réunion, un colloque, un projet...), des **Liens** (des adresses de sites Web ou de pages à consulter...).

Ajouter un nouveau lien

Dans un site SharePoint, les ajouts se font simplement en répondant à quelques questions dans une page Web. En voici un exemple :

- Dans la page d'accueil du site, cliquez sur **Ajouter un nouveau lien** au bas de la zone **Liens**.

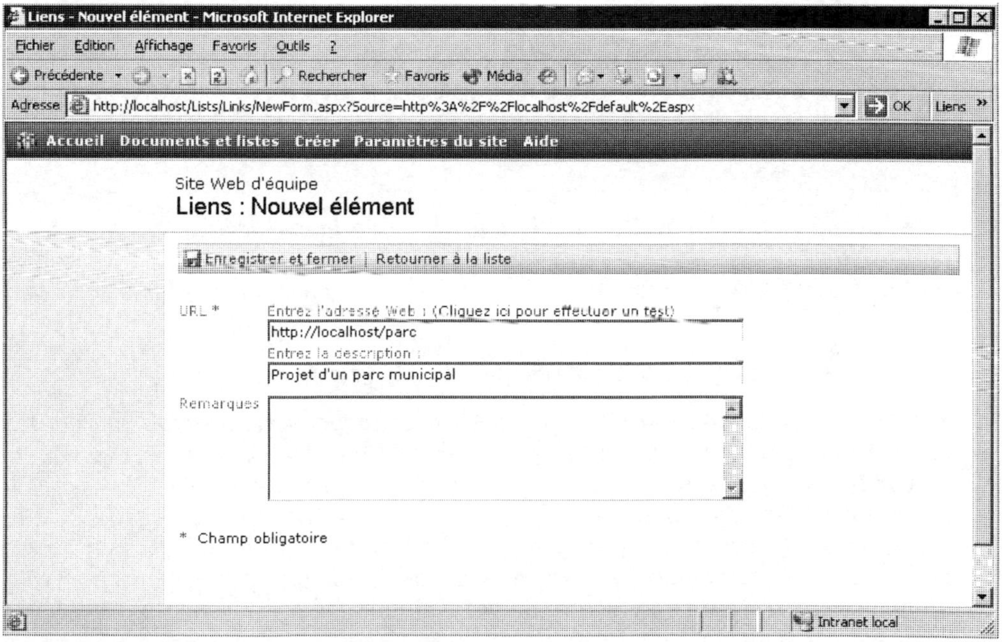
Liens - Nouvel élément - Microsoft Internet Explorer
Fichier Edition Affichage Favoris Outils ?
Précédente Rechercher Favoris Média
Adresse http://localhost/Lists/Links/NewForm.aspx?Source=http%3A%2F%2Flocalhost%2Fdefault%2Easpx
OK Liens
Accueil Documents et listes Créer Paramètres du site Aide
Site Web d'équipe
Liens : Nouvel élément
Enregistrer et fermer | Retourner à la liste
URL *
Entrez l'adresse Web : (Cliquez ici pour effectuer un test)
http://localhost/parc
Entrez la description :
Projet d'un parc municipal
Remarques
* Champ obligatoire
Intranet local

- Renseignez la zone **URL**, en entrant une adresse Web et une description du lien.
- Cliquez sur le bouton **Enregistrer et fermer** visible sous le titre de la page.
- Si nécessaire, votre mot de passe est alors demandé.

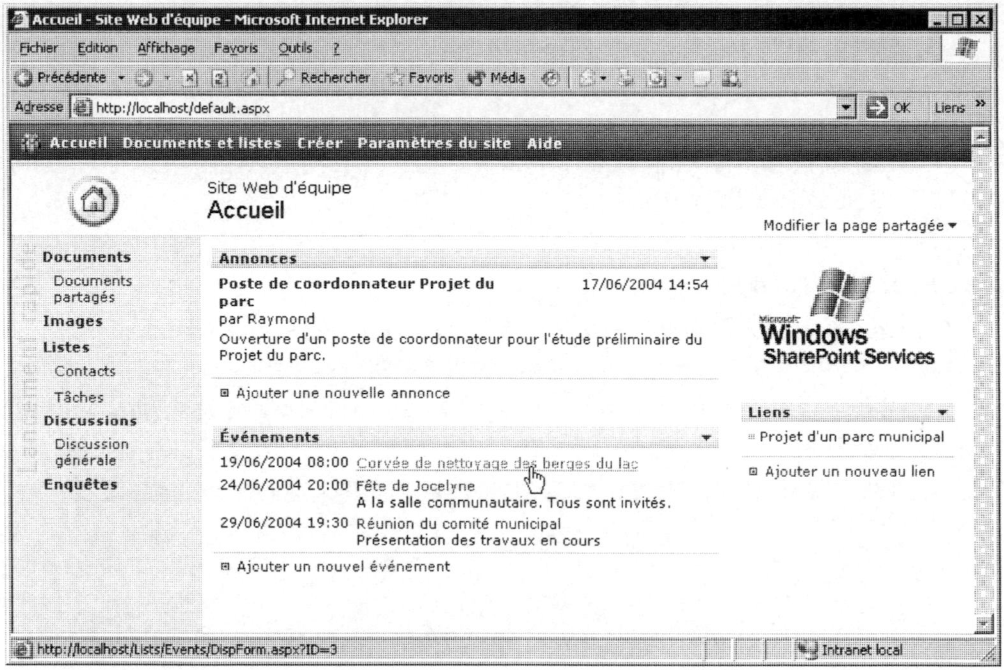
Accueil - Site Web d'équipe - Microsoft Internet Explorer
Fichier Edition Affichage Favoris Outils ?
Précédente Rechercher Favoris Média
Adresse http://localhost/default.aspx
OK Liens
Accueil Documents et listes Créer Paramètres du site Aide
Site Web d'équipe
Accueil
Modifier la page partagée
Documents
Documents partagés
Images
Listes
Contacts
Tâches
Discussions
Discussion générale
Enquêtes
Annonces
Poste de coordonnateur Projet du parc
17/06/2004 14:54
par Raymond
Ouverture d'un poste de coordonnateur pour l'étude préliminaire du Projet du parc.
Ajouter une nouvelle annonce
Événements
19/06/2004 08:00 Corvée de nettoyage des berges du lac
24/06/2004 20:00 Fête de Jocelyne
A la salle communautaire. Tous sont invités.
29/06/2004 19:30 Réunion du comité municipal
Présentation des travaux en cours
Ajouter un nouvel événement
Microsoft Windows SharePoint Services
Liens
Projet d'un parc municipal
Ajouter un nouveau lien
http://localhost/Lists/Events/DispForm.aspx?ID=3
Intranet local

Le nouveau lien est ensuite inscrit dans la zone ***Liens*** *de la page d'accueil. Vous ajoutez des événements et des annonces de la même façon. Chacun d'eux devient un lien hypertexte sur lequel il suffit de cliquer pour obtenir plus d'informations.*

Créer un événement et un espace de travail

Si vous préparez une journée d'étude, un colloque d'affaires ou la réunion d'un comité municipal, par exemple, vous pouvez l'inscrire comme un événement et y placer les éléments à connaître auparavant, comme les objectifs, les participants, l'ordre du jour, une bibliothèque de documents relatifs à l'événement, ainsi que les tâches à faire et les décisions à prendre. Ces informations sont regroupées dans un espace commun (appelé un sous-site). Chaque participant pourra facilement accéder à toutes ces informations simplement en cliquant sur quelques liens dans la page d'accueil du sous-site.

- Dans la page d'accueil, cliquez sur le lien **Ajouter un nouvel événement**.

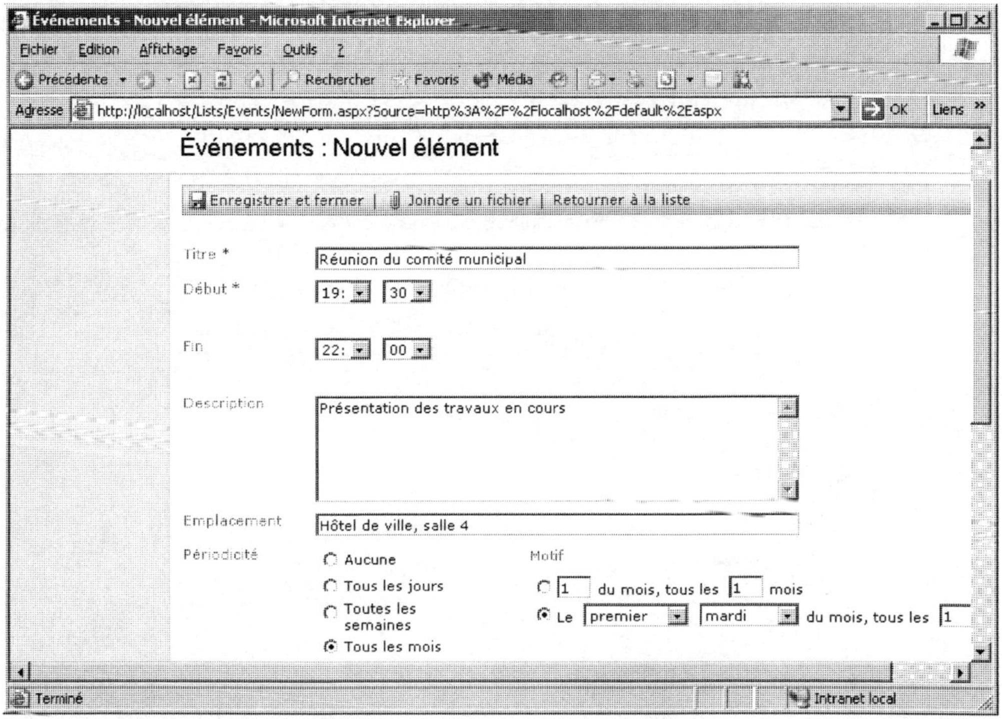
Événements - Nouvel élément - Microsoft Internet Explorer
Fichier Edition Affichage Favoris Outils ?
Précédente Rechercher Favoris Média
Adresse http://localhost/Lists/Events/NewForm.aspx?Source=http%3A%2F%2Flocalhost%2Fdefault%2Easpx
OK Liens
Événements : Nouvel élément
Enregistrer et fermer | Joindre un fichier | Retourner à la liste
Titre *
Réunion du comité municipal
Début *
19: 30
Fin
22: 00
Description
Présentation des travaux en cours
Emplacement
Hôtel de ville, salle 4
Périodicité
Aucune
Tous les jours
Toutes les semaines
Tous les mois
Motif
1 du mois, tous les 1 mois
Le premier mardi du mois, tous les 1
Terminé
Intranet local

- Renseignez la zone **Titre.**
- Indiquez les dates de l'événement dans les zones **Début** et **Fin** ou dans la zone **Périodicité**, indiquez-en la séquence.
- Tapez une **Description** de l'événement.
- Déterminez son **Emplacement.**
- Plus bas, dans la zone **Espace de travail**, cochez l'option **Utilisez un espace de travail de réunion...**

  Ceci entraîne la création d'un sous-site.
- Cliquez sur le bouton **Enregistrer et fermer** situé en haut de la page.

Si vous avez demandé la création d'un espace de travail, l'écran suivant apparaît :

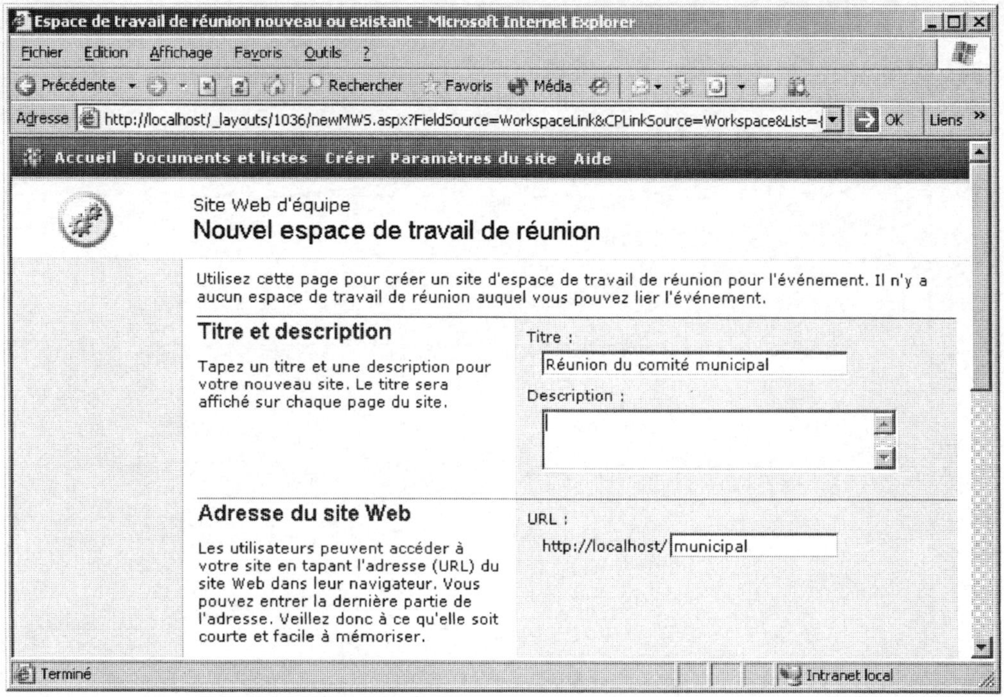
Espace de travail de réunion nouveau ou existant - Microsoft Internet Explorer
Fichier Edition Affichage Favoris Outils ?
Précédente
Rechercher
Favoris
Média
Adresse
http://localhost/_layouts/1036/newMWS.aspx?FieldSource=WorkspaceLink&CPLinkSource=Workspace&List=
OK
Liens
Accueil Documents et listes Créer Paramètres du site Aide
Site Web d'équipe
Nouvel espace de travail de réunion
Utilisez cette page pour créer un site d'espace de travail de réunion pour l'événement. Il n'y a aucun espace de travail de réunion auquel vous pouvez lier l'événement.
Titre et description
Tapez un titre et une description pour votre nouveau site. Le titre sera affiché sur chaque page du site.
Titre :
Réunion du comité municipal
Description :
Adresse du site Web
Les utilisateurs peuvent accéder à votre site en tapant l'adresse (URL) du site Web dans leur navigateur. Vous pouvez entrer la dernière partie de l'adresse. Veillez donc à ce qu'elle soit courte et facile à mémoriser.
URL :
http://localhost/
municipal
Terminé
Intranet local

Sinon, vous retrouvez la page d'accueil du site.

- Tapez alors l'**Adresse du site Web** dans la zone **URL**.

  *Attention : si votre site se trouve sur Internet, évitez les espaces et les accents dans la zone **URL**.*

- Indiquez les autorisations d'utilisateur : activez l'option **Utiliser les mêmes autorisations que le site parent** si les utilisateurs doivent avoir les mêmes droits sur le sous-site que sur le site parent. Pour définir des droits différents, activez l'option **Utiliser des autorisations uniques**.

- Cliquez sur le bouton **OK**.

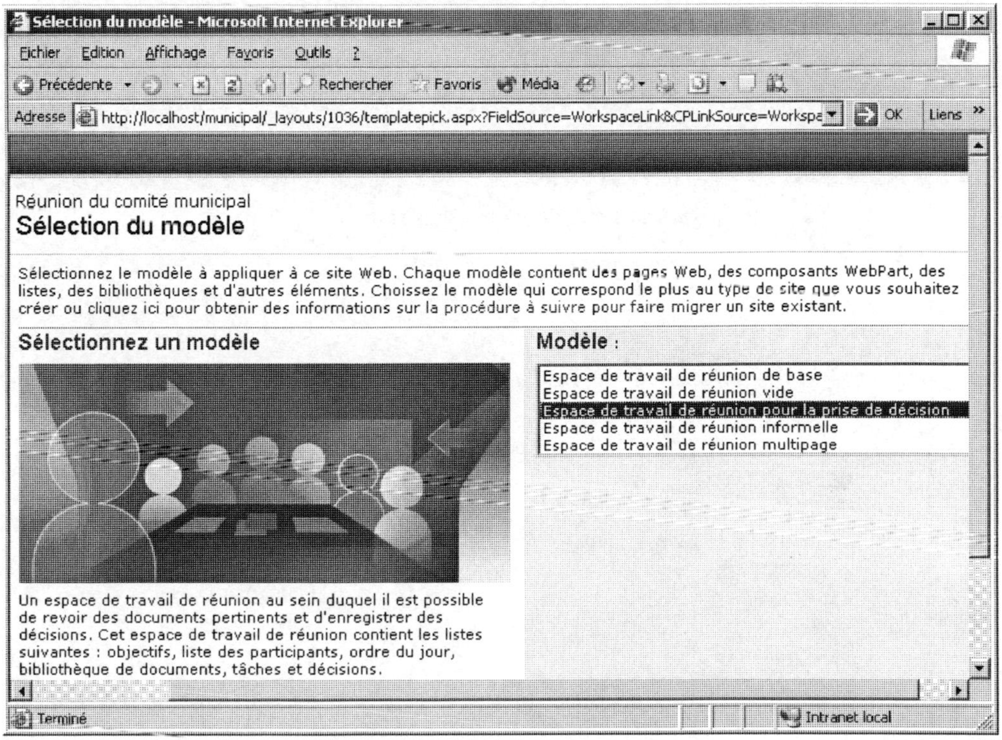
Sélection du modèle - Microsoft Internet Explorer
Fichier Edition Affichage Favoris Outils ?
Précédente Rechercher Favoris Média
Adresse http://localhost/municipal/_layouts/1036/templatepick.aspx?FieldSource=WorkspaceLink&CPLinkSource=Workspa
OK Liens
Réunion du comité municipal
Sélection du modèle
Sélectionnez le modèle à appliquer à ce site Web. Chaque modèle contient des pages Web, des composants WebPart, des listes, des bibliothèques et d'autres éléments. Choissez le modèle qui correspond le plus au type de site que vous souhaitez créer ou cliquez ici pour obtenir des informations sur la procédure à suivre pour faire migrer un site existant.
Sélectionnez un modèle
Modèle :
Espace de travail de réunion de base
Espace de travail de réunion vide
Espace de travail de réunion pour la prise de décision
Espace de travail de réunion informelle
Espace de travail de réunion multipage
Un espace de travail de réunion au sein duquel il est possible de revoir des documents pertinents et d'enregistrer des décisions. Cet espace de travail de réunion contient les listes suivantes : objectifs, liste des participants, ordre du jour, bibliothèque de documents, tâches et décisions.
Terminé
Intranet local

- Dans la page **Sélection du modèle**, choisissez un modèle d'espace de travail et voyez sa description en bas à gauche.
- Cliquez sur le bouton **OK**.
- Une nouvelle page présente ensuite des composants WebPart regroupant les informations requises avant l'événement : **Objectifs, Participants, Ordre du jour, Bibliothèque de documents, Tâches** et **Décisions.**
- Complétez chaque zone en cliquant sur les liens appropriés dans la page Web.

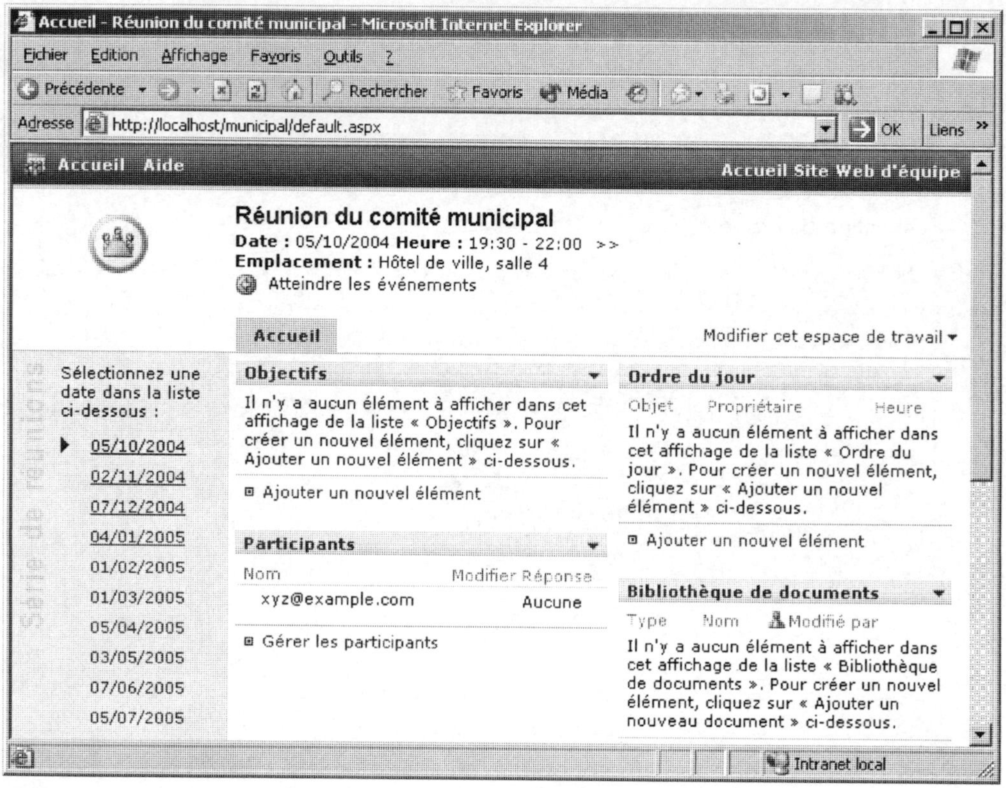
Accueil - Réunion du comité municipal - Microsoft Internet Explorer
Fichier Edition Affichage Favoris Outils ?
Précédente
Rechercher
Favoris
Média
Adresse
http://localhost/municipal/default.aspx
OK
Liens
Accueil Aide
Accueil Site Web d'équipe
Réunion du comité municipal
Date : 05/10/2004 Heure : 19:30 - 22:00 >>
Emplacement : Hôtel de ville, salle 4
Atteindre les événements
Accueil
Modifier cet espace de travail
Sélectionnez une date dans la liste ci-dessous :
05/10/2004
02/11/2004
07/12/2004
04/01/2005
01/02/2005
01/03/2005
05/04/2005
03/05/2005
07/06/2005
05/07/2005
Objectifs
Il n'y a aucun élément à afficher dans cet affichage de la liste « Objectifs ». Pour créer un nouvel élément, cliquez sur « Ajouter un nouvel élément » ci-dessous.
Ajouter un nouvel élément
Participants
Nom
Modifier Réponse
xyz@example.com
Aucune
Gérer les participants
Ordre du jour
Objet
Propriétaire
Heure
Il n'y a aucun élément à afficher dans cet affichage de la liste « Ordre du jour ». Pour créer un nouvel élément, cliquez sur « Ajouter un nouvel élément » ci-dessous.
Ajouter un nouvel élément
Bibliothèque de documents
Type
Nom
Modifié par
Il n'y a aucun élément à afficher dans cet affichage de la liste « Bibliothèque de documents ». Pour créer un nouvel élément, cliquez sur « Ajouter un nouveau document » ci-dessous.
Intranet local

*Remarquez la nouvelle barre de menus SharePoint. Le bouton **Accueil** à gauche ramène à la première page du site de travail qui vient d'être créé (sous-site). Utilisez plutôt le bouton **Accueil Site Web d'équipe** à droite pour retourner à la première page du site principal.*

Pour créer un sous-site, vous pouvez aussi utiliser le bouton **Créer** de la barre de menus SharePoint, puis cliquer sur le lien **Sites et espaces de travail...**

*Si le nouveau site est créé en même temps qu'un événement, il est accessible à partir de la page d'accueil, dans la liste des **Événements**. Sinon, vous pouvez l'ajouter dans la liste des **Liens**.*

Il est important de comprendre que le site Web par défaut est le site racine. Vous pouvez installer plusieurs sites Web sur votre serveur, mais il y aura un site Web par défaut et les autres seront toujours des sous-sites Web. Ils possèderont ou non les mêmes droits d'administration, selon votre choix.

Partager un document

Les bibliothèques de documents sont des collections de fichiers partagés. Les titres des documents sont affichés comme une liste de liens permettant d'ouvrir ou de modifier ces documents.

Rendre un document disponible

- Pour ajouter un document à partager, dans la barre de menus SharePoint de la page d'accueil, cliquez sur le bouton **Documents et listes**, puis sur **Documents partagés**. Ou, dans la barre de lancement rapide, cliquez sur le lien **Documents partagés**.
- Dans la page **Documents partagés**, cliquez sur le bouton **Télécharger un document**.
- Cliquez sur le bouton **Parcourir** puis sélectionnez le document voulu et cliquez sur le bouton **Ouvrir**.

  Un mot de passe peut alors être demandé.
- Cliquez sur le bouton **Enregistrer et fermer**.

Modifier un document partagé

- Dans la barre de lancement rapide de la page d'accueil, cliquez sur **Documents partagés** pour accéder à la page de même nom.
- Cliquez sur le nom d'un document.
- Si vous possédez le logiciel nécessaire pour modifier ce type de document, il s'ouvre (un mot de passe peut être demandé).

  Sinon, dans la fenêtre **Téléchargement de fichiers**, cliquez sur le bouton **Enregistrer** pour faire une copie du document sur votre poste de travail.

Être informé des changements

SharePoint vous offre la possibilité d'être informé par messagerie des changements faits à certains documents partagés.

- Dans la barre de lancement rapide, cliquez sur **Documents partagés**.
- Dans la zone située à gauche, cliquez sur le lien **M'avertir**.
- Vérifiez l'adresse de messagerie. Au besoin, cliquez sur le lien **Modifier mon adresse de messagerie**.
- Sélectionnez le **Type de modification** à signaler : ajouts, modifications, suppressions...

⊡ Indiquez la **Fréquence de l'alerte** : immédiate, quotidienne ou hebdomadaire.

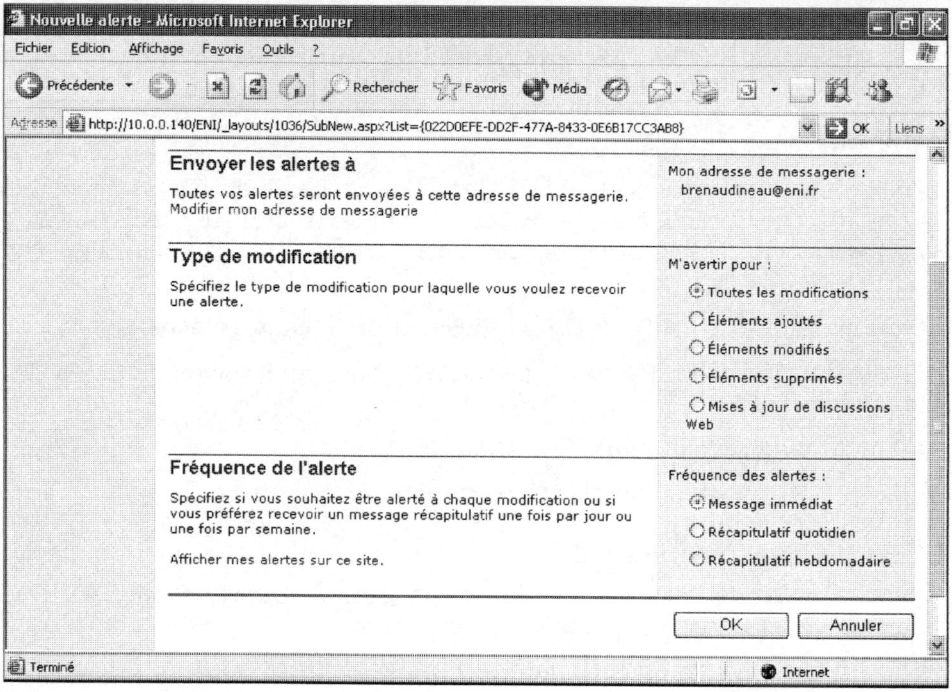
Nouvelle alerte - Microsoft Internet Explorer
Fichier Edition Affichage Favoris Outils ?
Précédente
Rechercher
Favoris
Média
Adresse
http://10.0.0.140/ENI/_layouts/1036/SubNew.aspx?List={022D0EFE-DD2F-477A-8433-0E6B17CC3AB8}
OK
Liens
Envoyer les alertes à
Toutes vos alertes seront envoyées à cette adresse de messagerie.
Modifier mon adresse de messagerie
Mon adresse de messagerie :
brenaudineau@eni.fr
Type de modification
Spécifiez le type de modification pour laquelle vous voulez recevoir une alerte.
M'avertir pour :
Toutes les modifications
Éléments ajoutés
Éléments modifiés
Éléments supprimés
Mises à jour de discussions Web
Fréquence de l'alerte
Spécifiez si vous souhaitez être alerté à chaque modification ou si vous préférez recevoir un message récapitulatif une fois par jour ou une fois par semaine.
Afficher mes alertes sur ce site.
Fréquence des alertes :
Message immédiat
Récapitulatif quotidien
Récapitulatif hebdomadaire
OK
Annuler
Terminé
Internet

⊡ Cliquez sur le bouton **OK**.

Vous recevrez des messages vous informant de la modification d'un fichier, avec le nom de l'auteur et la date du changement.

Créer un nouvel élément

Voici les différents éléments pouvant être créés à partir du bouton **Créer** de la barre de menus SharePoint :

- **Bibliothèques de documents**, pour afficher une liste de fichiers à partager.
- **Bibliothèque de formulaires**, pour rendre disponibles des formulaires, tels des rapports d'état et des bons de commande.
- **Bibliothèque d'images**, pour partager des fichiers graphiques et les présenter sous forme de miniatures ou de diaporama.
- De nouvelles listes pour inscrire des **Liens**, des **Annonces**, des **Contacts**, des **Événements**, des **Tâches** ou des **Problèmes**.

- Des **listes personnalisées**, modifiables, présentées comme des feuilles de calcul.
- **Forum de discussion**, pour permettre aux membres de participer facilement à des groupes de discussion, sur des sujets applicables à votre équipe.
- **Enquête**, pour sonder l'opinion des membres d'une équipe. Il vous suffit de spécifier les questions et de définir le mode de réponse.
- **Page de base**, pour ajouter une page Web simple.
- **Page de composants WebPart**, pour ajouter une page Web avec des composants personnalisés.
- **Sites et espaces de travail**, pour créer un sous-site de collaboration.

Personnaliser le site avec le navigateur

Dans la barre de menus SharePoint, cliquez sur le bouton **Paramètres du site.**

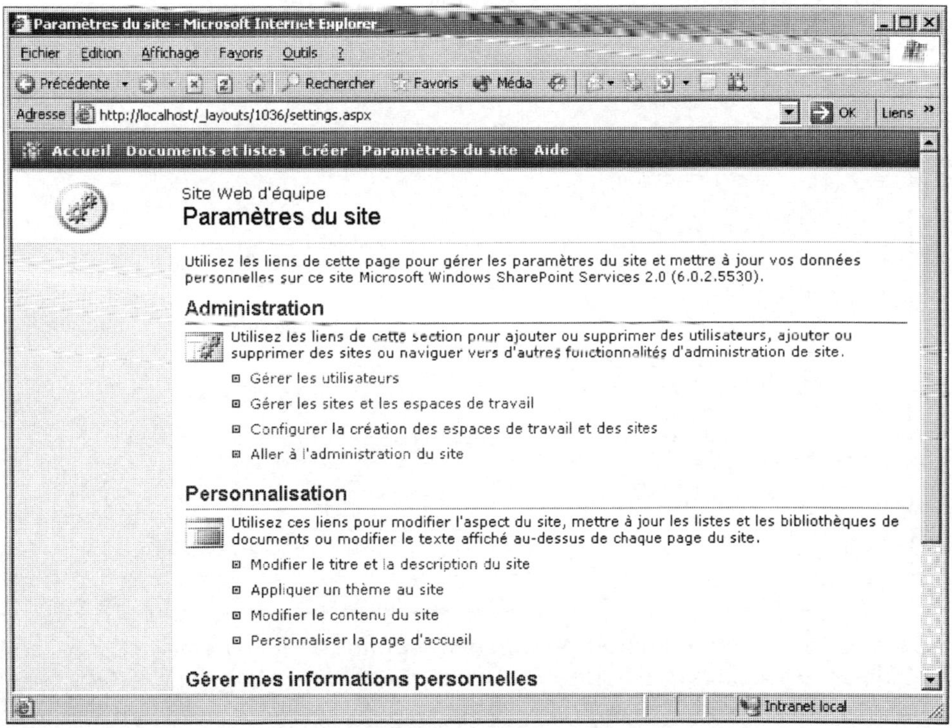
Paramètres du site - Microsoft Internet Explorer
Fichier Edition Affichage Favoris Outils ?
Précédente Rechercher Favoris Média
Adresse http://localhost/_layouts/1036/settings.aspx OK Liens
Accueil Documents et listes Créer Paramètres du site Aide
Site Web d'équipe
Paramètres du site
Utilisez les liens de cette page pour gérer les paramètres du site et mettre à jour vos données personnelles sur ce site Microsoft Windows SharePoint Services 2.0 (6.0.2.5530).
Administration
Utilisez les liens de cette section pour ajouter ou supprimer des utilisateurs, ajouter ou supprimer des sites ou naviguer vers d'autres fonctionnalités d'administration de site.
Gérer les utilisateurs
Gérer les sites et les espaces de travail
Configurer la création des espaces de travail et des sites
Aller à l'administration du site
Personnalisation
Utilisez ces liens pour modifier l'aspect du site, mettre à jour les listes et les bibliothèques de documents ou modifier le texte affiché au-dessus de chaque page du site.
Modifier le titre et la description du site
Appliquer un thème au site
Modifier le contenu du site
Personnaliser la page d'accueil
Gérer mes informations personnelles
Intranet local

Sélectionnez le lien approprié dans les sections **Administration**, **Personnalisation** ou **Gérer mes informations personnelles**.

- Par exemple, dans le cadre **Administration**, cliquez sur le lien **Gérer les utilisateurs** puis sur le bouton **Ajouter des utilisateurs** pour inscrire un nouvel utilisateur et définir son rôle ainsi :

Lecteur	pour visualiser simplement les pages.
Collaborateur	pour visualiser les documents et les listes, tout en contribuant à certains ajouts.
Concepteur de site Web	pour créer des listes et des bibliothèques de documents, mais pas de comptes d'utilisateur.
Administrateur	pour gérer l'ensemble du site, avec tous les droits y compris celui d'ajouter des utilisateurs.

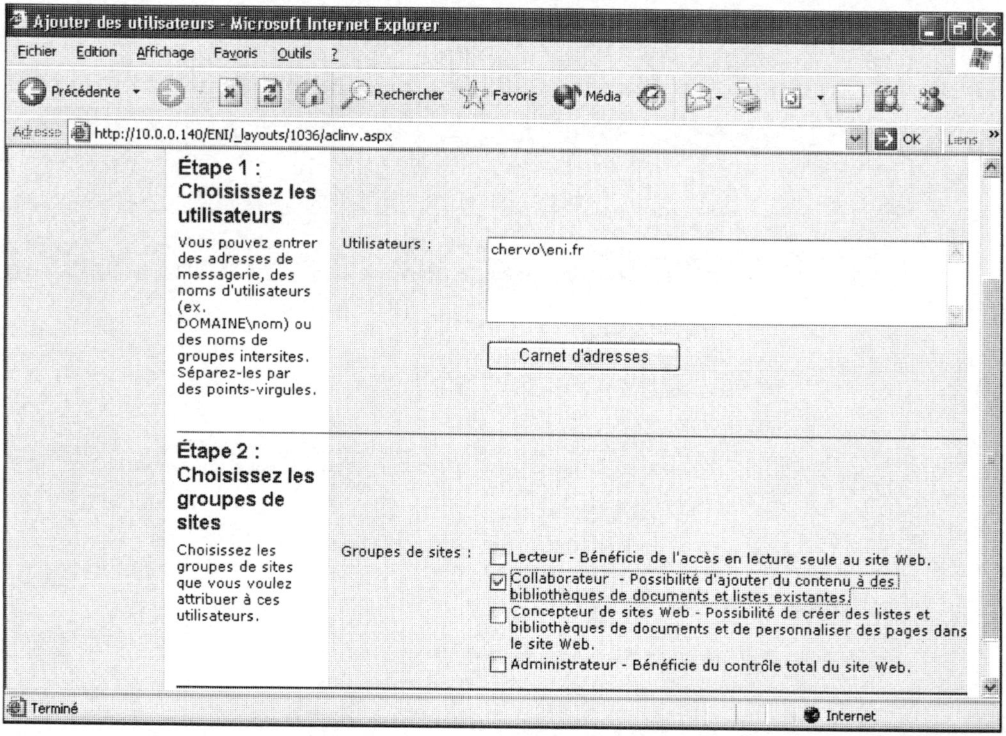
Ajouter des utilisateurs - Microsoft Internet Explorer
Fichier Edition Affichage Favoris Outils ?
Précédente
Rechercher
Favoris
Média
http://10.0.0.140/ENI/_layouts/1036/aclinv.aspx
OK
Liens
Étape 1 : Choisissez les utilisateurs
Vous pouvez entrer des adresses de messagerie, des noms d'utilisateurs (ex. DOMAINE\nom) ou des noms de groupes intersites. Séparez-les par des points-virgules.
Utilisateurs :
chervo\eni.fr
Carnet d'adresses
Étape 2 : Choisissez les groupes de sites
Choisissez les groupes de sites que vous voulez attribuer à ces utilisateurs.
Groupes de sites :
Lecteur - Bénéficie de l'accès en lecture seule au site Web.
Collaborateur - Possibilité d'ajouter du contenu à des bibliothèques de documents et listes existantes.
Concepteur de sites Web - Possibilité de créer des listes et bibliothèques de documents et de personnaliser des pages dans le site Web.
Administrateur - Bénéficie du contrôle total du site Web.
Terminé
Internet

- Dans la zone **Personnalisation**, le lien **Appliquer un thème au site** permet de modifier les couleurs du site. Choisissez un thème, voyez son effet dans la zone **Aperçu** et cliquez sur le bouton **Appliquer**.

*Vous pouvez aussi **Modifier le titre et la description du site**, **Modifier le contenu du site** et **Personnaliser la page d'accueil**.*

Créer un site d'équipe SharePoint dans FrontPage

Un site ou un sous-site SharePoint peut être créé à partir de FrontPage.

- **Fichier - Nouveau**
- Dans le volet **Nouveau**, cliquez sur le lien **Autres modèles de sites Web**.

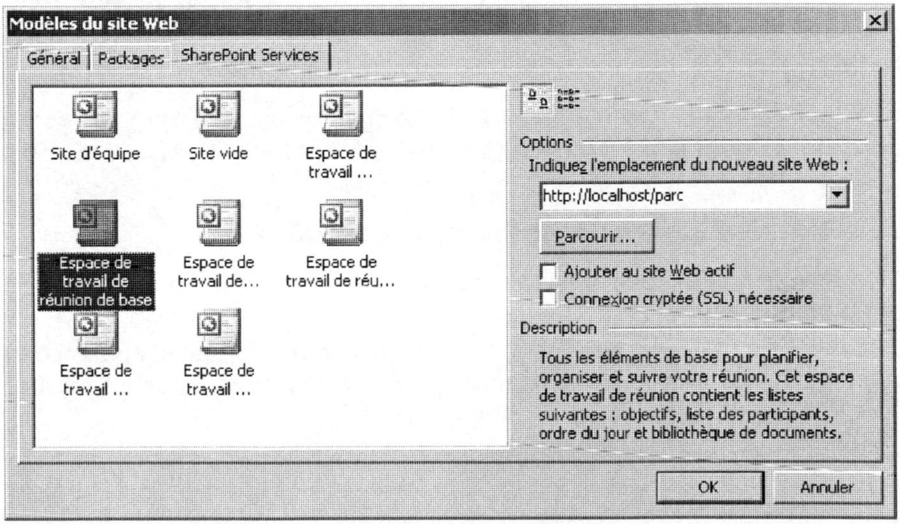
Modèles du site Web
Général
Packages
SharePoint Services
Site d'équipe
Site vide
Espace de travail ...
Espace de travail de réunion de base
Espace de travail de...
Espace de travail de réu...
Espace de travail ...
Espace de travail ...
Options
Indiquez l'emplacement du nouveau site Web :
http://localhost/parc
Parcourir...
Ajouter au site Web actif
Connexion cryptée (SSL) nécessaire
Description
Tous les éléments de base pour planifier, organiser et suivre votre réunion. Cet espace de travail de réunion contient les listes suivantes : objectifs, liste des participants, ordre du jour et bibliothèque de documents.
OK
Annuler

- Pour créer un site où la page d'accueil comprendrait des listes d'annonces, d'événements et de liens, dans l'onglet **Général**, sélectionnez **Site Web d'équipe SharePoint.**

  Pour créer plutôt un site de réunion, cliquez sur l'onglet **SharePoint Services** et sélectionnez l'un des modèles proposés.

  *Si aucun bouton n'apparaît dans l'onglet **SharePoint Services**, voici quelques points à vérifier :*

  - *Dans l'onglet **Opérations d'auteur** (**Outils - Options de page**), l'option **SharePoint** doit être cochée et la zone **Versions de navigateur** doit comprendre au moins **Navigateurs version 4.0 ou ultérieure**.*
  - *La communication avec Internet ou avec le serveur doit être préalablement établie.*
  - *Dans la zone **Indiquez l'emplacement du nouveau site Web** de la boîte de dialogue **Modèles du site Web**, tapez l'adresse du site SharePoint, commençant par http://, puis cliquez dans l'onglet **SharePoint Services** pour récupérer les modèles à partir de l'adresse distante.*

- Indiquez le nom de votre serveur (distant ou local) et le nom du dossier du sous-site Web dans la zone **Indiquez l'emplacement du nouveau site Web**.
- Cliquez sur le bouton **OK**.

  Un nom d'utilisateur et un mot de passe peuvent vous être demandés.
- Pour vérifier, ouvrez le navigateur et saisissez l'adresse du site Web qui vient d'être créé.
- Revenez à FrontPage.

  Vous pouvez administrer le site via le navigateur ou via FrontPage et modifier les parties statiques du site comme, par exemple, le logo, en haut à gauche.

Ouvrir un site SharePoint dans FrontPage

- Si le site SharePoint est ouvert dans un navigateur, dans le menu **Fichier**, choisissez **Modifier avec Microsoft Office FrontPage**.

  Ou, dans FrontPage, choisissez l'option **Ouvrir le site** du menu **Fichier**. Dans la fenêtre **Ouvrir le site Web**, dans la zone **Nom du site**, tapez l'adresse http:// du site SharePoint. Cliquez sur le bouton **Ouvrir**.

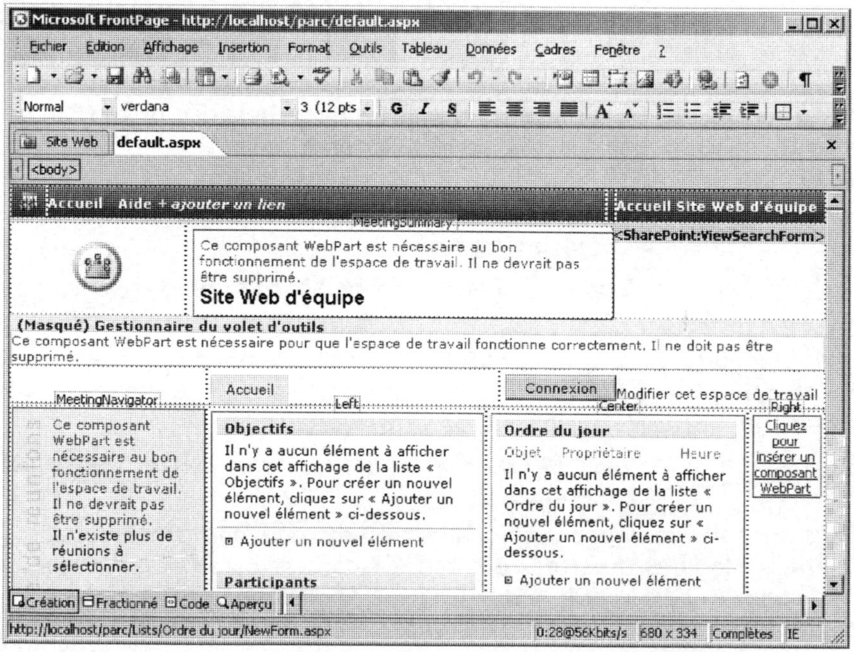
Microsoft FrontPage - http://localhost/parc/default.aspx
Fichier Edition Affichage Insertion Format Outils Tableau Données Cadres Fenêtre ?
Normal
verdana
3 (12 pts
Site Web
default.aspx
<body>
Accueil Aide + ajouter un lien
Accueil Site Web d'équipe
MeetingSummary
<SharePoint:ViewSearchForm>
Ce composant WebPart est nécessaire au bon fonctionnement de l'espace de travail. Il ne devrait pas être supprimé.
Site Web d'équipe
(Masqué) Gestionnaire du volet d'outils
Ce composant WebPart est nécessaire pour que l'espace de travail fonctionne correctement. Il ne doit pas être supprimé.
MeetingNavigator
Accueil
Left
Connexion
Modifier cet espace de travail
Center
Right
Ce composant WebPart est nécessaire au bon fonctionnement de l'espace de travail. Il ne devrait pas être supprimé. Il n'existe plus de réunions à sélectionner.
Objectifs
Il n'y a aucun élément à afficher dans cet affichage de la liste « Objectifs ». Pour créer un nouvel élément, cliquez sur « Ajouter un nouvel élément » ci-dessous.
Ajouter un nouvel élément
Participants
Ordre du jour
Objet Propriétaire Heure
Il n'y a aucun élément à afficher dans cet affichage de la liste « Ordre du jour ». Pour créer un nouvel élément, cliquez sur « Ajouter un nouvel élément » ci-dessous.
Ajouter un nouvel élément
Cliquez pour insérer un composant WebPart
Création Fractionné Code Aperçu
http://localhost/parc/Lists/Ordre du jour/NewForm.aspx
0:28@56Kbits/s 680 x 334 Complètes IE

Le site SharePoint s'ouvre alors dans FrontPage.

- Pour sélectionner un composant WePart, cliquez dessus.

  Le composant WebPart actif est encadré en orangé.

- Cliquez sur cette bordure pour faire apparaître des poignées : vous pourrez alors modifier sa hauteur et sa largeur avec la souris.

- Pour modifier le contenu d'un composant WebPart, cliquez dessus avec le bouton droit de la souris et choisissez **Propriétés du mode Liste**.

  Faites des modifications à partir du volet **Détails de l'affichage de données**. Par exemple, cliquez sur le lien **Champs**, pour ajouter ou enlever des champs et modifier leur ordre.

- Pour modifier le titre d'un composant WebPart, pour fixer ou non sa largeur et sa hauteur, pour l'inclure sur la page, pour autoriser ou non sa fermeture, cliquez sur le composant avec le bouton droit de la souris et choisissez **Propriétés du composant WebPart**.

- Enregistrez la page, en cliquant sur l'outil .

  L'enregistrement se fait immédiatement sur le site SharePoint distant.

Barre d'outils Standard

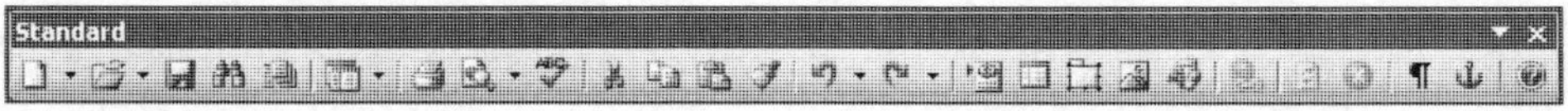
Standard

1... ...26

1 Page vierge
2 Ouvrir
3 Enregistrer
4 Rechercher
5 Publier le site
6 Ouvrir/fermer le volet
7 Imprimer
8 Aperçu dans le navigateur
9 Orthographe
10 Couper
11 Copier
12 Coller
13 Reproduire la mise en forme
14 Annuler
15 Rétablir
16 Composant web
17 Insérer un tableau
18 Insérer une couche
19 Insérer une image depuis un fichier
20 Dessin
21 Insérer un lien hypertexte
22 Actualiser
23 Arrêter
24 Afficher tout
25 Afficher les points d'ancrage de la couche
26 Aide sur Microsoft Office Frontpage

Barre d'outils Mise en forme

Mise en forme
Normal
Arial
3 (12 pts

1... ...19

1 Style
2 Police
3 Taille de police
4 Gras
5 Italique
6 Souligné
7 Aligné à gauche
8 Au centre
9 Aligner à droite
10 Justifié
11 Augmenter la taille de police
12 Réduire la taille de police
13 Numérotation
14 Puces
15 Diminuer le retrait
16 Augmenter le retrait
17 Bordures
18 Surlignage
19 Couleur de police

Barre d'outils Tableaux

Tableaux
Afficher l'outil de disposition
Aucun

1... ...21

1 Afficher l'outil de disposition
2 Dessiner un tableau de disposition
3 Dessiner une cellule de disposition
4 Dessiner un tableau
5 Modifier le tableau
6 Insérer des lignes
7 Insérer des colonnes
8 Supprimer les cellules
9 Fusionner les cellules
10 Fractionner les cellules
11 Aligner en haut
12 Centrer verticalement
13 Aligner en bas
14 Uniformiser la hauteur des lignes
15 Uniformiser la largeur des colonnes
16 Ajuster au contenu
17 Couleur de remplissage
18 Zone de liste déroulante pour mise en forme automatique de tableaux
19 Tableau : Format automatique
20 Recopier en bas
21 Recopier à droite

Barre d'outils Images

Images

1... ...27

1 Insérer une image depuis un fichier
2 Texte
3 Miniature automatique
4 Position absolue
5 Avancer
6 Reculer
7 Faire pivoter à gauche de 90°
8 Faire pivoter à droite de 90°
9 Retourner horizontalement
10 Retourner verticalement
11 Contraste plus accentué
12 Contraste moins accentué
13 Luminosité plus accentuée
14 Luminosité moins accentuée
15 Rogner
16 Style de trait
17 Format de l'image
18 Couleur transparente
19 Couleur
20 Plaque
21 Échantillon
22 Sélectionner
23 Zone réactive rectangulaire
24 Zone réactive circulaire
25 Zone réactive polygonale
26 Mettre en valeur les zones réactives
27 Restaurer

Page

Ctrl N	Créer une page
Ctrl O	Ouvrir une page
Ctrl K	Créer un lien hypertexte sur une page
Ctrl Shift B	Afficher l'aperçu d'une page dans un navigateur
Ctrl P	Imprimer une page
Ctrl Shift 8	Afficher les caractères non imprimables
Ctrl /	Afficher les balises HTML en mode **Création**
Ctrl F4	Fermer une page Web
Ctrl S	Enregistrer une page
Alt F4	Quitter Microsoft FrontPage
F7	Vérifier l'orthographe
Ctrl Z	Annuler une action
Ctrl Y	Rétablir ou répéter une action

Mise en forme

Ctrl G	Mettre en gras
Ctrl U	Souligner
Ctrl I	Mettre en italique
Ctrl Shift +	Mettre en exposant
Ctrl -	Mettre en indice
Ctrl Shift C	Copier une mise en forme
Ctrl Shift V	Coller une mise en forme
Ctrl Shift Z	Supprimer la mise en forme manuelle
Ctrl E	Centrer un paragraphe
Ctrl L	Aligner un paragraphe à gauche
Ctrl R	Aligner un paragraphe à droite

Modification et déplacement

[←]	Supprimer un caractère à gauche
[Suppr]	Supprimer un caractère à droite
[Ctrl] [←]	Supprimer un mot à gauche
[Ctrl] [Suppr]	Supprimer un mot à droite
[Ctrl] X	Couper le texte sélectionné
[Ctrl] C	Copier du texte ou des graphismes
[Ctrl] V	Coller le contenu du Presse-papiers
[⇧ Shift] [Entrée]	Insérer un saut de ligne
[Ctrl] [⇧ Shift] [Espace]	Insérer un espace insécable

Sélection et tableau

[Ctrl] A	Sélectionner toute la page
[Ctrl] [⇧ Shift] [Alt] T	Insérer un tableau
[⇄]	Sélectionner le contenu de la cellule suivante
[⇧ Shift] [⇄]	Sélectionner le contenu de la cellule précédente

Combinaison de touches diverses

[⇧ Shift] [F10]	Afficher le menu contextuel
[Ctrl] T	Créer une miniature d'une image sélectionnée

Aide

[F1]	Aide en ligne

Sites utiles pour FrontPage

http://www.microsoft.com/frontpage/ (voir le lien **Office dans le monde**, au bas de la page, pour changer la langue d'affichage du site au besoin)

http://www.microsoft.com/france/frontpage

http://www.support.microsoft.com

http://faqfp.free.fr

http://www.frontpage2002.com/frontpage_2003_tutorial_guide.htm

Forum de discussion : microsoft.public.fr.frontpage
ou http://support.microsoft.com/newsgroups (dans **Produits bureautiques** et **FrontPage**)

http://groups.google.com/advanced_group_search (archives)

Pour télécharger et installer les extensions du serveur FrontPage 2002 :

http://msdn.microsoft.com/library/en-us/dnservext/html/odc_frontpageserverextensions.asp

http://support.microsoft.com/?id=300543

http://support.microsoft.com/?id=300544

http://support.microsoft.com/?id=832095

http://support.microsoft.com/?id=825547

Sites utiles pour SharePoint

http://www.microsoft.com/france/windows/windowsserver2003/utilisez/technologies/sharepoint

http://msdn.microsoft.com/library/

http://support.microsoft.com

http://www.sharepoint-france.com

http://www.sharepointtrial.com/default.aspx

http://www.sharepointcustomization.com/wss

Forum de discussion : microsoft.public.fr.sharepoint
ou http://support.microsoft.com/newsgroups (dans **Produits serveurs** et **SharePoint Portal Server**)

http://groups.google.com/advanced_group_search (archives)

Pour télécharger et installer Windows SharePoint Services :

http://www.microsoft.com/downloads/

http://www.sharepoint-france.com/WSS/Tutorials.aspx

Index thématique

V

Z

Liste des titres disponibles de la collection Référence Bureautique

Consultez notre site Internet pour avoir la liste des derniers titres parus.
http://www.editions-eni.com

Access 2002
Access 2003
Améliorez les performances de votre Pc
Bien utiliser son PC
Ciel Compta 2005
Ciel Compta 2004
Ciel Compta 2003
Ciel Compta 2002
Ciel Gestion Commerciale 2004
Ciel Gestion Commerciale 2003
Ciel Paye 2003
Découvrez Office 2003
Découvrez Office XP
Excel 2001 sur Macintosh
Excel 2003
Excel 2002
Excel 2000
Frontpage 2003
Frontpage 2002
Lotus Notes 6 Utilisateur
Mac OS X
Office 2004 pour Mac
Office One 6.5
OpenOffice.Org
Outlook 2002
Outlook 2003
Powerpoint 2003
Powerpoint 2002
Préparez-vous au B2i avec Office 2003
Project 2003
Project 2002
Publisher 2003
Publisher 2002
Sage Comptabilité – Ligne 100 (Version 12.02)
StarOffice 7 et sa version libre Open Office .Org 1.1
StarOffice 6 et sa version libre Open Office .Org
Visio 2003
Visio 2002
Windows XP
Word 2003
Word 2002
Word 2000
Word 2001 sur Macintosh